江苏省第五期"333高层次人才培养工程"
科研资助项目研究成果

高等教育的持续变革

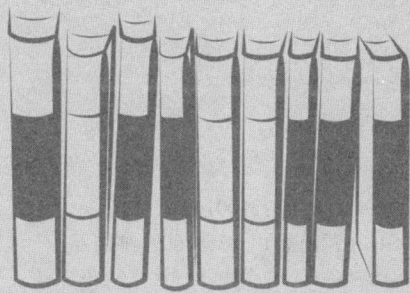

王建华 著

南京师范大学出版社
NANJING NORMAL UNIVERSITY PRESS

图书在版编目(CIP)数据

高等教育的持续变革 / 王建华著. —南京：南京师范大学出版社，2019.11
ISBN 978-7-5651-4282-6

Ⅰ.①高… Ⅱ.①王… Ⅲ.①高等教育-教育改革-研究-中国 Ⅳ.①G649.21

中国版本图书馆 CIP 数据核字(2019)第 147687 号

书　　名	高等教育的持续变革
作　　者	王建华
策划编辑	姜爱萍
责任编辑	翟桂叶
出版发行	南京师范大学出版社
地　　址	江苏省南京市玄武区后宰门西村 9 号(邮编:210016)
电　　话	(025)83598919(总编办)　83598412(营销部)　83598009(邮购部)
网　　址	http://press.njnu.edu.cn
电子信箱	nspzbb@njnu.edu.cn
照　　排	南京凯建图文制作有限公司
印　　刷	江阴金马印刷有限公司
开　　本	718 毫米×1 000 毫米　1/16
印　　张	18.25
字　　数	296 千
版　　次	2019 年 11 月第 1 版　2019 年 11 月第 1 次印刷
书　　号	ISBN 978-7-5651-4282-6
定　　价	68.00 元
出版人	彭志斌

南京师大版图书若有印装问题请与销售商调换
版权所有　侵犯必究

目　录

序章
大学落后于时代了吗 / 001
第一节　大学技术环境的变迁 / 002
第二节　新的技术环境对于大学的挑战 / 007
第三节　大学会被信息技术革命颠覆吗 / 014

第一编　创新创业

第一章
以创业思维重新发现大学 / 025
第一节　大学中科学逻辑的困境与出路 / 026
第二节　大学的市场逻辑与创业思维 / 031
第三节　创新创业作为大学新范式的必要 / 037

第二章
以创业思维重新理解学科建设 / 044

第一节　传统学科建设范式面临的挑战 / 045

第二节　如何重新理解学科建设 / 050

第三节　从学科建设转向学术创业 / 055

第三章
大学排名的风险与一流大学建设 / 062

第一节　大学排名的兴起 / 063

第二节　以排名论一流的危害 / 068

第三节　以创业思维重新定义一流 / 073

第四章
创新创业：大学转型发展的新范式 / 081

第一节　大学为什么需要创新创业 / 082

第二节　大学如何实现创新创业 / 087

第三节　创新创业何以成为大学的新范式 / 093

第二编　"双一流"建设

第五章
"双一流"建设背景下我国大学高层次人才引进政策分析 / 103

第一节　我国大学高层次人才引进政策文本分析 / 104

第二节　我国大学高层次人才"商品化"的利弊分析 / 110

第三节　规范高层次人才引进：从"资本"主义到"学术本位" / 114

第六章
"双一流"建设背景下高校高层次人才非正常流动的反思 / 120
第一节　高校人才工作面临的问题 / 121
第二节　高校高层次人才流动的异常 / 124
第三节　学术职业的特殊性 / 128

第七章
"双一流"建设中的人才竞争、资源配置与理念重审 / 132
第一节　"双一流"建设中的人才竞争 / 133
第二节　"双一流"建设中的资源配置 / 138
第三节　"双一流"建设中的理念重审 / 142

第八章
从优秀到卓越："双一流"建设的价值澄清 / 148
第一节　警惕排名的误区 / 148
第二节　优秀与卓越的差异 / 152
第三节　从追逐排名到走向卓越 / 155

第三编　治理的改进

第九章
学院的性质及其治理 / 163
第一节　学院何以存在及治理的必要 / 164
第二节　学院的外部与内部治理 / 170
第三节　学院治理的可能及意义 / 176

第十章
从正当到胜任：高校学术委员会建设的进路 / 185
第一节　何谓正当,何谓胜任 / 186
第二节　学术民主与委员会制 / 189
第三节　从民主管理到专业化 / 193

第十一章
高校管理事务的专业性与院校研究的制度化 / 199
第一节　高校管理事务的专业性及其问题 / 200
第二节　院校研究的制度化及其问题 / 204
第三节　院校研究制度化的路径选择 / 207

第四编　话语的转向

第十二章
作为"方法"的大学 / 213
第一节　"抵抗"还是"适应" / 214
第二节　"借用"抑或"内生" / 218
第三节　从"目的"到"方法" / 222

第十三章
学科建设话语的反思与批判 / 226
第一节　学科建设话语的源起 / 227
第二节　学科建设背后的权力逻辑 / 230
第三节　抛弃学科建设的罐头思维 / 234

第十四章
当我们谈高等教育质量时,我们在谈什么 / 237
第一节 什么是高等教育质量 / 238
第二节 高等教育质量背后的真相 / 241
第三节 从高等教育质量到高质量的高等教育 / 244

终章
政策驱动高等教育改革背后 / 247
第一节 我们为何选择政策驱动改革 / 248
第二节 政策何以能够驱动改革 / 253
第三节 政策驱动改革常规化的后果 / 258
第四节 走出唯政策驱动高等教育改革的误区 / 263

主要参考文献 / 270

后　记 / 279

序章　大学落后于时代了吗

大学的发展、变革与技术的变迁、进步密切相关。近代大学的复兴以15世纪中叶现代印刷术的出现为基础。19世纪以来,研究型大学体制的形成更是完全得益于印刷与出版技术的成熟。20世纪80年代以来,伴随互联网的出现,以计算机为载体的数字技术迅速发展,人类社会进入信息化时代。信息技术的快速发展颠覆了印刷技术对知识生产、传播的垄断,根本上改变了大学得以存在与发展的技术和制度环境,在高等教育领域引发了一系列影响深远的变革。当前面对信息技术革命的挑战,大学需要适应持续不断的技术变革以实现自我的革新。面向未来,在从传统大学向数字化大学转型发展的漫长过程中,唯有借助于科技的力量才能避免大学实体的消亡并保持它作为一种组织制度的独特性与卓越性。

近代以来,大学的复兴与繁荣一方面得益于资产阶级革命所造就的政治环境,另一方面也得益于印刷技术革命所造就的信息环境。"在谷登堡技术的推动下,欧洲进入了进步的技术阶段;在这一阶段,变革本身成为社会生活的原型。"[1]19世纪以来,现代大学中适应印刷技术所需要的知识和智能观念得以形成,并最终实现了高深知识生产、传播,学科的纳入与排除机制的制度化。近两百年来,现代大学的制度安排与印刷技术的媒介环境相互嵌套,也相得益彰,共同成就了人类的现代文明。20世纪80年代以来,在工业文明的基础上,信息技术蓬勃发展,网络社会逐渐崛起。但由于技术变迁中路径依赖的存在,对于以互联网为代表的信息技术革命,现代大学的反应却相对滞后。"由于引入信息技术的同时没有进行根本的组织变

---

[1] 马歇尔·麦克卢汉.谷登堡星汉璀璨——印刷文明的诞生[M].杨晨光,译.北京:北京理工大学出版社,2014:255.

革,反而加剧了科层化与组织僵化的问题。"①某种意义上,今天在信息技术的应用上大学已落后于时代。实践中,不断增多的电子设备增加了大学的办学成本,却没能真正改变我们的高等教育。和中小学一样,"他们依然是在传统的教学方式中'填塞'了一些电脑而已"②。近年来,即便有部分顶尖大学加入了MOOCs(慕课,大型网络开放式课程)浪潮,但绝大多数大学和大学里的绝大多数人,从思维到行动仍然遵循着过去的"传统"。课堂教学依赖教科书,科学研究迷信论文的发表。纸质文本仍是大学筛选知识并建构教育意义的主要依据。面对信息技术的飞速发展,四十多年前布鲁贝克曾经提及的"大学落后于时代了吗"③成为我们时代需要严肃讨论的问题。纵观历史,"高等教育将最终对技术的变化以及它所服务的学习者群体做出回应,变革它的制度形式和它作为一个部门的整体形态"④。今天,大学又一次因为技术的进步站在了转型发展的十字路口,为防御智能技术的威胁,免遭时代淘汰,大学需要在持续不断的技术变革中创造性地应对它所面临的前所未有的挑战。

第一节 大学技术环境的变迁

技术环境是组织存在与发展的必要条件。任何一种体制或制度安排均需要特定技术条件作为支撑,有时对于某种组织结构和制度安排,技术甚至是决定性的。近代以来,学校作为一种专门的教育机构,在从非制度化到制度化的转型过程中,印刷术起着至关重要的作用。德鲁克就认为:"真正使学校教育遍及世界各地的,

---

① 曼纽尔·卡斯特.网络社会的崛起[M].夏铸九,王志弘,等,译.3版.北京:社会科学文献出版社,2006:164.
② 克莱顿·克里斯坦森,迈克尔·霍恩,柯蒂斯·约翰逊.创新者的课堂:颠覆式创新如何改变教育[M].李慧中,译.北京:中国人民大学出版社,2015:55.
③ 约翰·布鲁贝克.高等教育哲学[M].王承绪,等,译.杭州:浙江教育出版社,2002:28.
④ 约瑟夫·E.奥恩.教育的未来:人工智能时代的教育变革[M].李海燕,王秦辉,译.北京:机械工业出版社,2019:166.

不是对教育价值的普遍承诺,也不是对在校教师进行的系统化培训或灌输的教育理论,而是一项不起眼的创新:教科书。"①尼尔也认为,"普通学校迅速发展的原因有几个,最明显的原因是,信息失控引起了焦虑和混乱,学校的迅速发展成为必要的回应。课程设置的发明就是逻辑的一步,目的是对信息源头进行组织、限制和区分。学校成为技术统治文化的第一种世俗的管理机构,它使一些信息流动合法化,另一些信息流动声誉扫地。总之,学校成为管理信息生态的手段"②。因此,从技术的层面上,甚至可以说,"人的教育"只是学校作为一种组织的副产品,学校的本质在于对信息生态的管理。

大学的产生与发展同样如此。自 15 世纪中叶以来,由于印刷术的逐渐普及,与中世纪大学相比,近代早期的大学已经发生了显著变化。书籍成为大学教育重要的组成部分,笔试与论文写作开始形塑大学的本质与制度安排。"书籍不断强化大学是一个稀有而昂贵场所的理念。任何人要想学习,就需要长途跋涉到那些聚集着智者、书籍以及其他学生的地方。交通和通信以及信息储存技术的限制,使得大学占尽了风头。"③我们后世关于大学的很多观念或理念均来自于印刷技术的塑造。那些普遍性的大学理念均是印刷技术的产物。19 世纪以来,现代大学之所以能成为生产、传播高深知识的主要制度化场所也和印刷文明的高度发达密切相关。"印刷术对展示可能具有最为强烈的偏执:拥有从事概念性、演绎性与序列性思考的复杂能力;拥有对理性与秩序的高度评价;不容许矛盾;达致超然与客观的优秀能力;并且能够容忍延迟的反应。"④某种意义上,没有印刷术的兴起就不会有科学的普及,也就不会有对于研究型大学的需求,更谈不上欧洲大学模式在全世界的"凯旋"。

除了高深知识生产与传播的制度化,现代大学的治理模式也深深植根于印刷技术所造就的制度环境,是工业社会的产物。在印刷技术与制度环境下,由于成本

---

① 彼得·德鲁克.创新与企业家精神[M].蔡文燕,译.北京:机械工业出版社,2019:37.
② 尼尔·波斯曼.技术垄断:文化向技术投降[M].何道宽,译.北京:北京大学出版社,2007:37.
③ 凯文·凯里.大学的终结:泛在大学与高等教育革命[M].朱志勇,韩倩,等,译.北京:人民邮电出版社,2017:24.
④ 曼纽尔·卡斯特.网络社会的崛起[M].夏铸九,王志弘,等,译.3 版.北京:社会科学文献出版社,2006:313.

约束,加之有限理性,基于民主化的制度安排,信息的分散式处理在效率上远高于集中式处理。大学作为高深知识生产与传播的主要制度化机构,"自己管理自己的事情"要优于政府的"远程操控"或"长臂管辖"。但随着信息技术的日益普及,在数字化的环境下,分散式决策是否仍然优于集中式决策可能需要重新审视。今天,技术的进步使得信息收集的成本大幅下降,借助于网络平台诸多利益相关者可以分享共同的信息,同时在线参与重大决策。"电子信息结构的'同步场',在当今构成了对话和参与的条件和需求,而不是在社会体验的各个层次中的专业分化和个人的原创精神。"①数字化环境下的共同参与决策和大学传统的共享治理有着根本不同。传统的共享治理受制于信息的壁垒,实质上不过是通过分散式决策实现对整体任务的切割。换言之,传统的大学共享治理实质是一种碎片化治理,即每个人、每个部门根据自己和部门所掌握的信息来决定每个人和部门的事。数字化智能技术为大学治理中的系统思考和整体性治理提供了必要的技术保障。"有了人工智能,就能集中处理大量的信息,甚至因为机器学习在分析越多信息之后效果越好,所以人工智能可能会让集中式系统比分布式系统效率更高。"②

在未来的信息化社会里,作为专业性的制度化组织,大学需要在关键问题上依据大数据做出明智的决策,而非必然依据民主原则将学术决策权交给大学教师个人。"信息技术已经改变了学术,它增强了学者在虚拟学院(invisible college)中的联系,这些学者在本质上是对其同行忠诚负责,而非其所处的机构。"③在信息技术时代,在一个一切都将被记录并被分析的"解析社会"④里,组织远比个人更具有信息优势。那些卓越的组织或力求卓越的组织都会把信息技术的使用放在优先地位。在整个20世纪里,信息的集中曾是某些组织的主要弱点,但在21世纪却可能成为决定性的优势⑤。就内部治理而言,大学作为专业的正式组织有条件比任何教师个人拥有更丰富的可以支撑各类重大决策的信息,也更有可能做出符合公共

---

① 马歇尔·麦克卢汉.谷登堡星汉璀璨——印刷文明的诞生[M].杨晨光,译.北京:北京理工大学出版社,2014:239.
② 尤瓦尔·赫拉利.今日简史:人类命运大议题[M].林俊宏,译.北京:中信出版社,2018:62.
③ 凯文·凯里.大学的终结:泛在大学与高等教育革命[M].朱志勇,韩倩,等,译.北京:人民邮电出版社,2017:242.
④ 段伟文.人工智能与解析社会的来临[J].科学与社会,2019(1):115.
⑤ 尤瓦尔·赫拉利.今日简史:人类命运大议题[M].林俊宏,译.北京:中信出版社,2018:62.

利益的明智决定。

人类社会的历史已证明,制度选择与技术环境密切相关。"每一种技术都有一套制度,这些制度的组织结构反映了该技术促进的世界观,其生存竞争反映出来的世界观的竞争就更不用说了。因此,一种新技术向一种旧技术发起攻击时,围绕旧技术的制度就受到威胁。制度受到威胁时,文化就处在危机之中。"① 大学的组织结构和制度选择也是由其所处的技术环境决定的。正是印刷技术的线性特征塑造了现代大学制度的科层模式。信息技术也正在基于网络塑造大学的网络结构(the multi-university network)。实践中,组织的制度选择对于技术变革所做出的反应通常不是立即的,而是具有显著的延迟效应,有时甚至需要几十年、上百年或数百年的时间。但一旦组织的制度选择对于技术环境做出了反应,二者将相互嵌套,难以分离。沉浸在某种技术环境中的时间久了,人们甚至会忽视技术对于制度的约束。直到一种全新的技术出现,重新开启了技术环境与制度选择的相互嵌套的循环。如麦克卢汉所言:"只有发现了空气,鱼才会意识到水的存在。"② 当前大学的许多制度安排都与印刷技术密切相关,但直到互联网技术的出现,人们才意识到这一点。我们时代的大学,从作为制度基础的大学自治、学术自由到作为制度细节的课堂教学、论文发表,无不奠基于印刷技术。"印刷机宣告科学的来临,并普及科学,鼓励科学,使科学系统化。"③ 若没有印刷术的普及,科学和大学不可能繁荣并趋于制度化,学者也不可能成为一个庞大的阶层。若没有科学和大学的制度化,没有学者阶层的出现,大学自治与学术自由也不可能成为重要"命题"。大学课堂教学的模式和论文发表的制度同样得益于并受制于印刷技术。没有印刷术,大学就不需要笔试也不需要发表论文,更不会发展出相关的制度安排。

与过去相比,现在无论在哪所大学都有很多已接入互联网的电脑,但对于很多大学而言,除了官网、邮箱等常规应用之外,现代信息技术对于大学的学术研究、行政管理、公共服务等方面的介入或影响仍非常有限。很多大学完全没有意识到,数字技术本身既是一种资源,同时也在向我们展示着如何运用其他资源。换言之,现

---

① 尼尔·波斯曼.技术垄断:文化向技术投降[M].何道宽,译.北京:北京大学出版社,2007:10.
② 马歇尔·麦克卢汉.谷登堡星汉璀璨——印刷文明的诞生[M].杨晨光,译.北京:北京理工大学出版社,2014:23.
③ 尼尔·波斯曼.技术垄断:文化向技术投降[M].何道宽,译.北京:北京大学出版社,2007:38.

代大学没有意识到"计算机既是一种工具,也是当今理解创新过程的全面措施的一种隐喻"①。事实上,从印刷物品到互联网,改变的不只是承载信息的工具,更是文化,甚至是文明的形态。但在当前的高等教育实践中,我们仅仅将计算机作为一种工具,而忽略了从印刷文化到电子文化、从印刷文明到电子文明的转变,大学并没有因为电脑的引入和网络的应用而改进它的核心工作和发展方式。今天在技术日益智能化的信息时代,大学依然在适应着印刷技术环境,在沿着印刷技术的路径依赖缓慢前行。它的预设、理念和理论里的缺陷依然原封不动②。究其原因,或许正如芒福德所言:"我们仍然身处于这个转变之中,在我们目前的文明中,属于新生代技术经济的科学知识、机器体系、实用设施、技术手段、生活习惯和人性目标远远未占优势地位。"③面对信息技术革命的挑战,大学的转型同样如此。

长期以来,正是基于印刷技术环境,大学制度安排上的某些低效率反倒成为一种竞争的优势而非缺点。"主要原因是高等教育结构受到了现有技术的限制。写作能够使人们把自己错综复杂的神经元模式保留下来供他人借鉴。印刷术以可控的成本复制和传播这些模式。每一项进步都加强了大学作为一种稀有场所的逻辑——教师、学生和书籍都被高墙环绕,从而将知识禁锢其中。"④可以预期,只要印刷技术的环境没有被根本改变或遭遇颠覆性创新,对于大学制度安排低效率的批评就很难得到足够的证据支撑。因为,诸多实践证明,在印刷技术环境下,正是因为效率不是一种"硬约束",高深学问的生产与传播才成为大学的一项特定的功能而非难以克服的弊病。"它使学术免于庸俗的政治和无情的市场需求的损害。"⑤但今天,随着印刷技术向电子技术的转变,情况正在发生变化,原本不可能的颠覆性创新正在变成现实,大学所面临的技术约束和技术环境正在发生根本改

---

① 马歇尔·麦克卢汉.谷登堡星汉璀璨——印刷文明的诞生[M].杨晨光,译.北京:北京理工大学出版社,2014:54.
② 尼尔·波斯曼.技术垄断:文化向技术投降[M].何道宽,译.北京:北京大学出版社,2007:67.
③ 刘易斯·芒福德.技术与文明[M].陈允明,王克仁,李华山,译.北京:中国建筑工业出版社,2009:233.
④ 凯文·凯里.大学的终结:泛在大学与高等教育革命[M].朱志勇,韩倩,等,译.北京:人民邮电出版社,2017:247.
⑤ 凯文·凯里.大学的终结:泛在大学与高等教育革命[M].朱志勇,韩倩,等,译.北京:人民邮电出版社,2017:243.

变。"我们必须认真看待技术,以之作为探究的起点;我们必须把革命性的技术变迁过程摆放在该变迁过程发生与形塑的社会脉络之中。"①面向未来,从社会—技术范式的转型来看,高成本、低效率不再是大学必然的制度选择,更不可能是一种竞争优势。网络技术的进步以及人工智能的兴起显著降低了大学制度的交易成本,正在使高等教育领域从持续性创新走向颠覆性创新②,在高质量的数字化学习环境下,低成本、高效率将成为大学制度安排的优先选择。

第二节 新的技术环境对于大学的挑战

传统上,对于技术总有一种错误的看法,即认为技术本身是中立的。事实上绝非如此。"克兰兹伯格第一定律如下:技术既无好坏,亦非中立。"③技术具有自己的逻辑和倾向性。不同的技术具有不同的内在逻辑和倾向性,会天然地有利于一部分人而不利于另一部分人。技术的属性会因为人为的使用而被放大或缩小,但不可能从根本上改变。比如,印刷术的发明就在文盲与识字者之间竖起了一堵坚固的"墙",将所有人区分为识字者和不识字者两个完全不同的阶层,识字者凭借对"印刷物"的解读可以垄断诸多权力,不识字者则因为不识字而失去权力。互联网革命摧毁了印刷品对于知识的垄断,打破了知识传播的时空界限以及组织机构的制度性约束,但同时因为有"数字鸿沟"的存在,互联网也造成了另一种意义上的知识垄断。"知识的突出作用将扩大知识拥有者和知识匮乏者之间的差异。"④信息技术的进步既可能为我们迎来学习的黄金时代,也有可能造成技术对于教育

---

① 曼纽尔·卡斯特.网络社会的崛起[M].夏铸九,王志弘,等,译.3版.北京:社会科学文献出版社,2006:4.
② 克莱顿·M.克里斯坦森,亨利·J.艾林.创新型大学:改变高等教育的基因[M].陈劲,盛伟忠,译.北京:清华大学出版社,2017:5.
③ 曼纽尔·卡斯特.网络社会的崛起[M].夏铸九,王志弘,等,译.3版.北京:社会科学文献出版社,2006:70.
④ 罗伯特·W.里克罗夫特,董开石.复杂性挑战:21世纪的技术创新[M].李宁,译.北京:北京大学出版社,2016:83.

的"霸凌"。

大学在印刷技术环境下凭借着对高深知识生产与传播的垄断获得了显赫的地位,甚至是某种特权,但在全新的技术环境下,传统大学在制度上的竞争优势正在消逝。随着大学之外各种高深知识生产与传播媒介的趋于成熟,那些基于网络的非正规教育平台正在对大学的课堂教学产生冲击,那些位于大学之外的实验室、企业大学和高科技公司也正在对大学的科学研究提出挑战。事实证明,在我们时代,信息技术的重大原始创新大多是基于现实问题的自然涌现,而不是基于学科在实验室里由科学家来发现。与过去相比,我们这个时代与信息技术相关的重大原始创新大多产生于大学之外的高科技企业,比如,微软、谷歌、亚马逊、特斯拉等,在中国则是阿里巴巴、华为、百度之类的高科技公司;尽管那些做出重大原始创新的公司也与大学有着这样或那样的关联或合作。虽然这种局面并不意味着这些高科技公司的科研能力超过了大学[1],但最根本的一点必须承认,由于技术环境与制度环境的不匹配,加之思维方式和方法论的落伍,现代大学的科学研究并未直接对信息技术革命做出应有的贡献,就像近代大学没有为当时的科学革命做出应有的贡献一样。究其根本,现代大学以学科为基础,主要是一种分科体制,强调"知识本身即为目的"[2]。分科体制以及知识本身就是目的基于印刷技术的环境有其合理性,甚至具有某种优越性。但在信息技术环境下,基于有限理性的分科体制以及学者个人闲逸的好奇将面临致命的挑战。基于数字环境的超文本结构以网络逻辑打破了印刷技术的线性逻辑,"因特网正在实现一个知识创造方面的更加根本的改变,并且它预示着:创业会在以大学为基础的创新中发挥重要作用"[3]。在信息化时代,在创业型社会里,创新创业而非学科分化将成为知识和创新得以涌现的前提。

19 世纪以来,基于分科的逻辑,传统学科制度强调学科共同体意识和学科承认机制,大学的系科建制是学科知识生产和传播的主要制度平台,而学科知识的生产和传播以本学科从业者为主体。在系科结构和学院文化的主导下,学科知识大

---

[1] 吴军.智能时代:大数据与智能革命重新定义未来[M].北京:中信出版社,2016:186.
[2] 约翰·亨利·纽曼.大学的理想(节本)[M].徐辉,顾建新,何曙荣,译.杭州:浙江教育出版社,2001:20.
[3] 霍尔登·索普,巴克·戈尔茨坦.创新引擎——21世纪的创业型大学[M].赵中建,等,译.上海:上海科技教育出版社,2018:19.

多为规训或培养学科继承者而生产,对于实践的关怀或问题的解决关注不够。由于学科边界的约束,学科壁垒阻碍着知识的自由流动和扩散,从而使得理论或技术的创新大多局限于学科内部。对于这种状况的形成,以往多归咎于学者理论研究和实践的联系不够。但事实上,这种状况的形成也和学科建设的技术环境密不可分。"在使用印刷技术和纸张的过程中,思想也部分失去了自由流动、四维时空以及自然的特性,而带上了抽象、绝对、程式化的特点,满足于完全通过语言来阐释问题和解决问题。而有些问题在过去具体的相互关系中是从未存在、也无需面对的。"①传统学科制度植根于印刷技术环境,基于印刷文化的线性思维,为满足效率的需要,自然倾向于强调知识分工和知识体系的相互区隔,以达到专业化。信息技术的飞速发展和网络社会的崛起,使学科制度的技术环境正在发生翻天覆地的变化,机械思维转向大数据思维②,线性思维被去中心化思维所取代,知识自由流动的物理障碍和经济障碍正在趋于消逝。学科的从业者不再局限于大学的系科之中或实验室里,知识的条块分割正在逐渐被消解,以互联网为数字平台,知识人的自由联合正在成为可能,甚至已是现实。"现在来评价这种'知识扩散'的影响还为时尚早,但是它有潜力,吸引着个体创新者和一群追随者参与到原本不对他们开放的对话中。"③印刷技术环境下,个人必须依附于某个机构(学会、科学院、大学或学院)才能获得从事知识创新的必要资源或条件。今天,技术的进步为所有人获取学术资源以及科研条件提供了前所未有的便利,将极大地促进知识和创新的涌现。

传统上,研究型大学垄断着高深知识的生产,制度化学科是实现知识创新的重要节点,甚至是唯一的节点。现在,制度化的学科中心或研究中心如果不是在趋于消失,至少不再像以前那么牢不可破。现在大学里的那些实体性的学科中心或知识中心,主要是作为一种象征性的符号或标识物而存在,而非真的意味着"中心"。在学术网络世界的"数字神经系统"中,每一个知识工作者和实践工作者都可能是创造知识的中心,都可以并正在参与创新知识的生产与传播。20世纪80年代以

---

① 刘易斯·芒福德.技术与文明[M].陈允明,王克仁,李华山,译.北京:中国建筑工业出版社,2009:125.
② 吴军.智能时代:大数据与智能革命重新定义未来[M].北京:中信出版社,2016:135.
③ 霍尔登·索普,巴克·戈尔茨坦.创新引擎——21世纪的创业型大学[M].赵中建,等,译.上海:上海科技教育出版社,2018:18.

来,世界范围内知识爆炸的发生和信息技术的进步密切相关。互联网革命已经对大学的教育和科研工作产生了深远影响。"互联网的两个来源,军事—科学的建制机构,以及个人电脑的反文化其实有共通的基础:大学世界。最早的阿帕网(Advanced Research Projects Agency Network,ARPANET)节点1969年设于加州大学洛杉矶校区,1970—1971年间,陆续在加州大学圣塔芭芭拉校区、斯坦福研究中心、犹他大学、BBN公司、麻省理工学院和哈佛大学设置了6个节点。从此,除了大型电子公司的内部网络外,网络主要是在学术社群里传播。互联网起源于大学,对全球电子传播的发展与扩散已经发挥了决定性的作用。"[1]事实上,由于阿帕网的限制使用,大学的科研人员真正使用的网络是建立于20世纪80年代的BITNET(一种连接世界教育单位的计算机网络),到90年代中期BITNET被互联网替代[2]。某种意义上,以互联网为基础的"数字技术红利"是理解我们时代学术发展和知识创新的重要视角。信息技术的使用不但强化了科研合作,也提高了学术生产力。

具体而言,现代社会教育与科研网络基础设施的大规模建设,超越时空限制的学术交流的便捷,文本管理与编辑、出版方式的技术革新,全球化文献检索系统的完善以及种类繁多的具有强大功能的统计软件的出现等为学术生产力的提高提供了诸多便利。"信息技术深刻的变革对研究成果的产出影响巨大。如果没有数据管理系统和强大的数字运算能力,有些研究无法进行,比如物理学领域的分子物理学和生物学领域中的人类基因研究。"[3]值得注意的是,实践中由于习惯了技术的"工具"主义定位,技术本身很容易被理解为科研的某种辅助因素而非重要的内生变量。技术本身通常不被认为是学术繁荣或衰落的直接原因。究其根本,在特定时空背景下,技术会被制度化为"环境"的一部分,即技术环境。作为环境的一部分,在学术共同体内部技术基本上是共享的或可以共享。逻辑上,很难说技术必然会促进或阻碍学术的创新。面对共同的技术环境,大学和学科以及学术研究的当事人,对于新技术的态度往往是决定特定时代学术发展前景的关键所在。换言之,对于大学的发展而言,真正重要的问题可能不是技术起到了什么样的决

---

[1] 曼纽尔·卡斯特.网络社会的崛起[M].夏铸九,王志弘,等,译.3版.北京:社会科学文献出版社,2006:332.
[2] 保拉·斯蒂芬.经济如何塑造科学[M].刘细文,译.北京:北京大学出版社,2016:77.
[3] 威廉·G.鲍恩.数字时代的大学[M].欧阳淑铭,石雨晴,译.北京:中信出版社,2014:11.

定性作用,而是那些卓越的大学和学科相比于那些普通的大学和学科对于新技术的看法和使用有何不同。"解决实际问题的可能性取决于公共理念储库中蓄水的高度,而不是取决于解决问题的压力的大小。"①高等教育实践中卓越的大学通常主动使用新技术以促进学术创新而不是无视技术的存在或轻视技术之于学术创新的可能性。

当前就整体而言,在网络社会逐渐崛起、人工智能蓬勃发展的背景下,我们时代的大学在技术层面上是落后于时代的。"世界上一些聪明绝顶的人已经解开了人类认知的奥秘,另一些人则发起了信息技术革命,这场革命迅速校准并重建了人类奋进的一切领域。这一切凝聚一起,足以强大到去摧毁综合型大学模式,并塑造一个全新的模式。"②但现代大学从治理机制到课堂教学仍然在沿着印刷时代的技术与体制逻辑在运行。"我们不仅没有去寻找这种新制度和新模式,反而利用自己的技能和发明去允许许多旧时代的……陈旧制度苟延残喘。"③换言之,手段和工具是信息技术时代的,而目标却仍是印刷技术时代的,这就是当前高等教育系统最明显的特征。对于今天的许多大学而言,依然沿袭着19世纪的技术和体制,教授着20世纪的知识,其目的却是希望能培养适合21世纪需要的人。之所以出现这种吊诡的局面,除了技术本身路径依赖的存在,还有就是大学的保守性和学术界的惰性,对于信息技术可能带来以及正在带来的巨变缺乏边际敏感性。"综合型大学把如何教学和教学技术的决定权留给了自治的学术部门和教授,他们做出决策的原则自然是保住自己目前的工作。"④从历史上看,保守对于大学曾是一种"美德"。因为保守,大学避免了在社会变迁中左右摇摆。因为保守,大学实现了"以我为主","以不变应万变"。整个现代化过程中,保守对于大学适应并促进社会发展无疑是一种成功的也是理性的组织策略。但即将到来的信息社会较之过去的工业社会、农业社会,已有根本的不同。"今天的大学是在规定的时间内提供标准化高等

---

① 刘易斯·芒福德.技术与文明[M].陈允明,王克仁,李华山,译.北京:中国建筑工业出版社,2009:198.
② 凯文·凯里.大学的终结:泛在大学与高等教育革命[M].朱志勇,韩倩,等,译.北京:人民邮电出版社,2017:65.
③ 刘易斯·芒福德.技术与文明[M].陈允明,王克仁,李华山,译.北京:中国建筑工业出版社,2009:235.
④ 凯文·凯里.大学的终结:泛在大学与高等教育革命[M].朱志勇,韩倩,等,译.北京:人民邮电出版社,2017:111.

教育的理想引擎。它的文化是由机制的目标和形式所塑造的,服务于各个学科部门、学位和学院,并精于此道。问题是,在21世纪,我们需要它发挥更大的作用。"①今天,我们无法通过在组织制度层面上的修修补补来实现大学的革新,以充分适应信息技术革命的新要求,现代大学需要密切关注那些即将到来的新问题和可以获得的新技术,以成功应对21世纪高等教育发展的新挑战。

从表面上看,近年来现代大学似乎已经足够进取,各国高等教育改革中,从服务型大学到创业型大学再到创新创业型大学,甚至还有"密涅瓦大学""奇点大学"之类的激进实验,现代大学的改革似乎也一直在追随信息技术变革的脚步;但实质上,现代大学的改革除了在个别"点"上有所突破,整个学术界,尤其是精英大学群体,依然是保守的、充满惰性的,对于信息技术潜能的挖掘和应用远远不够。"高等教育隐形的围墙比它的实际校门要难进得多。这堵墙是制度、金钱、习惯和相关的社会资本,是对竞争对手的牵制。即使技术让周围的社会产生深刻的变革,综合型大学却仍然在贪婪地追逐金钱,变得越来越贵。"②现代大学仍然沉浸在工业文明的繁荣中,对技术和成本之间的关系缺乏真正的关注,对信息技术可能带来的颠覆式创新采取回避的态度。虽然在公共关系层面上展现了积极进取的姿态,尝试与政府、企业发展伙伴关系或建构开放式创新社区,但在大学的内部,无论是学术和行政决策还是教学与科研实践,依然在沿袭旧的技术和体制逻辑(在课堂上讲授书本知识,在期刊上发表学术论文,在决策时寻求相互妥协,在资金来源上依赖他人),并没有真正融入创新驱动发展的时代潮流。"就像几乎所有曾在工业界发生过的事情一样,新事物的发展并未遵循其自身的独特模式,而是遵循了过去的经济模式和技术结构。"③今天,对于信息技术条件下创新驱动发展的现实需求,现代大学依然习惯于按常规作为"赞助者"或"旁观者",乐享经济发展的红利,而不愿投身创新创业的实践。

究其根本,无论组织还是个人先天地具有一种保护性功能,即"适应"。技术

---

① 约瑟夫·E.奥恩.教育的未来:人工智能时代的教育变革[M].李海燕,王秦辉,译.北京:机械工业出版社,2019:140.
② 凯文·凯里.大学的终结:泛在大学与高等教育革命[M].朱志勇,韩倩,等,译.北京:人民邮电出版社,2017:112.
③ 刘易斯·芒福德.技术与文明[M].陈允明,王克仁,李华山,译.北京:中国建筑工业出版社,2009:211.

作用于人的部分感官,甚至可导致某种"催眠"效应,即生理上的短暂适应导致人的感受性或边际敏感性显著降低。受制于感官的限制,加之有限理性,人类有一种固有倾向,即把现实永久化。一方面人们会把过去想象成现在的样子,另一方面又会把未来作为现在的延伸。阿尔文·托夫勒在《未来的冲击》中写道:"我们的政治制度是'未来盲'",事实上,"我们的文化也已同样变成了'未来盲'。……在一个变化来得惊人迅速的时代,'未来盲'是个致命的缺点。"①由于"未来盲",在今天的大学里我们很难想象印刷术出现之前大学是如何运作的,也很难想象数字化的环境下现代大学该如何运行,最容易想象和实现的就是大学今天的样子。

第二次世界大战以来,研究型大学逐渐成为世界一流大学建设的主流范式,很多人自觉不自觉地认为,那些历史悠久的世界一流大学一直是科研卓越的典范,很多大学也会不由自主地美化自己学术研究的历史。但事实上,今天很多的研究型大学不过是20世纪中期以后才真正崛起的,即便从柏林大学的建立算起,研究型大学也不过两百多年的历史。"任何吹嘘自己有'几百年学术辉煌传统'的高校都在扯谎。"②毫无疑问,相对于大学近千年的历史存在,研究型大学只是一个相对新的事物。历史上的大学不是一直都是研究型的,将来的大学也不会一直如此。再比如,基于印刷术的论文发表,从15世纪中叶到现在有几百年的历史,但真正形成"不出版,就出局"的潜规则也不过是近一百年甚至近半个世纪的事。但时至今日,很多人无法想象,如果不基于论文发表,如果不参照已有研究型大学的范式,我们如何能够建设世界一流大学。其实无论是研究型的范式还是论文发表制度都是印刷技术环境下大学改革的理性策略,它们对于大学自身的发展和人类社会的进步都做出了历史性贡献;但社会在不断发展,技术也在不断进步,过往必将成为历史,未来则需要创造。

当然,在技术至上的时代,为了避免技术主义可能对于学术创新带来的负面影响,对于我们时代的大学学术研究中对技术的轻率依赖也要有所警惕。"实际上,轻率地依赖技术是一种债务,而不是资产。只有合理地使用技术,让这种技术服务

---

① 戴维·奥斯本,特德·盖布勒.改革政府:企业家精神如何改革着公共部门[M].周敦仁,等,译.上海:上海译文出版社,2006:163-164.
② 安德鲁·德尔班科.大学:过去,现在与未来[M].范伟,译.北京:中信出版社,2014:80.

一个简单、清晰、连贯并且已经被深刻理解的概念时,技术才会成为加速发展的根本动力。相反,当技术没有被合理使用,只是被当作是一个简单的解决办法,也没有深刻地认识到它是如何与一个清晰连贯的概念联系在一起的时候,技术就是你加速灭亡的工具。"①当前在实证主义和技术主义的影响下,学术界有大量的研究成果"轻率依赖"统计技术或滥用统计技术,而忽视了对于真理的追求和思想创作。这些论文和成果从方法和技术的角度看或许很精致,但实质上,思想贫乏。在网络化时代,借助于数字技术,科学研究中数据的处理和文献的检索基本上实现了自动化。学术研究中对于信息技术和统计方法的滥用不可避免。其结果是,计算机技术的大量使用也会窒息科学创新,使学术研究没有想象力、专注于狭隘的计算机辅助的研究②。但如麦克卢汉所言:"如果它们可能被滥用,那么它们一定会被滥用。但这不是媒介的错误或目的。"③在信息技术环境下,我们的学术研究工作或许无法避免对于技术的依赖,需要警惕的是"轻率依赖",而非拒绝信息技术。换言之,为确保知识和创新的涌现,学术研究要注意"技术的谦虚"④,警惕"技术的傲慢",以避免"技术垄断"在学术界蔓延。

第三节　大学会被信息技术革命颠覆吗

对于技术的进步人们有一种矛盾的心态。一种是技术主义的,即对于技术绝对的相信。另一种则是怀疑技术的,即不相信技术可能带来根本性的变化。前一种心态基本上是现代化的结果,经过现代性的洗礼,现代人唯一可以信任的就是"技术"。现代以降,在工业技术中浸淫日久,人自身和其思维方式都是技术化的,因此会对某种特定的技术抱有绝对的信任。"当一个社会被封闭于一个特定而固

---

① 吉姆·柯林斯.从优秀到卓越[M].俞利军,译.北京:中信出版社,2002:183.
② 尼尔·波斯曼.技术垄断:文化向技术投降[M].何道宽,译.北京:北京大学出版社,2007:70.
③ 马歇尔·麦克卢汉.谷登堡星汉璀璨——印刷文明的诞生[M].杨晨光,译.北京:北京理工大学出版社,2014:54.
④ 尼尔·波斯曼.技术垄断:文化向技术投降[M].何道宽,译.北京:北京大学出版社,2007:69.

定的感官平衡比率时,它就完全无法想象出另一种事物的状态。"①由于几百年来一直受印刷术的影响,现代大学里纸质的文字往往更加具有权威性,书籍有时就象征着真理。直到今天,学术实践中纸质证据的效力仍高于电子证据。究其根本,绝不在于纸质证据比电子证据更难伪造,而在于我们对于印刷术有着一种难以克服的"迷思"。"由于专注于印刷的文字,在感觉和智慧之间、在声音和影像之间、在具体和抽象之间,人们开始找不到平衡了。存在就意味着在印刷物中存在,学习就意味着学习书本,所以书本的权威大大地拓展了。在这种情况下,如果说知识得到了更广阔的空间,谬误也同样利用印刷而大行其道。"②后一种怀疑技术的心态,有对技术本身的质疑,但更多的时候可能还是前一种心态的翻版。换言之,正是因为对于旧的技术的过度迷信,对于新的技术人们才持有强烈的怀疑态度,觉得新技术不可能产生颠覆性的影响。同样以印刷术和数字化技术相比,经过几百年的不断学习和积累,人们已经习惯了印刷文明,对于数字技术可能塑造的电子文明,很多人是不以为然的或完全没有心理准备的。对于新的技术可能带来的全新变化以及颠覆性影响,除少数如麦克卢汉式的"先知",普通公众的反应基本上是滞后的甚至是严重滞后的。斯宾格勒曾指出地质学中的一个常见的事实:"尽管一块岩石中的某些成分已经流失,而且被完全不同的材料所充填,这块岩石仍可能保持其可能的结构。因为岩石原来的外观结构仍然存在。类似的蜕变也可能存在于文化现象中,新的力量、新的活动和新的机制,它们有可能并不独立结晶而形成独特的状态,而是蔓延渗入到既有的文明结构之中。这可能就是我们目前情况的关键性事实。"③人类社会或人类文明在从印刷技术向信息技术转型的过程中无疑也存在着上述斯宾格勒所言的"假晶"现象。

  人类社会的历史上,细节性的技术革新经常出现,但带有根本性的技术变迁则比较少。所谓细节性的技术革新意味着对于原有技术的完善或补充,所谓根本性的技术变迁则意味着对于原有技术的替代或颠覆。就信息技术而言,从印刷术到

---

  ① 马歇尔·麦克卢汉.谷登堡星汉璀璨——印刷文明的诞生[M].杨晨光,译.北京:北京理工大学出版社,2014:402.
  ② 刘易斯·芒福德.技术与文明[M].陈允明,王克仁,李华山,译.北京:中国建筑工业出版社,2009:124.
  ③ 刘易斯·芒福德.技术与文明[M].陈允明,王克仁,李华山,译.北京:中国建筑工业出版社,2009:233.

互联网是一种根本性的技术变迁。互联网植根于数字技术，与以纸为媒介的印刷术完全不同。互联网具有不同于印刷术的技术逻辑，它会造成一种全新的技术环境和社会环境。在这种环境中和印刷术有关的所有概念或范畴都会随着信息技术的发展被重新定义。这种重新界定的过程完全是隐性的而非显性的，甚至无法确定到底是谁在重新界定，但重新界定确实发生了。如尼尔·波斯曼所言："技术重新界定'自由''真理''智能''事实''智慧''记忆''历史'等词汇的意义。所有这些词汇都是我们的生活必须依靠的词汇。技术不会停下脚步向我们公开宣示这样的变化，我们自己也不会驻足向技术询问词汇的变化。"①随着互联网的迅速发展，这种全新的技术势必造成一种全新的环境、全新的意识形态、全新的世界观。在这种全新的环境、全新的意识形态和全新的世界观的倒逼下，大学以及大学里的知识和人都将被技术所重塑。"新技术改变我们兴趣的结构：我们思考的对象要变化。新技术改变我们的符号：我们赖以思考问题的符号要变化。新技术改变社群的性质：我们思想发展的舞台要变化。"②面向未来，在从印刷媒介向电子媒介转型的过程中，现代大学所固守的那些经典理念和范畴，从大学自治、学术自由、教授治校、学生自治到科学、人文、真理、智慧、学习、学科、教学、价值、意义等，在数字化的学习环境下都将并正在被重新界定。在虚拟或网络化的学习环境下，传统的大学自治与学术自由将失去存在的合法性。由于大学组织和制度"实体"的重要性被消解，科学、人文、真理、学科、智慧、价值、意义等范畴的含义也必然会发生变化。"学校滋养的是按需备用（just-in-case）的学习，而技术鼓励的是即时（just-in-time）学习。"③在网络环境下接受教育的学习者与在实体学校里接受教育的学习者对于"受过良好教育"的理解将完全不同。

从社会实践出发，新的技术环境会不可避免地塑造符合自身需要的新大学，新的大学也需要新的创造才能满足新的社会对于人的发展和技术发展的新需求。"任何技术都倾向于构建一个新的人类环境。技术环境不仅是人类消极的容器，更

---

① 尼尔·波斯曼.技术垄断：文化向技术投降[M].何道宽，译.北京：北京大学出版社，2007：4.
② 尼尔·波斯曼.技术垄断：文化向技术投降[M].何道宽，译.北京：北京大学出版社，2007：10.
③ 阿兰·柯林斯，理查德·哈尔弗森.技术时代重新思考教育：数字革命与美国的学校教育[M].陈家刚，程佳铭，译.上海：华东师范大学出版社，2013：56.

是重新塑造人类与相关技术的积极过程。"①现代信息技术正在为现代大学的变革塑造一种全新的技术环境和社会环境,同时也为信息技术自身的变革开启了一个积极过程。当然,信息技术的革新与大学自身的革新之间的互动不是短期内可以完成的。在新的信息技术革命的潜能完全释放之前,传统大学模式不可能完全瓦解,同样的,在新的信息技术革命的潜能完全释放之后,传统大学模式也不可能再持续。在从印刷技术向电子技术、从印刷文化向电子文化转型的漫长过程中,作为一种人造物,无论是信息技术还是大学的演化都存在"惯性"和"路径依赖",二者的相互"磨合"需要一个长时间的过程,彼此既会通过改变自己来适应对方,也会通过改变对方来改变自己。"就过去150年内所有的物质文明的重大发明而言,它们的背后不但有技术上长时间的内部发展,还有人们的观念在不断变化。只有人们的愿望、习惯、思想和目标等重新定向了,新的工业过程才可能得到大规模的发展。"②大学的改革和发展也同样如此。

  数字化的大学只能存在于数字化的技术环境中,而数字化的技术环境也只能存在于数字化的社会环境中。因此只有在社会规则和技术规则相融的条件下,只有在人们的愿望、习惯、思想和目标完成重新定向的前提下,大学变革的潜能才能全部释放。在新的技术环境和社会环境下,数字化大学必然包括高等教育的全部要素,教师、学生和课程,也必然包括社会的全部要素,政府、企业和第三方机构,这些要素需要全部可以与网络技术实现"无缝对接"。当前虽然电子文明近在眼前,虽然也并不缺乏新秩序的明确迹象,但我们还是无法自信地说某一国家或地区已进入了信息化社会,更不能说某一所大学已经完成了信息化。"因为,即使单说技术上的完全转换,转换所需的社会制度以及明显的社会意志也仍然不存在。技术上的收益从来不会自动获得社会上的认可:它们需要同样机敏的政治的创新和适应过程。"③同样,未来一个适宜于数字化大学的数字化的社会环境,将要求社会的规则服从于数字技术的规则,或以数字技术的规则对于社会规则进行重构。

---

 ① 马歇尔·麦克卢汉.谷登堡星汉璀璨——印刷文明的诞生[M].杨晨光,译.北京:北京理工大学出版社,2014:57.
 ② 刘易斯·芒福德.技术与文明[M].陈允明,王克仁,李华山,译.北京:中国建筑工业出版社,2009:7.
 ③ 刘易斯·芒福德.技术与文明[M].陈允明,王克仁,李华山,译.北京:中国建筑工业出版社,2009:195.

就目前而言,概括来讲,信息技术革命能否对大学产生颠覆式影响大致可以分两个阶段来看。第一个阶段,现有信息技术本身难以对大学产生颠覆式影响。1997年,彼得·德鲁克在预测网上教学的巨大潜力时甚至认为,在2020年以前,传统的大学校园会像打字机和羽毛笔一样被淘汰。① 但事实证明,彼得·德鲁克对于信息技术革命的影响过于乐观了。今天,传统大学依然生机勃勃。实践中"教育一直在变,却从未被颠覆"②。信息技术的进步虽然极大地拓展了人们接受高等教育的途径、丰富了大学教学的方式和内容,但它没有使大学的实体消失,甚至没有让传统大学模式产生足够的危机感。有学者甚至认为:"大学这类机构最不受嵌入在信息技术里的虚拟逻辑影响。学校不太可能消失而进入虚拟空间。未来的高等教育系统不会是在线上,而是在信息节点、教室位置以及学生的个人区位所组成的网络里。"③不过,大学现在没有消失并不等于在未来信息技术的进步不会对传统大学产生颠覆式影响。面向未来,问题的关键可能不在于信息技术能否颠覆传统大学,而是我们是否愿意让信息技术来颠覆传统大学。杜德斯达特就认为:"随着新兴科技的力量增长上千倍、上万倍、上亿倍,谁又能预测它能给大学、企业或者政府这样的社会机构所产生的影响呢?"④基于此,我们需要思考的第二阶段的问题就是,一旦信息技术本身可以对大学产生颠覆式影响或可以使大学在实体上消失时,传统大学是否真的会因为信息技术的进步而消失。毫无疑问,对于人类而言,这将是一个重大的决策。"机器本身不提出任何要求,也不保证做到什么。提出要求和保证做到什么,这是人类的精神任务。"⑤毕竟,无论在世界的哪个地方,信息技术革命的发动者都是国家⑥,信息技术的使用权也都掌握在政府手里。就目前的社会—技术范式以及技术—经济范式而言,信息技术革命尚处于变动不居的过

---

① 德里克·博克.大学的未来:美国高等教育启示录[M].曲强,译.北京:中国人民大学出版社,2017:141.
② 克莱顿·克里斯坦森,迈克尔·霍恩,柯蒂斯·约翰逊.创新者的课堂:颠覆式创新如何改变教育[M].李慧中,译.北京:中国人民大学出版社,2015:19.
③ 曼纽尔·卡斯特.网络社会的崛起[M].夏铸九,王志弘,等,译.3版.北京:社会科学文献出版社,2006:372.
④ 德里克·博克.大学的未来:美国高等教育启示录[M].曲强,译.北京:中国人民大学出版社,2017:146.
⑤ 刘易斯·芒福德.技术与文明[M].陈允明,王克仁,李华山,译.北京:中国建筑工业出版社,2009:9.
⑥ 曼纽尔·卡斯特.网络社会的崛起[M].夏铸九,王志弘,等,译.3版.北京:社会科学文献出版社,2006:63.

程中,"仍有赖于大量准独立变数之间的推定(stochastic)关系"①,最终结果如何更多地取决于技术与社会之间复杂的互动。

现有技术环境下,虽然现代大学的消亡为时尚远,但数字技术的挑战仍需要正确应对。与印刷技术环境下时空的条块分割完全不同,"全新的、电子的相互依存关系将整个世界重新构建为一个'地球村'"②。与基于摩尔定律的数字技术环境相比,印刷术所造就的是一种稳定的或变化相对缓慢的制度环境。在印刷技术环境及其所造就的制度环境下,大学以保守姿态缓慢地演化不失为一种理性的策略。在印刷技术主导的漫长岁月里,现代大学虽然偶尔也会面临信息技术的挑战,比如无线电的发明,再比如电视的普及,但在总体上,大学作为一种组织实体和制度安排的地位一直是稳定的。各种偶尔出现的新技术、新思潮始终无法撼动印刷文明的根基。整个工业化过程中,所谓的信息革命往往被认为是一种"潮流",来了之后会慢慢消退。对于当前基于数字技术的互联网革命很多人仍然作如是观。然而,这一次的信息技术革命已完全不同。对于印刷技术而言,以互联网为代表的信息技术绝不再是"小插曲",而是根本的替代者和颠覆者。如果说在过去很多的技术革新只是改进了大学的手段,那么新一轮的信息技术革命则正在重塑大学存在和发展的根本目的。当前在从印刷技术向电子技术加速转型的背景下,"如果大学认为互联网只不过是一种潮流,它们能够等待这种潮流的结束,或者将其汇入本质不变的组织模型中,那么长此以往,大学终将会消失"③。对于信息技术以及与此相关的人工智能可能带来的颠覆性影响,大学必须有足够的思想和策略准备。

面向未来,在信息技术的裹挟下,大学的"互联"已是大势所趋,对于"互联"状态下任何可能的改变我们都需要持有开放的态度。"每个文明时代都会在某种程度上否定过去的技术,同时也蕴含着未来重要技术的萌芽。但是,每个时代的成长

---

① 曼纽尔·卡斯特.网络社会的崛起[M].夏铸九,王志弘,等,译.3版.北京:社会科学文献出版社,2006:56.
② 马歇尔·麦克卢汉.谷登堡星汉璀璨——印刷文明的诞生[M].杨晨光,译.北京:北京理工大学出版社,2014:97.
③ 凯文·凯里.大学的终结:泛在大学与高等教育革命[M].朱志勇,韩倩,等,译.北京:人民邮电出版社,2017:237.

核心还是在其体系的内部。"①我们时代的技术政策仍掌握在以政府为代表的组织手里,技术进步与大学变革之间只能是"软决定论"而非"硬决定论"。"未来的很多事情是难以测定的。没有人能够在此刻确切地预测大数据将会在何时动摇综合型大学的根基。围绕于综合型大学的政策和监管保护是政治的职能,这种职能总是在运气、个性、经济周期和创建多数联盟的边缘振荡。"②换言之,在我们时代,技术本身的可能未必等于现实的可能。在潜在的可能性转化为现实的可行性之间,政府的技术政策和教育政策选择以及领导人的理性决策仍然起着决定性的作用。"要了解技术与社会之间的关系,必须谨记国家的角色,不论是拖延停顿、解除束缚,或是引领技术创新,都是整个过程中的决定因素,因为国家表现与组织了特定时空里支配性的社会和文化力量。"③

由于当前的信息技术革命对于社会的影响尚处于"再结构化"之中,未来的大学会是什么样子,今天我们尚不知晓,实体的大学会不会消失,短时间内也不会有答案,但有一点或许是可以肯定的,由于技术环境的根本变化,未来的大学将不再可能是现在大学的简单延续或自然延伸。"我们的各种信息技术和以知识为基础的经济给我们许多机遇去做,也许是50年以前无法梦想的事情。为了要抓住这些机遇,我们必须对我们工业化时代的体制机构的残余加以重塑改造。"④换言之,以信息为基础的(information-based)大学将朝向信息化的(informational)大学转型。今天,革命性的变化已在孕育,答案的揭晓只是时间的问题。"那一刻终将会到来。机器将在世界上拥有真正的霸权。"⑤一旦信息技术驱动学校教育变革成为不可逆转的现实,作为正式组织的大学提供高等教育的重要性将显著降低。如波兰尼所言:"在历史上伟大的工业革命的前夕,没有任何巨大变革即将来临的信号或预兆。

---

① 刘易斯·芒福德.技术与文明[M].陈允明,王克仁,李华山,译.北京:中国建筑工业出版社,2009:102.
② 凯文·凯里.大学的终结:泛在大学与高等教育革命[M].朱志勇,韩倩,等,译.北京:人民邮电出版社,2017:239.
③ 曼纽尔·卡斯特.网络社会的崛起[M].夏铸九,王志弘,等,译.3版.北京:社会科学文献出版社,2006:12.
④ 戴维·奥斯本,特德·盖布勒.改革政府:企业家精神如何改革着公共部门[M].周敦仁,等,译.上海:上海译文出版社,2006:14.
⑤ 约瑟夫·E.奥恩.教育的未来:人工智能时代的教育变革[M].李海燕,王秦辉,译.北京:机械工业出版社,2019:3.

资本主义是一个不速之客。没有人曾经预见到机械工业的发展;它让人们大吃一惊。"①实践也将证明,信息技术的迅猛发展以及人工智能时代的到来,注定是"一个不速之客"。今天尽管我们还不知道它哪一天会真的到来,但它一定会"不期而至",并让我们"大吃一惊"。

可以预期,在未来的某个时间点,随着人类社会的技术进步,基于信息技术的人工智能将进化到高级阶段,就技术本身而言将足以淘汰传统大学模式。那时,作为公共利益代言人的政府可以有两种不同选择。一种是选择新技术支撑的新大学模式,淘汰传统大学;另一种则是在相当长的时间内通过政策保护传统大学模式,限制新的智能技术在高等教育领域的应用或在高等教育领域有选择地使用信息技术。两种选择体现了不同的价值观。选择数字化大学意味着我们在技术垄断的背景下主动选择适应技术更新。选择保留传统大学模式意味着我们对于技术垄断的"抵抗"。"旧的思想和生活方式在新旧文明之间架起了桥梁,并防止了机器体系统治整个生活,也防止了机器体系像控制工业陈规一样控制我们的生活。这些现存的制度使社会稳定,避免社会吸收或反抗来源于机器体系的文化元素,但它们在减轻了机器体系缺点影响的同时也过滤了机器体系有价值的东西。"②政府以及大学对于信息技术革命的"抵抗"也同样如此。毕竟,"技术进步总是与文化演化过程交织在一起的"③。传统大学模式也有它独特的价值,有着技术之外的合法性。我们必须清楚,技术的变迁和进步必然会产生非预期的社会后果。这是技术创新难以回避的"威胁"。"持续不断发展的创新能力的总体效果,就是使我们关于社会运行的已有信仰受到挑战,变得过时。"④信息技术也不例外。从眼前看,科技的创新、信息技术的进步可以提升大学教学、科研以及为社会服务的绩效,科技创新本身也会不断促进科技的进一步创新。但对于人类社会的演进而言,植根于传统大

---

① 马歇尔·麦克卢汉.谷登堡星汉璀璨——印刷文明的诞生[M].杨晨光,译.北京:北京理工大学出版社,2014:403.
② 刘易斯·芒福德.技术与文明[M].陈允明,王克仁,李华山,译.北京:中国建筑工业出版社,2009:273.
③ 罗伯特·W.里克罗夫特,董开石.复杂性挑战:21世纪的技术创新[M].李宁,译.北京:北京大学出版社,2016:196.
④ 罗伯特·W.里克罗夫特,董开石.复杂性挑战:21世纪的技术创新[M].李宁,译.北京:北京大学出版社,2016:44.

学模式的人文价值也同样的弥足珍贵。就像现代社会,科技的进步虽然日新月异,但传统生活方式仍然不会消失。轻率依赖某种技术而忽视了人之为人的目标同样是危险的;无论我们在技术上走得有多远,都需要不断地从传统中汲取营养和资源。

总之,在信息技术飞速发展的今天,对于大学的革新或转型,我们既需要警惕技术虚无主义,也需要反对技术决定论,毕竟,影响大学改革和发展的内部和外部不确定因素还有很多。但这也并不意味着我们可以忽视在特定情境下技术的革新对于大学革新所具有的某种决定性作用。"在颠覆的框架下,也就意味着:除非高层积极推动创新,否则组织的颠覆式创新都会变成持续性创新(也就是匹配目前情况、价值观和经济模型的改进),因为一个组织不可能自发地颠覆自己。"[1]某种意义上,这也正是当前为什么信息技术没有改变大学教育的原因。对于未来信息技术革命以及人工智能可能在大学革新中所发挥的作用,我们既不能迷信技术的魔力,也不能轻视技术的巨大潜力。根据柯林斯的"技术第一定律","我们总是高估一个具有转折意义的发现的短期影响力,然而却低估了它的长期影响"[2]。为避免这种可怕的错误,正确的态度是深刻理解信息技术的本质,高度重视大数据思维的重要性,持续探究如何更好地发挥信息技术在大学自我革新中的积极作用。"数字化时代的教育不仅要关注科技、了解科技能够做什么,还要关注科技不能做什么——至少现在不行,也许永远不行。"[3]唯有如此,才能确保大学不会落后于时代。

---

[1] 克莱顿·克里斯坦森,迈克尔·霍恩,柯蒂斯·约翰逊.创新者的课堂:颠覆式创新如何改变教育[M].李慧中,译.北京:中国人民大学出版社,2015:47-48.
[2] 保拉·斯蒂芬.经济如何塑造科学[M].刘细文,译.北京:北京大学出版社,2016:95.
[3] 约瑟夫·E.奥恩.教育的未来:人工智能时代的教育变革[M].李海燕,王秦辉,译.北京:机械工业出版社,2019:62.

第一编

创新创业

第一章 以创业思维重新发现大学

研究型大学奠基于公共科学的规范和学院科学的体制。在研究型范式下,大学的科学研究偏向基础科学,研究的目的主要在于发现原理或法则,成果的呈现主要以论著的形式,在科学共同体和学科共同体内部分享。为社会服务主要体现在为经济社会发展提供学术资源,至于这些资源怎么使用,是否有人会使用,则不是大学要考虑的事。在创新驱动发展的新时代,研究型大学赖以获得合法性的科学逻辑面临市场逻辑的挑战。在创新创业使命的驱动下,随着市场逻辑在经济社会发展中重要作用的彰显,只有以创业思维重新发现大学,并基于创新创业的新范式重新界定学术研究的思维与行动,现代大学才能在新的时代铸就新的辉煌。

长期以来,植根于人文主义的想象,大学总是被赋予过多浪漫的色彩。理想的大学总是被设定为远离市场的逻辑、独守学术的寂寞。历史上,大学可能真的曾是人类精神的家园,也可能真的曾扮演过"世俗的教会"的角色,具有显著的文化合理性。但今天在创新驱动发展的背景下,基于经济合理性,大学的中心任务必须转向创新创业,大学的人才培养和科学研究必须服务于所在国家、所在地方的经济社会发展,大学必须致力于人类社会实践的持续改进,而不能只关心大学自身的利益或学问自身的进展。我们时代的大学正越来越快地演变成迈克尔·克罗所谓的"综合性知识企业"(comprehensive knowledge enterprise)。按他的意思,"大学是一个国际网络,借助该平台,学术机构、政府、航空航天、制药和生物技术公司(等等)在有着共同利益的项目上合作,经常有可能会产生巨大的财务收益"[①]。无论何

[①] 安德鲁·德尔班科.大学:过去,现在与未来[M].范伟,译.北京:中信出版社,2014:108.

时,大学本身不是目的,大学的存在和发展只是实现人类经济社会可持续发展的一种手段。在创新驱动发展的新时代,"仅仅创造知识并使之予取予求,这远远不够,高校还需利用市场的力量以确保这些知识得以应用"[①]。当前人类经济社会的发展已经从资源驱动转向创新驱动,那些现代大学的曾经的理想典范,无论是博雅学院还是研究型大学,也无论是自由教育还是高深学问,一旦无法证明其在创新驱动发展进程中的有用性,就不可避免地会面临合法性的危机。对大学而言,"解决方法可以是发展出一种文化,这种文化看重的是解决问题,而不是组织自身利益,并且提倡通过激励个体教师和学生的方式鼓励责任制"[②]。最终,通过创新创业大学重新发现自己。

第一节 大学中科学逻辑的困境与出路

近代以来,相当长的时间内大学、科学与社会的距离较远,大学的科学研究主要目的是满足研究者的好奇心并服务于大学的教学,即通过科研为教学提供资源。科研不是为了改造世界而主要是从不同的角度认识世界或解释世界。研究者从事科学研究,所谓论文原本只是科研成果的一个载体,但在以研究型为范式的大学里,随着学术激励和承认机制的过度强化,手段最终异化为了目的。为发表而发表,为论文而论文,甚至成为科研生活的一种常态。其背后的哲学就是,研究者只负责研究,并写成论文公开发表出来。"至于研究成果能否为社会所用,很大程度上取决于社会是否会发现这一论文,并很好地理解它。"[③]这种孤立主义的做法将大学与社会进行区隔,表面上看似乎维护了科学的纯粹或价值的中立,但事实上却阻断了研究者与社会实践的联系,也阻断了科研成果与经济社会发展的联系,造成

[①] 伊丽莎白·波普·贝尔曼.创办市场型大学——学术研究如何成为经济引擎[M].温建平,译.上海:上海科学技术出版社,2017:109.
[②] 霍尔登·索普,巴克·戈尔茨坦.创新引擎——21世纪的创业型大学[M].赵中建,等,译.上海:上海科技教育出版社,2018:103.
[③] 吉川弘之,内藤耕.产业科学技术哲学[M].王秋菊,陈凡,译.沈阳:辽宁人民出版社,2015:9.

"知识孤岛"现象,最终既不利于社会的进步,也不利于科学的繁荣。科学研究不能只为了科学自身或学科自身,也不能止于知识本身。从数据的收集到论文的发表,再到研究成果对社会产生积极作用,不能只是一种单向的逻辑,而必须建立起必要的循环链。"为了确立连接研究成果与社会间的循环链,仅追求理论是行不通的,研究者必须自己完成从'存在'到'价值'、'结构'到'性能'、'性质'到'意义'的转换过程。"①为了完成这种转换过程,学术研究就不能只是从学者擅长的概念出发,而必须从实践问题的需要切入。

现代社会大学里的科研活动吸引了以公共拨款为主的巨额资金,担负着社会各界热切的期望,科学知识的生产已不能止于论文的发表而必须满足于国家的重大战略需求和经济社会的可持续发展。在创新驱动发展的背景下,"纯科学"研究已不具有天然的合法性,先基础研究再应用研究再到市场开发和产品设计的制度安排,由于中间链条过长、效率低下且充满偶然性,已经过时。"大学可以作为孤立的象牙塔延续下来,为人类的进步提供基本知识的这种观点早已一去不复返。现在的观点是,大学应该作为知识经济的重要支柱,生成基础概念并同时为创造有用的产品和服务作贡献。"②为了满足现代社会对于创新创业的强烈需求,大学的科学研究必须从一开始就有应用的意识,并在前期研究过程中就为技术的商业化和最终的产品化做好必要的准备。"技术商业化要求将一个有前景的思想或者研究成果转变成有用的产品或过程,要能够以一种大规模的、经济的和可推销的方式为现实问题提供解决办法。商业化的范围不只局限于专利和知识转化,如果仅仅止步于专利活动和知识转化还是无法对大学和地方经济产生实际上的影响。技术商业化需要测试、演示、验证并最终将思想转变为有用的、可推销的产品。"③当前基于经济社会发展模式的转型,以及大学和科学合法性的变迁,大学的科学研究也必须引入市场的逻辑,以实现方法论的转向,即从知识生产(创造法则、发现原理)逐渐转向知识创造(创造新生事物)。

---

① 吉川弘之,内藤耕.产业科学技术哲学[M].王秋菊,陈凡,译.沈阳:辽宁人民出版社,2015:13.
② 艾伯特·N.林克,唐纳德·S.西格尔,迈克·赖特.大学的技术转移与学术创业——芝加哥手册[M].赵中建,等,译.上海:上海科技教育出版社,2018:101.
③ 美国商务部创新创业办公室.创建创新创业型大学——来自美国商务部的报告[M].赵中建,卓泽林,译.上海:上海科技教育出版社,2016:161.

为区分这两种不同的研究方法论,吉川弘之和内藤耕曾创造性地提出并定义了"第1种基础研究"和"第2种基础研究"。按照他们的定义,所谓第1种基础研究,即通过对未知现象的观察、实验、理论计算,发现、解释并形成其普遍理论(法则、原理、定理等)。所谓第2种基础研究,即为了特定的社会经济需求性,将已确立的多种理论(法则、原理、定理等)进行综合,通过不断重复观察、实验及理论计算,引导出与具有规律性与普遍性的研究手法、研究结果相关的知识以及实现研究目的的具体步骤。最后,运用由第1种、第2种基础研究以及实际经验中得出的成果与知识,通过工程学及社会经济手段来具体研讨已发明的材料、装置、产品、系统、工程、服务的事业化可能性①。第1种基础研究和第2种基础研究的区分适应了市场逻辑的需要,也反映了科学逻辑的局限,同时为现代大学从研究型向创业型的转变提供了理论基础。基于科学逻辑,传统研究型大学的学术研究主要是第1种基础研究,而基于市场逻辑的创业研究型大学的学术研究则主要是第2种基础研究。在那些创业研究型大学里,虽然研究的性质仍然是基础的,但研究的范式和取向已经有了根本的不同。

众所周知,在公共科学和学院科学体制下,受科学规范和学院文化的影响,对于研究者而言,从学科的话语逻辑出发,更看重的是研究对象的存在、结构、性质。但对于社会而言,从解决问题的需要出发,更看重的则是研究结果的价值、性能与意义。在学院科学的逻辑下,以学科建设为中心,无论对于哪一个学科,没有不值得研究的课题,每一种研究总会有这样或那样的意义。但从经济社会发展的需要出发或从创业科学的角度讲,每一个课题或项目的开展都需要综合考虑它的科学价值、社会需求和商业化前景。在时间和资源有限的情况下,大学必须集中精力解决那些可能影响国计民生和经济社会发展的重大的科学前沿问题。现代大学里那种基于"闲逸的好奇"或"无用之用"的学术研究不是不需要,而是不能再作为科研活动的主流。对此,或许会有学者持相反的判断,认为现代大学里的科研活动已经太功利,需要提倡"闲逸的好奇",并鼓励那些"无用之用"的基础研究。事实上,在现代大学中科研功利主义的盛行虽是客观事实,但这种功利主义主要围绕着以论

---

① 吉川弘之,内藤耕.产业科学技术哲学[M].王秋菊,陈凡,译.沈阳:辽宁人民出版社,2015:32.

文发表为主导的学术锦标赛而展开,和研究自身的范式以及研究结果的去向并无必然关系。现代大学里那些以发表为主要驱动力的功利主义的科研,表面上看是功利主义的,但其成果的呈现仍然是"无用之用"的论文,动机也多是为研究而研究,为论文而论文,对于经济社会发展毫无"功利"可言。当下大学科研的关键问题不是缺乏"闲逸的好奇",也不是表面上的"功利主义",而是对于现实重大问题的关注不够,以论文为载体的研究成果对于现实世界的影响不彰。归根结底,当下大学科研的根本症结乃是研究范式和制度逻辑的问题。为适应经济社会发展的需要,现代大学的学术研究需要尽可能淡化论文发表的极端重要性,并引入创业思维和市场逻辑,努力从第 1 种基础研究走向第 2 种基础研究,从注重学科建设的学院科学向支持创新创业的产业科学转型。

当然,要促使大学的学术研究从科学逻辑转向市场逻辑绝非一件容易的事,更不可能一蹴而就。实践中使科学发现走向应用有时并不比从未知发现新知更容易。基于制度的惯性和观念的惰性,无论是大学组织的变革还是学术研究范式的变迁都只能随着学术价值观和教育理念的变化而逐渐演化,不可能在短时间内通过组织结构调整迅速发生整体性的突变。此外,从科学的历史和大学的实践来看,按学科组织高深知识的生产与传播,既符合大学的传统,也符合大学作为一种制度的比较优势。过去的经验似乎也表明,就知识创造价值或创新创业而言,大学的确不如企业。"创新问题并非来源于学术科学家(如果不包括经济学家的话)或高校,而这两者在推动创新问题上也没有发挥重大的作用。创新辩论中甚至也较少涉及高校学术研究问题。大多数创新辩论都聚焦产业创新,只有一小部分政策提议针对高校。尽管如此,从长远来看,创新问题的出现以及创新作为一种政策框架的日益凸显,创造了一种即将彻底改变学术研究的环境。"[①]20 世纪 90 年代以来,伴随知识经济和知识社会的兴起,创新驱动发展已成为全球共识。以基础研究为导向的研究型大学范式面临转型的压力,以创新创业为导向的创业型大学开始迅速崛起。学术研究不再只是为经济社会发展储备人力资本和智力资源,科技创新本身正在被要求成为经济社会发展的引擎。

---

① 伊丽莎白·波普·贝尔曼.创办市场型大学——学术研究如何成为经济引擎[M].温建平,译.上海:上海科学技术出版社,2017:52.

这一转变的发生得益于两个方面的因素,一是政府的政策驱动,一是新大学观的引领。所谓政策驱动就是政府出台相关支持性政策,鼓励大学将科研成果转化为有经济价值的产品,而不再是放任其作为不受限制、予取予求的共用品。以美国为代表的发达国家的实践证明,以经费资助作为杠杆,政府的决策可以改变学术研究的制度和文化环境,也可以改变大学对于自身使命的理解和认知。所谓新大学观的引领,就是在政府创新创业政策的驱动下,在新兴的创业型大学的示范作用下,越来越多的大学开始将学术创业作为自己的"第三使命",立足学术的创新及商业化应用,从科技创新驱动经济社会发展的角度重新思考大学的使命和学术研究的目的。高校也渐渐认识到,"学术研究是开创新行业或彻底变革旧行业的创新源泉,具有积极推动经济增长的潜力。高校渐渐开始相信,学术研究可能真正成为经济引擎"[①]。

总之,在创新驱动发展的背景下,没有政府的政策驱动,大学的保守性难以克服,学术研究的科学逻辑难以改变;没有新的大学观的产生,传统大学的变革将失去方向。高等教育改革和发展实践中,为确保高深知识在实践中的可应用性,我们必须摆脱对"大学本身"和"知识本身"的"迷思"。"我们是环境的一部分,环境也是我们的一部分;周围的资源和机遇塑造了我们的日常行动,而我们的行动最终也会创造新的社会现实。"[②]面对人类经济社会发展的巨大挑战,大学自身必须融入社会,大学的学术研究也必须融入社会。面向未来,伴随着经济体系从"管理型"向"创业型"的转型[③],"管理型大学"(managerial university)[④]也必须向"创业型大学"(entrepreneurial university)转型。无论如何,只有大学自身或大学人自身认为大学重要,只有本学科的从业者认为学科重要,或只有科学共同体认为科学重要,这些都是远远不够的。"高校确实得保住它们对学术价值的基本承诺,但与此同时

[①] 伊丽莎白·波普·贝尔曼.创办市场型大学——学术研究如何成为经济引擎[M].温建平,译.上海:上海科学技术出版社,2017:4.
[②] 竹内弘高,野中郁次郎.知识创造的螺旋:知识管理理论与案例研究[M].李萌,译.北京:知识产权出版社,2012:91.
[③] 彼得·F.德鲁克.创新与创业精神[M].张炜,译.上海:上海人民出版社,2002:1.
[④] 乌尔里希·泰希勒.驾驭现代高等教育系统:需要更好地平衡冲突中的需求与期望[J].任增元,贾振楠,译.北京大学教育评论,2018(2):46.

也该在某些方面变得更加商业化。"①一个机构、一门学科或科学知识之所以重要，归根结底，在于相关机构、相关学科、相关知识对于人类经济社会发展具有重要价值和意义，而不在于它本身。

第二节　大学的市场逻辑与创业思维

学术世界是一个多样化的世界。学术世界内部的差异有时并不比学术世界和生活世界的差异小。对于大学的学术研究而言，就同时存在多种可能的制度逻辑。换言之，大学场域是一个多重制度逻辑共存的地方。在大学里不同时期、不同学科、不同学者会基于不同的准则和制度逻辑，开展不同的科学研究。不同的制度逻辑时而冲突，时而相互协调。世界范围内，从19世纪开始，随着近代科学革命的成果在工业化过程中逐渐显示出巨大的威力，科学的逻辑逐渐在现代大学里居于绝对主导地位。第二次世界大战后，科学的逻辑在大学学术研究中达到顶峰，最终促成了研究型大学在全世界的普及。研究型大学的兴起，对于人类社会从传统走向现代产生了至关重要的作用，无论对大学自身还是对现代社会而言，都可谓是一项伟大的创新。按德鲁克的说法，对创新创业史最好的诠释，莫过于现代大学，特别是现代美国研究型大学的创建②。

当前在世界范围内，各国建设世界一流大学的热情逐渐高涨，研究型大学作为一种范式正在走向巅峰，但近年来人类经济社会发展的现实需求以及高等教育变革的大趋势却表明，研究型大学在短暂的巅峰之后将不可避免地面临一个"日落过程"。"对未来大学的一个设想是将其作为衍生企业的发生器，向地区乃至国家经济注入新的增长资源，比如建立一批科技型企业，来增加收入和创造就业机会。"③

---

① 威廉·G.鲍恩.数字时代的大学[M].欧阳淑铭,石雨晴,译.北京:中信出版社,2014:14.
② 霍尔登·索普,巴克·戈尔茨坦.创新引擎——21世纪的创业型大学[M].赵中建,等,译.上海:上海科技教育出版社,2018:10.
③ 亨利·埃兹科维茨.麻省理工学院与创业科学的兴起[M].王孙禺,袁本涛,等,译.北京:清华大学出版社,2007:23.

研究型大学的优势在于基础研究,其对于人类经济社会发展的贡献也在于基础研究,即发现原理和法则。最近十几年,大学学术研究中的科学逻辑日益显示出其局限性,市场逻辑在与科学逻辑的竞争中,逐渐显示出优越性。那些全球顶尖的研究型大学纷纷走出象牙塔,以前沿的学术研究直接服务经济社会发展。高水平论文发表不再是顶尖大学学术研究的唯一目的,以创业思维进行专利申请、技术转让、成果孵化、创建新公司、开拓新产业等逐渐成为世界一流大学之所以一流的"标配"。

在创新驱动发展的新时代,"以学科为单位划分的学术论文无法承担起作为研究与社会的连接点的重任"[①]。为适应创新驱动发展的需要,大学的学术研究不能再成为知识的"孤岛"。为提高学术研究的绩效、实现知识创造价值的目标,科学共同体和学科共同体必须树立创业思维,致力于高深知识的合理使用以解决具体问题。长期以来,由于大学学术研究中"孤岛效应"的存在,科学与社会之间有效联系需要不断地接力,从基础研究到实践应用缺乏有效的循环链,科研成果更多被科学共同体和学科共同体所分享,而无法被经济社会实践所吸收。近代以来,为了克服高深知识生产、传播与应用之间的断裂,大学在人才培养、科学研究之外,也发展出了社会服务的职能,并实现了制度化,但效果并不十分理想。由于观念的惰性和学科制度的规训,人才培养和科学研究还是被看作现代大学更根本的职能,社会服务在大学里的地位一直比较低下。

近十几年来,为适应知识经济和知识社会发展的需要,在教学型和研究型大学的基础上,一批致力于创新创业的新型大学开始蓬勃发展。与教学型和研究型大学对于教学和研究的关注相比,那些致力于创新创业的大学更突显市场逻辑,更具创业思维,更强调学科、专业、产业的融合,更注重知识生产的跨学科性和可应用性,更关注研究成果的市场转化以及高科技企业的创建。相较而言,如果说教学型大学遵循的是专业的逻辑,侧重于培养专业人才,研究型大学遵循的是学科的逻辑,侧重于生产高深知识,那么创业型大学则是遵循市场的逻辑,其目的就是要成为创新创业的助推器,以科学技术的创新驱动经济社会的发展。如果说在教学型

---

① 吉川弘之,内藤耕.产业科学技术哲学[M].王秋菊,陈凡,译.沈阳:辽宁人民出版社,2015:91.

大学里,科研主要服务于教学或人才培养,在研究型大学里,科研主要服务于学科建设,那么在创业型大学里,科研的目标则是成为创新创业的引擎,服务于知识价值的创造。"现如今,量变引起了质变,这些变化的累积足以从根本上改变科研的性质。在许多方面,高等院校和外界的联系已日益密切,我们已经不能再称高等院校为'象牙塔'了。现今,研究型大学肩负多重任务,在进行研究之外,它们还致力于促进经济发展,满足国家的其他需求等。"①当然,所谓创业型大学并不是与教学型大学、研究型大学截然不同的新大学,而是教学型大学和研究型大学的"升级"版。以创新创业为目标导向的创业型大学并不是全新的高等教育机构,而是在传统大学的机体里注入创新创业的"基因",使传统大学趋向创新创业。具体来说,以教学型大学为基础发展而来的创业型大学可称之为教学创业型大学,以研究型大学为基础发展而来的创业型大学可称之为研究创业型大学。

我们强调基于市场逻辑和创业思维的创业型大学的重要,并非意味着教学型大学和研究型大学没有为经济社会发展做出贡献。它们的差异可能只是时代不同,贡献的方式有所不同。"大学一直在它们的社区中扮演重要的角色,然而,参与的方式正发生迅速转变。"②在科学逻辑主导下,大学里的学术研究为经济社会发展提供人力资本和智识资源,至于人力资本和智识资源的有效使用则有赖于企业或其他社会机构的主动性或能动性。如果没有企业愿意应用大学的科研成果,大学也无动于衷,它的职责仅满足于做出发现或给出解释,并公开发表。在这一过程中,即便有大学在客观上为社会提供了知识服务,并创造了经济价值,其态度也是消极的或被动的。而在市场逻辑下,大学的学术研究被视为创新创业的引擎,只有通过深度开发科研成果的市场潜能并创造社会价值,才能实现大学对经济社会发展的积极影响。与传统的人才培养、科学研究以及社会服务职能有所不同,在实现创新创业的过程中,大学"不仅要担当创业者的角色,努力实现创新,还应专注于向

---

① 德里克·博克.大学的未来:美国高等教育启示录[M].曲强,译.北京:中国人民大学出版社,2017:330.
② 美国商务部创新创业办公室.创建创新创业型大学——来自美国商务部的报告[M].赵中建,卓泽林,译.上海:上海科技教育出版社,2016:20.

创业公司和成熟公司转让自身研发的技术"①。为了适应创新驱动发展的现实需要,大学必须基于这种新的学术研究范式对自身适合从事何种活动、提供何种服务进行新的决策。

在知识经济和知识社会兴起的背景下,大学的学术研究不能再仅仅关注政府拨款或科研资助的增长,也不能再满足于学术论文在顶级刊物上的发表与引用,而应努力创建能让教师和学生参与地方经济社会发展的新项目,并通过校企合作研究、创立新公司、孵化新成果、申请新专利、转移新技术、开拓新产业等,使其成为创造就业机会和促进地方经济社会健康发展的引擎。以斯坦福大学为例,"对一些公司,尤其是制药公司来说,通过专利方式进行技术转移是非常重要的。对于计算机和信息网络公司来说,斯坦福大学的贡献在于研究和创建能够迅速向市场推出新产品的公司。对于高科技领域已经成立的公司来说,贡献则在于研究生教育,它一方面不断补充着智库,另一方面通过远程课程不断为行业中的工程师提供继续教育"②。当然,由于受到几百年来大学里所形成的公共科学体制以及学院文化的影响,加之学科制度的严格规训,在现有学术环境中注入创业思维和市场逻辑并不容易。但是一旦我们能够成功地把创业思维和市场逻辑添加到大学院校的想法和观念中,并成为高深知识生产、传播与应用的"主旋律",它将使宏伟的愿景转变为现实③。创业型大学快速发展的事实证明,在市场逻辑和创业思维的驱动下,全球范围内大学的学术研究在最近几十年里所取得的成就,一点也不亚于它们在过去几百年里所取得的成就。"关于'论文专利组合'的研究证实了许多科学家都是玩转学术和商业领域的专家,而且这两个领域的活动经常是互补的。"④市场逻辑和创业思维的引入非但没有妨碍大学的基础研究,反倒刺激了学术创新和基础研究的进步。

---

① 伊丽莎白·波普·贝尔曼.创办市场型大学——学术研究如何成为经济引擎[M].温建平,译.上海:上海科学技术出版社,2017:34.
② 李锺文,等.创新之源:硅谷的企业家精神与新技术革命[M].陈禹,等,译.北京:人民邮电出版社,2017:188.
③ 霍尔登·索普,巴克·戈尔茨坦.创新引擎——21世纪的创业型大学[M].赵中建,等,译.上海:上海科技教育出版社,2018:137.
④ 艾伯特·N.林克,唐纳德·S.西格尔,迈克·赖特.大学的技术转移与学术创业——芝加哥手册[M].赵中建,等,译.上海:上海科技教育出版社,2018:59.

尽管如此，仍然有人担心，由市场逻辑所诱发的学术资本主义将会侵蚀大学的精神，损害科学的理性。但事实上，"在总结商业化对学术研究质量和诚信的整体影响的过程中，令人感到欣慰的是，从有商业价值的科学发现中营利的机会，似乎对高等院校研究人员的生产力影响很小，或者说不明确。商业或咨询活动也没有导致科学家发表的文章，在质量或重要性上明显下降。像麻省理工学院、斯坦福大学等几十年来一直鼓励创业活动的高校，其学术声誉没有遭到任何损伤的事实可以表明，如果高等院校保持警觉、认真对待，就能有效处理技术转移问题"[①]。客观而言，市场逻辑之于现代大学的危险或风险不是不存在，但通常情况下，可能会由于人文主义情结而被人为地夸大。科学的逻辑远不像我们想象得那么脆弱且容易被驱逐，市场的逻辑和创业思维也远不像我们想象得那么野蛮而有力。由于大学组织及学术研究本身的特殊性，实践中市场的逻辑和科学的逻辑在更多情况下只会共存而不会相互替代。"与其说市场逻辑取代了科学逻辑，不如换另一种说法更加准确，即当市场逻辑在高校内得到强化，就会成为科学逻辑的一个更加有形且合法的替代物，从而与科学逻辑艰难共存，而不是取而代之。"[②]换言之，当前大学里市场逻辑的兴起，充其量只是为学术研究在科学逻辑之外提供了另一种选择，而不可能是将科学的逻辑排除在学术研究之外，更不可能使大学成为一个反学院文化的纯粹创业的场所。

实践中由于制度逻辑本身的不可通约性，学术研究中市场逻辑和科学逻辑的共存将注定是艰难的。大学学术研究领域的变革既不会是科学逻辑完全压倒市场逻辑，也不会是市场逻辑完全压倒科学逻辑。无论哪一种逻辑都不可能完胜。正是由于市场逻辑和科学逻辑之间存在着不可消除的张力，大学的学术研究才一直为基于其他逻辑的创新留有可能空间，并保有成为制度化实践的可能。在推进大学从"教学型""研究型"向"创业型"范式转型的过程中既要避免科学逻辑可能带来的保守，又要警惕市场逻辑可能导致的激进；但基于经济社会发展的现实需要，并秉承创新驱动发展的时代精神，当前大的趋势或方向应是淡化科学逻辑对于大

[①] 德里克·博克.大学的未来：美国高等教育启示录[M].曲强，译.北京：中国人民大学出版社，2017：340.

[②] 伊丽莎白·波普·贝尔曼.创办市场型大学——学术研究如何成为经济引擎[M].温建平，译.上海：上海科学技术出版社，2017：182.

学学术研究的绝对主导,以创业思维助力市场逻辑的成长。

最后,需要指出的是,无论教学型、研究型还是创业型,大学之所以为大学,意味着它并不适合于成为纯粹的产业研发基地或生产专利的公司。"高等教育界不仅可以直接参与各种创新活动,还可以通过完成其教育使命来确保供应未来的创新人才资源以促进国家创新发展。"①为了确保学术研究的教育性并有利于人才的培养,大学的科研活动仍应以基础研究和开放式科学为主。为适应创新驱动发展的需要,大学需要变革的不是基础研究的定位而是基础研究的定义。大学需要思考的不是要不要从事基础研究,要不要开放科学,而是从事何种意义上的基础研究,如何从事开放科学。当前,"越来越多的科学家工作在巴斯德第四象限中,既产生了基础研究成果,也解决了实际问题。……与发明相关的活动改变了教授从事基础研究的方向。教授可以从事能回答特定问题和具有商业价值的基础研究"②。实践中无论第1种基础研究和第2种基础研究,也无论教学型大学、研究型大学和创业型大学,它们之间都不是非此即彼的关系,而是不断演化的过程。"从历史角度看,创业型大学是大学延续中世纪保存和传播知识的机构进而发展成为创造新的知识并将其转化到实际应用中去的多功能机构。"③因此,无论在大学还是在科学共同体中,第1种基础研究、第2种基础研究以及最后的产品化研究,彼此之间都并非相互替代或相互排斥的关系,而是演化与共生的关系。

当前我们需要做的是,根据创新驱动发展的要求和经济社会发展的实际情况,在大学和科学共同体中凸显第2种基础研究和产品化研究的重要性,并以第2种基础研究和产品化研究为基础推动教学型大学、研究型大学向创新创业型大学演进,而非肆意贬低或排斥第1种基础研究,更不意味着放弃传统的研究型大学。无论如何,研究型大学都是未来的资产,进一步维持和强化这些学校的运营,可以为科学和技术带来益处④。按吉川弘之和内藤耕的说法:整个学术共同体要"怀着相

---

① 傅晓岚.中国创新之路[M].李纪珍,译.北京:清华大学出版社,2017:28.
② 保拉·斯蒂芬.经济如何塑造科学[M].刘细文,译.北京:北京大学出版社,2016:58.
③ 亨利·埃兹科维茨.麻省理工学院与创业科学的兴起[M].王孙禺,袁本涛,等,译.北京:清华大学出版社,2007:13.
④ 美国科学院研究理事会.会聚观:推动跨学科融合——生命科学与物质科学和工程学等学科的跨界[M].王小理,熊燕,于建荣,译.北京:科学出版社,2015:15.

同的目的及研究理念,推进第1种基础研究的研究者将自己的成果不断发表在《自然》《科学》等学术杂志上;而推进产品化研究的研究人员则通过产业界、学术界及政府之间的具体联合,或自主创业,将科研成果推广到社会中去。另外,为了架起第1种基础研究与产品化研究之间的桥梁,推行第2种基础研究的研究者会整合多种学科,建立起相关的临时领域,并将各种理论进行最合理化的应用,从而生成各种社会价值"①。从长远来看,只有作为一种研究方法论的第2种基础研究在大学里逐渐成熟,创新创业作为大学发展的一种新范式才能真正落到实处,创新驱动发展才能变成现实。

第三节　创新创业作为大学新范式的必要

在大学的历史上,为了追求真理,学术创新一直被高度重视,但创业问题一直被忽视。受人文主义的影响,大学的经济活动或市场逻辑一直不被认可。传统观念一直认为,大学的开放式科学与企业的开放式创新之间存在不可避免的冲突。"学者对研究主题的选择通常反映了他们探索新的科学成果的意向,而不是将一个研究项目的商业有效性最大化。企业通过保护或占有知识来创造商业优势的行为可能与开放式科学的理念不一致。知识产权保护可能会阻碍或减缓思想的自由流通,而思想的自由流通正是开放式科学所必需的。"②大学的责任只是为社会培养人才和生产高深知识,就业或创业是社会的问题,和大学无关。人们一直认为,"大学和公立研究机构在市场需求的新产品和工艺方面不擅长组织和管理,企业擅长"③。

此外,由于社会结构和产业结构的限制,基于大学的创新而带来的创业一直被视为一种偶然事件或偶发行为。因此,基于创新的创业也不在高等教育或大学的

---

① 吉川弘之,内藤耕.产业科学技术哲学[M].王秋菊,陈凡,译.沈阳:辽宁人民出版社,2015:101.
② 艾伯特·N.林克,唐纳德·S.西格尔,迈克·赖特.大学的技术转移与学术创业——芝加哥手册[M].赵中建,等,译.上海:上海科技教育出版社,2018:47.
③ 保拉·斯蒂芬.经济如何塑造科学[M].刘细文,译.北京:北京大学出版社,2016:216.

职责范围内。大学既没有在课程与专业设置上考虑学生创业能力的培养,也没有考虑基于大学的创新创业的具体问题。大学里"这些专业的核心学科在传统上没有能力也不倾向于去讲授创新、创业和企业创建方面的内容"[①]。现代大学在基础研究中的科学创新能否转化为生产力完全被交给了运气。但事实上,创新的方向是可以引导的,创业的理念是可以激发的,创新创业的思维和技能和其他能力一样也是可以培养的。德鲁克就主张,创业不是一种人格特质,而是一种基于概念和理论的、可以传授的知识[②]。作为世界高等教育强国,美国"很多大学意识到学生对于创新和创业的需求,扩展了所提供的课程及项目。一些大学在传统的文学学士和理学学士学位之外,还提供着重于创新和创业的本科及硕士课程。很多商学院打破传统障碍,鼓励不同专业的学生通过跨学科课程和项目的学习进行创业"[③]。近年来,创业型大学的实践证明,随着大学向教师提供越来越多的关于创新创业的激励措施,向学生提供越来越多的关于创新创业的教育机会,传统的学院文化会逐渐发生变革,会逐渐形成一种创新创业的制度文化。在这种制度文化的激励下,大学可以通过创新以及经由创新所带来的创业为社会创造更多的价值。

根据美国商务部的报告,大学支持的创新和创业的领域,包括:促进学生创新和创业,鼓励教师创新和创业,积极支持大学技术转移,推进大学和企业之间的合作,推动区域与地方经济发展。"创新创业生态系统主要包括创新创业课程、校园孵化器、强大的技术转移办公室、创新创业师资队伍以及支持和衔接这些创新主体的创新网络。"[④]实践中大学的创新创业涉及的范围远比我们想象得要更加广泛。创新不仅是科学技术创新,也包括观念创新,创业不仅是创办新公司,也包括隐性知识的扩散和转移。大学对于创新创业的贡献不仅包括培养具有创新精神和创业能力的人才,生产具有创新和创业价值的知识,还包括培养并传播创新创业文化。

---

① 霍尔登·索普,巴克·戈尔茨坦.创新引擎——21世纪的创业型大学[M].赵中建,等,译.上海:上海科技教育出版社,2018:46.
② 霍尔登·索普,巴克·戈尔茨坦.创新引擎——21世纪的创业型大学[M].赵中建,等,译.上海:上海科技教育出版社,2018:109.
③ 美国商务部创新创业办公室.创建创新创业型大学——来自美国商务部的报告[M].赵中建,卓泽林,译.上海:上海科技教育出版社,2016:22.
④ 美国商务部创新创业办公室.创建创新创业型大学——来自美国商务部的报告[M].赵中建,卓泽林,译.上海:上海科技教育出版社,2016:157.

以创新和创业活动为基础,创新创业型大学不仅意味着大学是创新和创业精神的培育者,而且要求大学成为创新创业生态系统的合作者,和政府、产业等其他社会组织一起,为构建国家创新体系而共同努力。麦肯锡全球研究所的创业报告表明,无论对于发展富饶的创新生态系统、培养创业文化还是为新项目提供持续的融资,大学的推动作用或参与程度都在不断加大[①]。作为创新和创业的区域中心,大学在地方经济社会发展中可以发挥"源链接"的作用。大学既可以利用自身的实验设施、科研成果和人才储备直接发起创新和创业活动,也可以作为制度平台汇聚各方利益相关者,主要是政府和企业,为更好地解决创新和创业所面临的具体问题、促进地方经济社会发展寻找更有效的新方法。

基于创新驱动发展的理念,当前在世界范围内,创业型大学不乏成功的先例。从教学型和研究型大学向创业型大学转型逐渐成为一种潮流。"学术创业"也逐渐取代"社会服务"成为关于大学第三种使命的新表述。但即便如此,对于创新创业型大学的未来我们仍然只能"谨慎地乐观"。毕竟,"产业科研与学术研究两种文化之间虽然较以往越发靠近彼此,但两者之间的差异依然很大……如何实现长期的理论导向的学术研究与短期的实用导向的商业开发两者之间平衡,依然是一项非常严峻的挑战"[②]。整体上,当前现代大学的主要范式仍然是"教学型"和"研究型",现代大学的战略意图、愿景或使命以及核心价值观均围绕教学和研究展开。实践中,"发生重大变革已经成为常态,这是组织能力造就的现实。相比之下,我们用以解释、分析现实的概念却没能同步发生改变"[③]。部分国家高等教育的改革仍然集中于寻找创业型大学赖以建立的有效方式,而非把"创新创业"本身作为一种"更高的概念",即大学发展的新范式。由于制度逻辑的惯性和学院文化的惰性,对于整个高等教育系统而言,致力于创新创业的大学仍然是绝对的少数,甚至被认为是"异数"。

---

① 美国商务部创新创业办公室.创建创新创业型大学——来自美国商务部的报告[M].赵中建,卓泽林,译.上海:上海科技教育出版社,2016:18.
② 伊丽莎白·波普·贝尔曼.创办市场型大学——学术研究如何成为经济引擎[M].温建平,译.上海:上海科学技术出版社,2017:183.
③ 罗伯特·W.里克罗夫特,董开石.复杂性挑战:21世纪的技术创新[M].李宁,译.北京:北京大学出版社,2016:19.

由于大学自身的保守性以及创新创业本身严苛的条件限制,"创业型大学"或"创新创业型大学"作为一种大学范式,扩散仍然十分艰难。在新的大学范式尚未取得压倒性成功之前,关于大学介入创新创业的悲观的预测或非理性的指责总是显得理由更为充分,也更能满足人们关于大学的某种"怀旧情绪"。同样的,由于"教学型"和"研究型"的范式仍然主导和决定着大学内部个人知识的合法性,与"教学型"和"研究型"范式不一致的个人知识在试图验证个人信念时往往会遭遇怀疑[1]。因此,"要想使那些通过支持经济发展领域的创新和创业而开创了新局面的大学获得认可,还有很长一段路要走"[2]。未来在促进现代大学从传统的"教学型""研究型"范式向"创新创业型"范式转变的过程中,文化或观念可能远比结构和制度更重要。结构和制度的改变可以仰赖外部的强制性力量,而文化的变迁则需要组织内部生态环境的根本变化以及大学自身的"遗传"或"基因"的改变。当前虽然有部分创新创业型大学在促进经济社会发展方面取得了成功,但由于在整体上大学在创新创业方面的作用尚未充分发挥,关于大学是否适合创新创业的争论依然会存在,并可能会长期存在。直到今天,绝大多数的大学人仍然习惯于接受那些对于大学的浪漫主义和人文主义的想象,而不愿正视经济社会发展的现实。全球范围内,创建新企业或通过知识创造价值仍很少被视为大学的中心任务,最多只是挂在口头上。

为实现创新驱动发展,对于创新创业作为大学新范式的认识,不能限于一种经济活动,也不能止于技术进步,创新要真正成为促进经济社会发展的引擎需要成为一种体系和文化。对于创新创业的认识,也不能简单将其等同于从事投机或赚钱的生意。本质上,创业是一种可以扩大创新影响力的实践活动或思维方式[3]。为了促使创新创业体系的构建和文化的形成,政府需要将创新作为一种政策框架,将学术研究活动纳入创新创业的范畴,以创新创业框架来重塑政府、大学及产业界的

---

[1] 竹内弘高,野中郁次郎.知识创造的螺旋:知识管理理论与案例研究[M].李萌,译.北京:知识产权出版社,2012:129.
[2] 美国商务部创新创业办公室.创建创新创业型大学——来自美国商务部的报告[M].赵中建,卓泽林,译.上海:上海科技教育出版社,2016:53.
[3] 霍尔登·索普,巴克·戈尔茨坦.创新引擎——21世纪的创业型大学[M].赵中建,等,译.上海:上海科技教育出版社,2018:13.

思维和行为方式,最终形成一种以政府—高校—产业创新体系为主导的、全社会共同参与创新创业的核心价值观和共同信念。换言之,为真正实现创新驱动发展,创新创业应成为高等教育发展的一种普适性理念,而不能只是某些学校的特权或责任。受高等教育金字塔层级效应的影响,人们通常认为只有那些研究型大学,尤其是理工科的一流研究型大学才适合于开展创新创业活动。事实似乎也的确如此。当前世界范围内那些卓有成效的创业型大学,大都拥有雄厚的研究实力,且以科技创新见长。"在研究型大学进行基于问题的创新,可以汇聚与所面临的挑战相关的多学科的资源,并由此创造出新的知识和经济增长。"①但事实上,仅有以斯坦福大学和硅谷为代表的基于研究型大学的创新和创业中心,对于区域经济社会的发展来说,是远远不够的。地方经济社会的发展必须基于地方的创新创业生态系统,新创公司必须扎根地方或社区,才能保障地方经济社会的可持续发展。

此外,创新创业也不限于经济领域,营利模式也不是唯一的选择,在创新驱动发展的大框架下,营利性与非营利性的区分不再具有决定性的意义。社会创业的兴起使人们意识到,"做得好"(doing well)和"做好事"(doing good)并非是相互排斥的,社会变化过程中同样也需要注入创新②。随着社会对于创新驱动发展的需求日益迫切,如果创新仍局限于少数研究型大学,而不是整个高等教育系统,如果创新创业仍局限于新建企业能否营利或营利多少,那些暂时取得成功的创业型大学也有可能遭遇创新创业的障碍,甚至会停止创新创业。究其根本,创新创业的实现需要人们有改变世界、完善社会的冲动,更需要一个友好的生态系统和制度文化以包容并支持那种通过知识创造价值的意愿。"在整个美国,州政府和地方政府、经济发展机构、非营利性机构、大学和商业团体正在努力地发展创新生态系统——鼓励聚焦市场的创新和培养新创公司,以推动就业。"③在创新驱动发展的背景下,对于大学变革而言,无论是科学创业还是社会创业都需要以创新的知识为基础,而

---

① 霍尔登·索普,巴克·戈尔茨坦.创新引擎——21世纪的创业型大学[M].赵中建,等,译.上海:上海科技教育出版社,2018:9.
② 霍尔登·索普,巴克·戈尔茨坦.创新引擎——21世纪的创业型大学[M].赵中建,等,译.上海:上海科技教育出版社,2018:53.
③ 美国商务部创新创业办公室.创建创新创业型大学——来自美国商务部的报告[M].赵中建,卓泽林,译.上海:上海科技教育出版社,2016:15.

创新知识的生产又需要创业思维的引入,因此,急需创造一种能够鼓励创新的政策环境和激励创业的制度文化。只有当整个社会、整个高等教育系统普遍地把创新创业、知识商业化以及为经济社会发展创造价值作为办学理念,传统大学才会向创新创业型大学转型,大学"转型效应"(transformative effect)的积极影响才会显现,现有的创新创业型大学才会有美好的未来,一种新的适合于知识经济和知识社会发展需要的高等教育创新体系才能建立。

当然,对于将创新创业作为新的大学范式,将大学的学术研究作为经济社会发展的引擎并非全无可以指责的地方。无论如何,大学的学术研究若过度地卷入经济世界都会造成棘手的利益之争,甚至会导致学术资本主义和科学的政治化,损害大学作为非营利组织的公共性和开放科学的开放性。因此,站在人文主义和自由教育的立场,创业型大学甚至是反大学的[①]。但从新自由主义与经济合理性的视角看,创业型大学又可视为继研究型大学之后,大学作为社会机构的又一次"创业"或"颠覆性创新"。在创新驱动发展的新时代,创业型大学或许不能满足关于"好大学"的定义,但对经济社会发展会十分有用。任何事物都具有两面性。"对一流智慧的检验标准就是看它同时驾驭两种对立思想,并仍然能够保证运转自如。"[②]一种转变之所以发生,绝不在于它有没有缺点,而是要看它带来的积极影响是否大于消极影响。"斯坦福大学与硅谷的繁荣至少证实了,研究型大学存在着一种全新的发展路径,知识创造与价值创造绝不是割裂的,而是可以进行有效的整合,大学完全有能力去影响甚至塑造一个具有自己风格的企业群落,甚至创造新的产业,并通过科学的商业化创造和积累财富,改善学校办学条件,赢得更好的发展环境。"[③]西方发达国家经济社会转型和大学转型的实践也证明,作为经济社会发展的引擎,"高校创造的知识是创新的源泉,可创造新产品、新职业,甚至新产业"[④]。以创新创业作为大学的新范式,它所创造的积极效应远远超出其本身可能

---

① 王建华.学科的境况与大学的遭遇[M].北京:教育科学出版社,2014:278.
② 竹内弘高,野中郁次郎.知识创造的螺旋:知识管理理论与案例研究[M].李萌,译.北京:知识产权出版社,2012:1.
③ 夏清华.学术创业:中国研究型大学"第三使命"的认知与实现机制[M].武汉:武汉大学出版社,2013:49.
④ 伊丽莎白·波普·贝尔曼.创办市场型大学——学术研究如何成为经济引擎[M].温建平,译.上海:上海科学技术出版社,2017:34.

带来的问题;而且随着教育理念的变化以及大学在创新创业方面不断取得成功,大学能否处理因利益冲突而对传统学术价值观造成的冲击可能会越来越微不足道。毕竟,观念的转变本身也是创新的一部分。我们时代的创新创业型大学的建立和发展,绝不止于创造新产品、新职业和新产业,还会创造新观念。

  面向未来,真正决定大学在经济社会发展中轴心地位的可能既不是一流的本科教育,也不是一流的学科建设,更不是一流的管理,而是创新创业的成败。某种意义上,"创新创业"既是一种大学的理念,也事关大学的理想。如果大的方向上搞错了,我们做得越好可能结果越糟糕。大学是遗传与环境相互作用的产物①,当外部环境变化时,大学必须调整自己的策略以应对挑战,并抓住机遇。"如果某一制度逻辑在一个领域处于统治地位,则基于其他逻辑的实践就会面临挑战——会被认为是不合法的,甚至会被该领域内的组织或国家所禁止。可以想象一个人采用居于非统治地位的逻辑进行创新,可能会经受反对或是专业抵制,或是难以说服他们参与或采纳这项新实践。"②今天创新驱动发展已经成为时代精神的主流,市场逻辑和创业思维在医疗、军工、港口、公路、供水、教育等许多原本非市场领域逐渐普及,现代大学只有融入这股潮流,用创新创业的新范式和市场的逻辑重新界定学术研究的思维与行动,方能在新的时代铸就新的辉煌。

---

① 阿什比.科技发达时代的大学教育[M].滕大春,滕大生,译.北京:人民教育出版社,1983:7.
② 伊丽莎白·波普·贝尔曼.创办市场型大学——学术研究如何成为经济引擎[M].温建平,译.上海:上海科学技术出版社,2017:196.

第二章　以创业思维重新理解学科建设

现行学科制度下,大学的学术研究主要围绕学科建设进行。基于科学的逻辑,以学科建设为中心的学术研究主要以论著公开发表的形式来展开。凭借开放科学体制和基于匿名评审的出版制度,现代大学极大地促进了学术的进步和科学的繁荣。但在创新驱动发展的新时代,为学科自身而进行学术研究和学科建设越来越受到质疑。为避免学科制度失灵,学术研究和学科建设需要引入创业思维。作为创新的引擎,大学的学科建设要转向学术创业,学术研究的逻辑要从开放科学转向知识市场,科学的范式则要从学院科学转向创业科学。

对于事物的认识需要有"流变"的眼光。事物的形成史和它的现状有可能完全不同。比如,中世纪大学的性质和现在的大学就不可同日而语。再比如,近代科学兴起时的状态也和现代科学的旨趣大相迥异。但实践中,人类对于事物的认识有时会不可避免地陷入一种"路径依赖"。为了一种认知上的安全,人们极容易忽略环境或条件的变化,总喜欢或希望找到一种永恒不变的本质。比如,受纽曼大学观的影响,直到今天,对于理想的大学仍有很多人抱有"象牙塔"式的幻想;同样的,受到默顿科学规范的影响,对于大学的科学研究仍有很多人认为,需要基于"闲逸的好奇",并追求弗莱克斯纳所谓的"无用之用"。但事实上,我们时代已经高度的知识化和信息化,知识的生产、扩散与应用已成为驱动经济增长和社会发展的重要源泉。基于创新驱动发展的需要,为科学而科学、为学科而学科已经不合时宜,知识本身不再必然就是目的。"很大程度上,这个环境与由工业生产驱动的国家经济向知识和创新驱动的全球经济的转变相联系。"[①]无论是大学内还是大学外,科

---

① 克利夫顿·康拉德,劳拉·达内克.培养探究驱动型学习者:21世纪的大学教育[M].卓泽林,译.上海:上海科技教育出版社,2017:2.

学研究都必须考虑知识的合理使用和向应用转化,而不能以"无用之用"来自我安慰。"只顾一味地继续研究的做法是不可取的,必须在方向上对迄今的做法作一个大的转变。"①在以知识为基础的现代社会里,大学为研究而研究既不符合公共利益的要求,也有违科学的本质,更不利于大学和学科自身的可持续发展。毕竟,"坚持不懈地应对现实社会的需求,最有可能产生未来最具生产性的学科"②。如果大学的科研过于强调"纯粹"或过度强化"以学科建设思维为统领"③,将一流学科或学科排名作为一流大学建设的关键词,如果学科建设的成果主要满足于以论文和著作的形式在科学共同体和学科共同体内部分享,而不是尽快转化为可以被全社会所接收或利用的价值,那么大学的学科建设,甚至大学本身都将失去合法性或面临失去合法性的危险。

第一节 传统学科建设范式面临的挑战

科学研究是人类特有的一种理性活动。古典时代的研究多局限于个人式的思辨。中世纪大学里学问的进展仍主要通过口头发表。在西方,活字印刷术极大拓展了文字的传播,并从根本上改变了学术的形态和学者的生活方式。近代以来,随着学术呈现方式从耳听到目视的转型,学术写作能力变得越来越重要。最终,伴随大学科研职能的确立和学术发表制度的不断强化,论文公开发表逐渐主宰了科学研究。科学研究与论文发表几乎成了同义词。回溯历史可以发现,自1749年起,普鲁士政府就开始采用"不出版,就滚蛋"的政策。"在1749年规章实施后,出版物的地位陡然上升。最能体现学术资本的是附件、清单和出版物。"④经过此后两

---

① 吉川弘之,内藤耕.产业科学技术哲学[M].王秋菊,陈凡,译.沈阳:辽宁人民出版社,2015:4.
② 吉川弘之,内藤耕.产业科学技术哲学[M].王秋菊,陈凡,译.沈阳:辽宁人民出版社,2015:87.
③ 张伟,张茂聪.我国高校一流大学建设的校际经验——基于6所高校一流大学建设方案的文本分析[J].中国高教研究,2018(5):26.
④ 威廉·克拉克.象牙塔的变迁:学术卡里斯玛与研究性大学的起源[M].徐震宇,译.北京:商务印书馆,2013:302.

百多年的不断强化,"不出版,就滚蛋"成了研究型大学的"潜规则"和"铁律"。作为科学共同体的一种承认方式和激励机制,以科学优先权为核心的论文发表制度极大地促进了科学的进展和学科的制度化。现代科学史上的那些重大发现,无不以学科的名义和论文的形式首先为学科共同体和科学共同体内部的同行所分享。学科制度化进程中对于论文发表的强化,不但促进了科学的进步,也重塑了大学。20世纪中期以来,研究型大学作为以科研论文发表为主要项目的学术锦标赛的获胜者在世界范围内迅速崛起,并最终成为大学之所以为大学的黄金典范。

第二次世界大战以来,在以论文发表为主导的开放科学体制下,在以研究型大学为典范的现代大学里,在以学科为基本单位的学术研究中,以牛顿经典物理学为范式的自然科学研究强化了高深知识生产对于实体和属性的关注,功能和价值被视为有可能影响研究的科学性的消极因素。以客观性和价值性为两端,致力于发现原理或规律、强调研究的物质性的学术性学科被称为硬科学,而那些解释问题、阐明价值、强调研究的意义性的学术性学科则被称为软科学。事实上,在现代大学里软科学也并不甘心为软科学,软科学的"硬化"一直是学术界的"暗流"。受到自然科学研究范式的影响,在量化方法和实证主义方法论的主导下,以人文社会科学为代表的软科学的关键词,比如,功能、价值、意义逐渐被硬科学的实体、结构、属性等概念所同化。其结果是在牛顿主义自然科学范式下,高深知识生产越来越远离社会实践。此外,基于开放科学体制,传统观念也一直认为,大学只适于从事基础学科的研究或纯科学,知识本身就是目的,学科建设就意味着为学问而学问,学科本身就是目的,学术研究不能有明显的功利目的,更不能去"营利"。大学里以学科为基本单位的学术研究,追求分门别类的知识的客观性和精确性,而不会太在意或关注知识之于社会的可应用性。换言之,在牛顿主义科学观的影响下,大学的学术研究以学科建设为中心,一直是实体优先,价值被认为是实体问题解决之后的自然结果。零星的实践也表明,一旦实体问题获得了解决,即发现了某种自然的规律或新的法则,最终也可以为人类社会创造出积极的,甚至巨大的价值。但需要注意的是,在牛顿主义自然科学范式下,科学研究从实体到价值的转变,时间非常漫长,且具有很大的不确定性或偶然性。由于社会实践中学科与产业、学术界与企业界之间缺乏有效衔接的循环链,大学里很多科学发现最终都成了成果转化和价值创造链条上的"失踪者"。

究其根源,作为知识分类的一种制度安排,传统意义上的学科大多是科学的分支或知识的分支。学科的逻辑也即科学的逻辑,学术研究以学科建设为中心,强调知识自身作为目的的自足性是一种正常现象。历史上,基于科学逻辑的学科制度奠定了现代大学学术研究的基础,也正是以学科作为高深知识生产的制度性场域,现代科学才得以蓬勃发展。"在18世纪以及19世纪的大部分(如果不是全部)时间内,学科创建者可以获得英雄般的地位。他们一旦成功,就被开山神话团团包围了起来。"[①]但近几十年来,随着学科的分化和制度化不断加剧,以及社会问题的日趋复杂,大学里以学科建设为中心的学术研究范式面临严峻挑战。一份来自美国艺术与科学研究院的报告指出,"当今科技正处在一个转变的关键时刻:从解决原来的高度细化和特定的问题转变为需要通过整合和协作方法来解决复杂的挑战"[②]。科研的实践也表明,整合多个领域的知识要比单一的学科更容易在科技与社会前沿问题上取得突破。于是,为应对学科模式在知识应用和促进科学进步方面的不足,以跨学科的形式实现学科的跨越及利益相关者的会聚,成为实现从以学科建设为中心的学术研究范式向以创新创业为中心的学术研究范式转变的重要策略。

在实现科学会聚的过程中,"专业知识构成了研究活动的'宏观'模块,而各个'宏观'模块又组合形成一个更大的整体。一旦能实现高效的整合,这些会聚在一起的'宏观'模块将能为新想法、新发现、新思维、新工具的产生提供一种新的范式,从而促进基础研究的发展,实现新的发明、创新、治疗流程,发展教育与培训的新模式、新策略"[③]。当然,实践中无论科学会聚还是跨学科研究仍然需要以学科作为必要的基础,如果学科本身研究的范式或学科建设范式的局限性无法克服,跨学科研究和科学会聚仍然有可能会重复学科的逻辑,即"为了学科自身"而跨学

---

① 威廉·克拉克.象牙塔的变迁:学术卡里斯玛与研究性大学的起源[M].徐震宇,译.北京:商务印书馆,2013:175.
② 美国科学院研究理事会.会聚观:推动跨学科融合——生命科学与物质科学和工程学等学科的跨界[M].王小理,熊燕,于建荣,译.北京:科学出版社,2015:15.
③ 美国科学院研究理事会.会聚观:推动跨学科融合——生命科学与物质科学和工程学等学科的跨界[M].王小理,熊燕,于建荣,译.北京:科学出版社,2015:13.

科。其结果是,要么由于缺乏不同学科教师间有效的合作,要么由于缺乏以目标为导向的愿景和有效的项目管理,这种模式很容易失败。

为了从根本上改变"为了学科自身"而跨学科或进行科学会聚,"最激进的途径是完全改组传统的学系,用能够基本反映不同组织原则的学术联盟将其取代"①。这种激进的变革不是不可以,但实施起来需要强而有力的领导,只在极少数学校取得过成功。由于大学和学科制度变革中不可避免地受系科结构和学院文化的约束,学科和学系作为基本的组织机构在短时间内仍然无法避免。在新的跨学科研究和科学会聚机制普遍建立之前,系科结构仍然有其存在的价值。就像在现代大学里学科制度和系科结构的建立曾是一个漫长的过程一样,学科制度和系科结构的瓦解以及跨学科研究和科学会聚制度的创建也不可能一蹴而就。

历史地看,作为一种人造物,学科制度的产生受时代精神和当时政治经济环境的影响。现代大学里诸多学科均产生于19世纪,带有那个时代的鲜明烙印。社会科学的学科分类及其制度化服务于资本主义制度的合法性预设,自然科学研究的建制化则以研究对象的物理区隔为基本原则。后来人文科学的兴起则服膺于科学主义的意识形态,强调客观与精确。应该说,形成于19世纪的学科分类及其制度安排对于人类知识的演进和现代大学的繁荣做出了卓越贡献。实践中,为了满足学术合法性的要求,19世纪以来,在世界各国的大学里,几乎所有学术领域皆通过概念体系化,组合成了不同的学科,同时,几乎所有学科又都蒙上了科学主义的面纱。当前我们对于整个世界的认知,既受益于同时也受制于起源于19世纪的学科分类及其制度安排。甚至可以说,源于19世纪的学科制度奠定了我们今日认识世界的概念框架,也形塑了我们的思维方式。对此,加德纳曾形象地称之为"学科头脑"②,习惯于运用一门学科的知识或能力去解决一个问题。但就像人类社会任何其他的制度安排一样,学科制度也存在"疲劳"现象。如果说滥觞于19世纪中叶,以分科和知识分化为主要特征的学科制度化曾经促进了知识的进步、学术的繁荣,

---

① 霍尔登·索普,巴克·戈尔茨坦.创新引擎——21世纪的创业型大学[M].赵中建,等,译.上海:上海科技教育出版社,2018:66.
② 霍尔登·索普,巴克·戈尔茨坦.创新引擎——21世纪的创业型大学[M].赵中建,等,译.上海:上海科技教育出版社,2018:23.

并成功应对了人类社会从传统向现代转型过程中的种种挑战,那么自20世纪80年代以来,随着后工业社会人类在科学世界和生活世界所面临的问题的复杂性的不断增加,以学科建设为中心的学术研究范式,以学科为基本单位的知识地图,在应对不确定的未来时,越来越显示出了其局限性。

  当今世界,那些重大而复杂的问题足以令任何单一学科的知识失灵。"由此可以得出一个结论,即以现有的学科为基础,不断制造出所需的东西,这种20世纪的技术与科学的关系已经出现了某些漏洞。仅凭各自所拥有的科学知识展开独立行动,是根本不能解决这一问题的。"①当前世界范围内,以气候变化、环境污染、重大传染性疾病、核扩散、信息安全、恐怖主义和极度贫困等为代表的一系列重大而复杂的问题,正直接威胁着人类的生存和社会的发展。"它们很难通过单一学科产生清晰的应对方案,它们复杂且含糊不清,并且需要从根本上解决现状的新方法。"②"攻克它们需要前所未有的资源和能够补充传统学科的非传统途径。"③经过几百年的学术积累,现代科学技术和研究方法的进步使得那些传统社会里的所谓难题变得易解,但对于整个人类社会而言,未知的领域不是变得更少而是更多,面临的难题不是更易而是更难。面向未来,为了克服传统学科制度和学科建设范式的局限,为了促进学术自身的创新,也为了开发创新性的项目以应对现实世界的巨大挑战,大学的学科建设需要或必须引入创业思维。作为我们时代创新创业的典范,创业型"(大学)的心脏和灵魂……正是它的创业思维","我们需要学习如何将创业思维运用到完全不同的背景中"④。

---

① 吉川弘之,内藤耕.产业科学技术哲学[M].王秋菊,陈凡,译.沈阳:辽宁人民出版社,2015:86.
② 霍尔登·索普,巴克·戈尔茨坦.创新引擎——21世纪的创业型大学[M].赵中建,等,译.上海:上海科技教育出版社,2018:16.
③ 霍尔登·索普,巴克·戈尔茨坦.创新引擎——21世纪的创业型大学[M].赵中建,等,译.上海:上海科技教育出版社,2018:15.
④ 霍尔登·索普,巴克·戈尔茨坦.创新引擎——21世纪的创业型大学[M].赵中建,等,译.上海:上海科技教育出版社,2018:87.

第二节　如何重新理解学科建设

无论从知识史还是大学史来看,最初的学科都涵盖较大的领域,随着学术研究的深入,在大学里学科越分越细、越来越多。如果"任其发展下去的话,学科会继续变得细化而精致"①。学科的细分可以带来两方面的影响,有利的一面是,人类对于某些越来越小的领域,认识得越来越深入;不利的一面是,随着学科的细化和增多,学科与学科之间缝隙也会越来越多,整个知识体系的"罅隙"也越来越多。现行学科制度下,每一学科的论文产出都在不断增加,每一门学科的研究者都以为自己知道的知识越来越多;但一旦要运用某些学科的知识来解决具体问题,马上就会发现还有很多细节,我们实际上一无所知。究其根本,问题是整体性的,而学科则是分门别类的。问题的解决需要整合不同学科的知识成为一个学术体系。但在传统学科建设范式下,"那些关于学科之间关系的研究,在某种意义上并没有被认作是一种学术问题"②。研究者只关心学科内部的学术问题,大量处在学科之外或学科与学科之间的实践领域无人关注。

当然,受制于人的认知结构和有限理性,当前学科作为一种知识生产方式没有必要废除,也不可能废除。因为,即使我们废除了一种学科分类,也势必要发明另一种学科分类。摆脱了一种学科制度,也必须基于另一种学科制度。至少在目前,若没有知识分类制度和系科结构,专业化的高深知识生产、传播与应用便无法进行。"尽管我们坚定地相信解决大问题几乎总是需要一种多学科的方法,同时大学也应该鼓励跨学科科学,但是我们并不提倡取消传统学科,比如化学、物理学和生物学。创造新的跨学科单位只会增加管理的复杂性和组织机构的额外空间,而这些组织机构已经占用了太多的空间。鼓励一种在传统学科内接受和推进跨学科工

---

① 吉川弘之,内藤耕.产业科学技术哲学[M].王秋菊,陈凡,译.沈阳:辽宁人民出版社,2015:78.
② 吉川弘之,内藤耕.产业科学技术哲学[M].王秋菊,陈凡,译.沈阳:辽宁人民出版社,2015:79.

作并跨越传统障碍的文化将具有更大的影响力。"①因此，根据经济社会发展的需要以及高深知识生产的内在逻辑，我们能够做的也是适宜做的，不是去彻底废除传统的学科制度以及与其相应的系科结构，而是以新的思维去重新理解学科及其建设，即在保持学科这一知识生产范式作为分类符号和制度安排基本不变的基础上，重新考虑它们实现许多最基本功能的方式，以更新我们对于学科的认知，打破学科间的壁垒，拓展或调整学科的边界，通过知识的交叉或会聚形成符合我们时代需要的新的学科发展范式。

具体而言，在创新驱动发展的政策框架下，在高等教育体系中可以通过学科链、专业链与产业链的深度融合，使知识分工与社会分工相互匹配、学术研究与产业科研达至均衡，经由大学内外不同学科的研究者，整合若干传统学科而形成若干临时的学术领域。最终，基于创新创业的需要，促进现代大学里作为知识分支或科学部门的学科逐渐被改造成为学术-产业领域。换言之，为了能够解决现代大学里传统学科制度和学科建设范式中科学逻辑的局限性，在无法抛弃学科概念和系科结构的前提下，我们有必要引入市场的逻辑和创业思维对于学科及其建设给予重新理解，以便在研究、创新与商业化之间建立更紧密的关系，并借助行业或企业内部领先的知识反推大学的基础研究和学科发展。这将显著提高跨学科研究和知识向实际应用转化的可能性。实践中可行的办法之一就是进行创业思考，即以创新创业项目为切入点，围绕一个特定的新兴知识领域组建一个中心或机构。然后，依托这个中心或机构，"综合所有知识，继而创造出具体的事物。即研究者需要通过选用不同学科领域的知识，创造出一种实际存在的、具有价值与意义的产品的研究方法论"②。

现行学科制度下，大学里的学术研究仍多围绕学科建设来进行，所谓的问题意识也多是从特定学科视角出发的学科问题意识，而非直面真正的社会实践问题。对于学术研究和社会实践的关系，人们有一种不切实际的幻想或神秘主义的期待，认为只要科学研究一直在进行，相关学科的理论知识就会慢慢渗透到社会实践领

---

① 霍尔登·索普，巴克·戈尔茨坦.创新引擎——21世纪的创业型大学[M].赵中建，等，译.上海：上海科技教育出版社，2018：34.
② 吉川弘之，内藤耕.产业科学技术哲学[M].王秋菊，陈凡，译.沈阳：辽宁人民出版社，2015：31.

域。在这种观念指导下,大学里的学术研究,论文一旦发表往往就意味着研究的结束。接下来的一切都交给了命运,理论能否指导实践、知识能否改变实践,似乎完全不在研究者的职责和大学的职能范围内。传统观念一直认为,社会有分工,知识领域也有分工。研究者的职责主要是生产知识、传播知识,无法同时兼顾知识的推广和转化。一旦触及知识的推广和转化就会牵涉到成果的科学性,以及如何推广与转化等操作性和政策性问题。研究者本人也无法确认自己的成果是否值得推广和转化,以及如何推进推广和转化。很多学术成果,国家耗费了巨资,研究者也辛辛苦苦做出来了,但最终并不能应用于实践,创造社会价值,这无疑是巨大的浪费。因此,在创新驱动发展的今天,"为研究而研究本身会不经意间带来实用成果这种想法日益遭受质疑"①。为改变或避免学科建设中科研成果的浪费,有必要引入市场逻辑和创业思维,以转变大学的研究范式和制度安排。

  长期以来,大学的学术研究和学科建设以学者为中心,科研成果的潜在分享对象主要是科学共同体或学科共同体。这种模式既不利于研究本身的创新,也不利于科研成果的扩散与转化。在创新驱动发展的新时代,应更多关注高深知识向实际应用的转化。"尽管基础研究的应用前景在未来充满不确定性,但相关机构和科学工作者已经充分感受到正日益增长的将基础研究与更广阔的应用目标相联系的压力。现阶段,众多科研问题都需要通过综合的专业知识来分析解决。大学专利申请等商业化活动仍会持续增加。"②无论如何,科学研究的真正的目的或最终的目的,不能仅仅满足于认识世界或解释世界,而是要改造世界或创造价值。大学的存在不能仅满足于为经济社会的创新提供学术资源或咨询建议,而是其本身就要成为创新的引擎。值此学术研究范式转型的十字路口,如果学科建设不能认清社会、大学和科学发展的大趋势,仍陷于研究型大学的传统科研范式(不出版,即死亡),将学术研究的重心和精力主要集中于高水平论著的发表,将不可避免地陷入高科研投入、低技术创新的悖论。

---

  ① 伊丽莎白·波普·贝尔曼.创办市场型大学——学术研究如何成为经济引擎[M].温建平,译.上海:上海科学技术出版社,2017:41.
  ② 美国科学院研究理事会.会聚观:推动跨学科融合——生命科学与物质科学和工程学等学科的跨界[M].王小理,熊燕,于建荣,译.北京:科学出版社,2015:8.

奥德斯等的研究发现,在知识和人力资本上的大量投资并不能必然地、自动地产生预期的竞争力和经济增长。他用历史上的"两个悖论",即"瑞典悖论"(Swedish Paradox)和"欧洲悖论"(European Paradox)来支持他的观点。由此他提出了知识溢出型创业理论,即:由于在新知识的投资和商业化之间存在一个过滤器,知识不会自动地完全商业化,因此,一定的传导机制是需要的,而创业就起到了传导器的作用。为了保证在知识上的投资产生竞争力和经济增长,政府应该通过鼓励创业便利知识溢出和商业化。① 在未来的知识经济和知识社会里,为实现创新创业,大学必须重视知识溢出和商业化,一旦大学的科研对于创新创业的贡献不足,一旦国家和地方层面的创新驱动发展战略失败,政府对于大学的科研资助不可避免地会逐渐缩减,进而也将不利于学术研究自身的进步。

那么,如何激活对于学科及其建设的重新理解呢?一个可能的途径就是引入市场逻辑和企业家精神,促使大学的学术研究从开放科学转向知识市场,以驱动学院科学向创业科学转型。"学院科学也可以是创业科学吗?我们认为答案是肯定的。创业的想法可以帮助回答所有学术研究的阈值问题:我们应该寻求什么样的新知识?……我们认为答案与'影响力'相关——发现什么新知识将拥有最大影响力的需求。创业思维在思考大局时是特别有用的,在科学的背景之下,这意味着把所有的线编织在一起,包括学院科学的需求、对全球性重大问题的理解、对不同的外部资金来源的熟悉度以及对商业化进程的熟悉程度。尽管创业思维跟商业化不是一回事,但市场的确在影响学院科学时发挥了有效作用。"②当然,在大学学科建设中引入市场逻辑和创业思维,促使学院科学向创业科学转变,并非要消除或否定学院科学存在的价值,更不意味着反对研究型大学以论著形式发表科研成果和进行学科建设。对于大学而言,基础研究和学院科学的价值是无法否认的,也没有比大学更适合于基础研究和学院科学发展的专业机构。"创业科学模型是在开放科学模型基础上发展起来的,反过来讲,创业科学模型是开放科学模型的延伸,在

---

① 夏清华.学术创业:中国研究型大学"第三使命"的认知与实现机制[M].武汉:武汉大学出版社,2013:45.
② 霍尔登·索普,巴克·戈尔茨坦.创新引擎——21世纪的创业型大学[M].赵中建,等,译.上海:上海科技教育出版社,2018:38.

现在的经济系统中两者是同时存在和相互协同共生的。"①

现在的问题是,如果任由学院科学和学院文化来主导现代大学的发展,如果我们的学科建设仍然只是或主要以论著的发表来检测科研活动的绩效,将会使得现代大学虽然拥有知识、人才、设备,却不足以解决现代社会人类发展所面临的重大而复杂的问题。"像所有的生意一样,大学需要认识到,经常是'你加强什么,就会得到什么'。"②像任何组织一样,大学亦不能沉迷于昔日的辉煌,用过去的陈规旧习扼杀各种新生事物,必须积极地拥抱对立的矛盾,通过"创造性毁灭"(creative destruction)或"颠覆性创新"(disruptive innovation),正面地培育各种矛盾,运用矛盾作为寻觅最佳途径的请柬,以实现"动态非均衡"③。因此,所谓从学院科学向创业科学,从学院文化向创业文化,从开放科学和知识市场的转型,并不意味着学院科学和学院文化的彻底消失,也不意味着大学的学术研究要放弃学科建设的追求和开放科学的规范,而只是意味着要打破学院科学、学院文化和学科建设范式对于大学知识生产的绝对主导,在知识生产的治理机制上兼顾市场与非市场的双重性,为创业科学和创业文化的引入留有相应的制度空间,以有助于基于大学的学术创新和基于学术创新的创业,以有利于实现创新驱动发展。

总之,辩证地看,如果说在过去科学主要是学院的科学或纯科学,遵循的是学科的逻辑或科学的逻辑,大学里的学科建设追求的主要是知识本身的价值,科学或学科本身就是目的,那么现在的科学必须是社会的科学、产业的科学、创业的科学,需要遵循的是市场的逻辑,追求知识的使用价值或可应用性。如果说在20世纪60年代以前,在经济全球化的起步阶段,大学还可以置身于经济世界之外,在知识从生产到应用的接力赛上,从始至终只扮演一个知识生产者和传播者的角色,那么今天随着经济全球化的迅速推进,市场逻辑已经渗透进社会生活的方方面面。大学必须系统思考自身在经济社会发展中可能起到的作用、必须起到的作用,需要从始

---

① 张学文,陈劲.面向创新型国家的产学研协同创新:知识边界与路径研究[M].北京:经济科学出版社,2014:133.
② 艾伯特·N.林克,唐纳德·S.西格尔,迈克·赖特.大学的技术转移与学术创业——芝加哥手册[M].赵中建,等,译.上海:上海科技教育出版社,2018:262.
③ 竹内弘高,野中郁次郎.知识创造的螺旋:知识管理理论与案例研究[M].李萌,译.北京:知识产权出版社,2012:1-2.

至终参与知识从生产到应用的全过程。作为这方面的成功案例,哈佛大学的威斯研究所就不仅以在期刊发表文章这一典型学术指标来评价其研究人员,他们还关注知识产权、企业联盟、许可协议和5年技术储备等指标,这使得其研究所的文化不同于传统的学术机构,而更像一个初创技术公司[①]。

第三节 从学科建设转向学术创业

历史上,虽然从中世纪开始,应用研究就一直存在于大学之中。20世纪初以来,为社会服务还成为大学的第三职能。但实践中,学术研究对于社会需求的回应总是被动的,为社会服务并不是大学的中心工作。按布卢姆的说法,现代大学呈现出"一个只是由学科组成的训练有素的平和景象"[②]。当前,随着科学研究和市场的联系日益紧密,大学的学术工作不能再简单地以学科建设为中心,为研究而研究或为发表而研究,而必须将学术研究与社会需求紧密结合起来,"通过解决具体问题来促进学问的发展"[③],将学科问题与实践需要统一起来,坚持学术研究从实践出发,而不是从概念出发,研究的旨趣是力争解决实际问题、创造社会价值,而不是从不同角度解释问题,或只是提供一种不同的解释。

当前由于受到研究型大学范式关于大学和学科评价标准的束缚,尤其是受各种世界大学和学科排行榜的影响,无论一流大学还是一流学科建设仍偏重论文的发表,尤其是重视那些可能影响大学和学科排名的高水平论文的发表。基于传统的基础研究方法论,研究者的精力仍然集中于通过实验发现科学的原理或某种新的法则,并争取发表在科学共同体公认的权威刊物上,以扩大研究者自身的影响,并提升大学和学科排名。这种科研取向符合大学和科学的传统,也更容易获得科

---

① 美国科学院研究理事会.会聚观:推动跨学科融合——生命科学与物质科学和工程学等学科的跨界[M].王小理,熊燕,于建荣,译.北京:科学出版社,2015:26.
② 克利夫顿·康拉德,劳拉·达内克.培养探究驱动型学习者:21世纪的大学教育[M].卓泽林,译.上海:上海科技教育出版社,2017:30.
③ 吉川弘之,内藤耕.产业科学技术哲学[M].王秋菊,陈凡,译.沈阳:辽宁人民出版社,2015:5.

学共同体和社会的承认,并可以满足研究者自身的利益诉求。但在这种以学科建设为中心的科研范式下,大学里很多理论上重要的发现,在经历过发表之初激动人心的时刻之后,最终大多不了了之,唯一起过的重要作用可能就是曾影响所在大学和学科的排名。"遗憾的是,仅为提升外部排名而进行的工作会造成与机构使命相悖的意外结果,形成筒仓心态。"[1]所谓"筒仓心态",即每个学科只以学科本身的发展为目的而进行学术研究,知识在学科内部不断循环或越挖越深,而不向社会转化。

那么,什么原因导致了基础科学研究的重大发现最终未能走向市场应用呢?关键原因在于,科研的体制以及由这种体制所塑造的研究方法论和学术文化。基于开放科学的制度规范,现代大学推崇知识的自由发现和公开发表。按照默顿所总结的相关规范(普遍主义、公有性、无私利性以及有组织的怀疑态度),公开发表论文既是科学共同体的美德,也是责任所在[2]。学术论文一旦在相应期刊发表,研究者的任务就算结束,课题就算完成,相关的基金也便不再资助。在这样的制度安排下,大学里科研工作的取向便是"论文挂帅""发表为王"。论文发表的刊物的级别几乎成为检测科学研究成果水平高低的唯一标准。基于此,审查排名就成了检验大学绩效责任和学科建设水平高低的最具吸引力的做法。其结果是,"排名迫使大学变成一个'执行陷阱',因为脱颖而出的唯一途径就是超越同行。这个陷阱,往往会演变成一场包括对学生的资助水平以及宿舍或运动设施的质量等一切项目在内的'军备竞赛'。从短期来看,持续进行改进举措的效果可以反映在排名中,但在某些方面,则会引发收益递减的现象。最终,赢得这场比赛的唯一方法是继续参与竞赛,这将形成一个简单的公式,即筹款最多的就是赢家"[3]。

---

[1] 霍尔登·索普,巴克·戈尔茨坦.创新引擎——21世纪的创业型大学[M].赵中建,等,译.上海:上海科技教育出版社,2018:104.
[2] R.K.默顿.科学社会学——理论与经验研究(上册)[M].鲁旭东,林聚任,译.北京:商务印书馆,2003:365.
[3] 霍尔登·索普,巴克·戈尔茨坦.创新引擎——21世纪的创业型大学[M].赵中建,等,译.上海:上海科技教育出版社,2018:122.

那么,如何走出这种科研的迷局和排名的误区呢?如何经由知识市场从学科建设转向学术创业呢?如前所述,作为跨学科研究的一种扩展形式,"学科会聚"是一种解决问题的方法,这种方法以各学科中最新取得的重大进展为基础,直面社会和科学的挑战,有效突破相关领域的原有界限,整合各领域的专业知识,以形成一个全面的、综合的框架。"会聚的过程可适用于基础科学发现及其转化应用。因为实施会聚研究通常关注寻找前沿知识领域中特定挑战的应对措施,因此,很多会聚研究取得的成果都包含了有利于新公司形成的环境及经济创新方面的创业行为。"[1]实践也证明,通过大规模开展会聚研究,一方面可以会聚不同领域的最前沿知识,以形成一个全面的、综合的、可以解决问题的知识框架,另一方面也可以在既有系科结构的基础上,逐步建构起可以支持会聚科学的组织结构和制度文化,为现代大学里基础教学和科研之外的创新创业行为奠定基础或做好准备。比如,2018年9月,为聚集解决国家战略需求和全球重大挑战问题,浙江大学就先后发布了三项"会聚研究计划",分别是"量子计算与感知会聚研究计划""生态文明与环境科技创新会聚研究计划"以及"农业设计育种会聚研究计划"。这三大计划是浙江大学"创新2030计划"("面向2030的学科会聚研究计划")的重要组成部分,也是继"双脑计划"("脑科学与人工智能会聚研究计划")之后,加快推动学科交叉融合与会聚造峰的新举措[2]。

历史上,研究型大学的兴起以及近代科学革命,其主要目的就是发现知识,寻找规律,知识的应用被认为是一个自然而然的过程,即随着科学原理的被发现,相关知识会经由另外一些人的应用研究,慢慢渗透至人类社会生活或工业实践中,并最终促进经济社会的发展。科学家们相信,基础研究自然会走向应用研究,但应用研究却总是驱逐基础研究[3]。然而,最新的研究却发现,大学知识商业化并没有导致基础研究的减少[4]。长期以来,科学逻辑的兴盛,使学术研究逐渐远离市场,大

---

[1] 美国科学院研究理事会.会聚观:推动跨学科融合——生命科学与物质科学和工程学等学科的跨界[M].王小理,熊燕,于建荣,译.北京:科学出版社,2015:11.
[2] 面向2030的学科会聚研究计划(创新2030计划)http://www.innovation2030.zju.edu.cn/main.htm.
[3] 伊丽莎白·波普·贝尔曼.创办市场型大学——学术研究如何成为经济引擎[M].温建平,译.上海:上海科学技术出版社,2017:25.
[4] 夏清华.学术创业:中国研究型大学"第三使命"的认知与实现机制[M].武汉:武汉大学出版社,2013:52.

学科研活动的开展主要依赖公共资助或私人捐赠;科学家对于成为学术企业家或投身学术创业不感兴趣而热衷于学术锦标赛。

当前随着工业社会向知识社会转型,创新驱动发展成为政策和社会共识,大学以学科建设为中心的学术研究范式必须做出相应的调整,大学不能再只是新学科的潜在孵化器,而是要成为创新的引擎。早在1994年德国总理科尔就提出,要造就"企业家型的科学家"和"科学家型的企业家",即学术型企业家。他们一般都属于顶尖级学术专家,能够通过对最新科技成果的商品化、产业化,使其参与到市场竞争中去,并带来直接的经济效益。此外,他们还保留了一流专家的学术高度、科研强度和成果密度[1]。从1994年到现在,为实现学术创业的目标,造就"学术型企业家"成为各国政府创新创业政策的核心。反映在资助政策上,政府对于基础研究的资助越来越多地采取"产出导向",课题研究的目标也将更多锁定在促进经济增长和社会可持续发展。"它们要求项目显示出可商业化以及产生社会效益的潜力","也要求将创新方法尽快应用到实际问题中"[2]。

当然,像所有其他的变革一样,研究范式和学术文化从学科建设向学术创业的转变也不可避免地会遭遇大学和大学人的抗拒。"我们对大学要改变并去接受一笔大买卖的呼吁,很多大学管理者乐意接受。更难说服的人可能是教职工。在科学、工程和医药以及人类学、社会科学和职业教育领域取得成功的学者们才是有组织的创新取得成功的最具挑战性的障碍。"[3]但经济社会发展的大趋势以及创新驱动发展的时代精神不会以大学和大学人的态度和喜好为转移。作为一个负责任的社会机构,大学所能做或应做的就是适应经济社会发展的需要和时代精神的变化,积极推动学院科学向产业科学的转型,并基于知识市场大力发展创业科学、积极开展创新创业教育,通过在学术研究中解决具体问题,以促进全社会的创新创业。在

---

[1] 夏清华.学术创业:中国研究型大学"第三使命"的认知与实现机制[M].武汉:武汉大学出版社,2013:222-223.
[2] 霍尔登·索普,巴克·戈尔茨坦.创新引擎——21世纪的创业型大学[M].赵中建,等,译.上海:上海科技教育出版社,2018:22-23.
[3] 史蒂夫·C.柯拉尔,等.有组织的创新:美国繁荣复兴之蓝图[M].陈劲,尹西明,译.北京:清华大学出版社,2017:136.

这方面,美国大学已有许多成功案例,远远走在世界前列。例如,加利福尼亚大学定量生物科学研究所就训练其研究生和博士后如何创建公司,并以"研究所内的初创公司"概念支持他们。据报道,在过去 2 年内,这项服务帮助其研究生和博士后创立了 140 家公司,其中 35 家小型初创公司目前持续运转①。

虽然当前世界范围内创新驱动发展已成共识,但科学的逻辑和学院文化依然统治着很多大学的学科建设。"在大学的部门设置中,以学科为基础的部门通常构成具有牢固基础的组织结构。这些单位有自治的传统。"②因此,要适应创新驱动发展的时代需要,转变大学的学科建设取向和科学研究范式,绝不能完全指望大学的自觉。鉴于人性的因素以及制度变革中路径依赖的存在,在实现知识创造价值的过程中不可避免地会存在各种个人的和组织的壁垒。所谓个人壁垒,即个体层面会抵制改变认同;所谓组织壁垒,即组织层面会面临新范式冲突③。

具体而言,对于大学的学科建设,科学的逻辑和学院文化有天然的合理性,符合高等教育认识论哲学和学术场域的惯习。在传统认知框架里,对于通过创新驱动发展以及知识市场化大学总是有所抵触或不积极;大学总是一厢情愿地认为,技术创新或促进经济发展是企业的问题,大学所能做的工作只是生产和传播知识,所谓社会服务也只是为政府和企业提供一些技术咨询或人才培训。大学的理想是,政府有义务为大学提供科研资助,而无须过问这些资助都干了些什么。但事实并非如此。如果说这种状况在过去社会和大学发展的某些阶段或某些国家的某个时期确实存在过,那么现在也明显地不合时宜了。"在不远的将来,基于问题的研究或者应用性研究将成为常规而不是例外。"④要真正实现创新驱动发展,大学自身必须成为创新的引擎,而不仅是为创新提供资源或帮助。

---

① 美国科学院研究理事会.会聚观:推动跨学科融合——生命科学与物质科学和工程学等学科的跨界[M].王小理,熊燕,于建荣,译.北京:科学出版社,2015:26.
② 美国科学院研究理事会.会聚观:推动跨学科融合——生命科学与物质科学和工程学等学科的跨界[M].王小理,熊燕,于建荣,译.北京:科学出版社,2015:30.
③ 竹内弘高,野中郁次郎.知识创造的螺旋:知识管理理论与案例研究[M].李萌,译.北京:知识产权出版社,2012:120-125.
④ 霍尔登·索普,巴克·戈尔茨坦.创新引擎——21世纪的创业型大学[M].赵中建,等,译.上海:上海科技教育出版社,2018:28.

为改变大学过时的办学行为和学术研究范式，政府必须出台相关政策，在政治议程上确认创新创业在经济社会发展中的重要作用以及大学的学术研究对于推动创新创业的重要性，以"建立一个更有利于在学术科学中市场逻辑实践发展的环境"①。此外，在推动学科建设向学术创业转型的过程中，国家还需要投入大量资金支持那些超越传统学科边界的新兴问题研究，并全过程协调创新创业生态系统的跨行业、跨部门、跨学科的诸多利益相关者，以激励创新创业活动的深入广泛开展，并加快推进科研成果不断向实际应用转化。

最后，大学知识的商业化或学术创业也存在着一个选择性和适度性问题，过度的商业化必然会损害大学的公共性和开放科学的开放性②。促进学术研究领域市场导向型实践的发展，其目的绝不是要把大学的科学研究和学科建设完全变成经济增长和社会发展的附庸，抑或通过学术研究谋利来增加大学的办学经费。事实上，基于市场的逻辑和创业的思维即便大学可以通过专利转让或创新创业获得可观的经济回报，也不能成为减免政府资助大学学术研究和学科建设的理由。相反，在创新驱动发展的新时代，政府只有不断加大科研资助并通过政策引导，大学的创新创业才能更具全球竞争力。"在这样一个需要许多领域的思想、方法、模型和知识发现过程汇合，通过综合性方法来解决重大时代问题的时代"③，以创业思维重新理解学科建设，其目的主要是促进科研成果向实际应用的转化，提升国家科技事业的社会价值。

我们时代的大学不是不需要对学科的忠诚，而是需要多重的学科忠诚。从根本上讲，将学术研究融入社会，以创业思维重新理解学科建设，既是为了经济社会发展的需要，也是为了解决大学自身发展的合法性问题。需要注意的是，"要在高校获得成功，创业必须被明确定义为一个创新的必要因素、一个解决问题的特定方法以及奠定文理科基础的关键方法（而非替代方法）。它不能被视为纯粹的商业

---

① 伊丽莎白·波普·贝尔曼.创办市场型大学——学术研究如何成为经济引擎[M].温建平,译.上海：上海科学技术出版社,2017:65.
② 夏清华.学术创业:中国研究型大学"第三使命"的认知与实现机制[M].武汉:武汉大学出版社,2013:55.
③ 美国科学院研究理事会.会聚观:推动跨学科融合——生命科学与物质科学和工程学等学科的跨界[M].王小理,熊燕,于建荣,译.北京:科学出版社,2015:64.

化、财富积累或管理的过程"①。归根结底,像所有教学活动一样,对于大学的学术研究和学科建设,也"必须首先按照教育性的而非企业性或经济性的活动进行处理"②。衡量大学办学成败的最终标准绝不是市场逻辑产生的经济价值(利润大小),而是市场逻辑产生的知识价值(创新程度)。

---

① 霍尔登·索普,巴克·戈尔茨坦.创新引擎——21世纪的创业型大学[M].赵中建,等,译.上海:上海科技教育出版社,2018:13.
② 艾伯特·N.林克,唐纳德·S.西格尔,迈克·赖特.大学的技术转移与学术创业——芝加哥手册[M].赵中建,等,译.上海:上海科技教育出版社,2018:146.

第三章　大学排名的风险与一流大学建设

在排名体系下,一流大学背后总隐含着一定的价值预设。某种标准或情境下的一流大学,在另一种标准或情境下可能就不再是"一流"。当前,在世界范围内,对一流大学的评价主要围绕大学的科研职能展开,强调论文的发表和科研获奖对于排名的重要性。作为一种价值选择,大学重视科研,乃至最终形成研究型的范式,具有充分的时代合理性。但在某个时代具有合理性的价值选择,也不可避免地会对另一个时代的价值选择造成障碍或留下隐患。当前随着创新创业成为新的时代精神,我们需要以创业思维重新定义一流。只有以新的时代精神不断丰富"一流"的内涵,世界一流大学建设才能摆脱旧范式的束缚朝向新范式转型。

近年来,高等教育领域"一流"作为一种话语实践的流行和大学排名的盛行密切相关。一方面为了证实"一流"的真实存在,催生了各种各样的排行榜;另一方面排行榜的盛行又使得"一流"作为一种话语方式更加深入人心。表面上看,各种排行榜均有相应的指标体系以及可量化、可证实的数据作为支撑,一流的标准似乎是清晰的,但实质上,所谓的"一流",其标准又非常的不确定。同一所大学同一年份在不同的排行榜上,排名的差距有时会很大。同一所大学在同一排行榜上相隔一年的排名有时也会差距很大。除排名位次存在异常波动之外,由于排名系统属于常模参照,强调机构间的相对评价,排名背后的分数与大学的真实表现也存在一定的差距,甚至不相关。如西蒙·马金森所言:"尽管排名为全球竞争划定地标,并帮助改进大学表现,排名本身并没有为世界一流大学的辨认提供可验证的重要基础——原因是排名系统是常模参照而不是标准参照,即大学排名能告诉我们一所大学相对于其他大学的位置,但不能告诉我们它的能力或产出的客观量度处于何种位置。"①在排名系统中,所有人和所有的大学都非常关心作为排名结果的"一流",但并不知道或不在乎什么才算真正的一流。从排名上人们能看到的只是大学的相对位次,而不是大学的真实表现。对于大学的发展而言,其使命既有永恒不变的一面,也有情境化的一面。我们既不能为了时代而放弃永恒,也不能为了永恒而放弃时代。不过,无论是对于永恒的使命还是时代的任务,大学的发展都需要有明确的目标和定位,都需要有服务于经济社会发展、改进人类社会实践,以使世界变得更加美好的卓越表现。当前,"我们面临的挑战是:要么高等教育的利益相关者决定其未来发展发向,要么高等教育被无法抗拒的外力无情塑造"②。在大多数情况下,大学缺乏应对市场挑战的经验和策略。那种以"市场化"排名系统为参照,看似精确实际上充满不确定性的"一流"话语无法为我们时代的大学发展提供真正有价值的指导,也很难引领大学永续发展。

第一节 大学排名的兴起

很多情况下,高等教育之于人和社会发展的影响很难直接测定。实践中,对一所大学的好坏的评价更多的是参考其长期积累下的声誉而不是具体的能力或表现。历史上,大学声誉的积累非常缓慢,但声誉一旦形成则具有相对的稳定性。由于大学评价中声誉机制的特殊性,世界各国高等教育系统内部虽然都会呈现出一定的层级性,但无论一国之内还是国家之间,在20世纪中叶之前公开的、精确的排名系统一直没有出现,即便有零星的排名也影响不大。究其原因,传统大学远离社会的中心,社会关注度不高,一国之内或国家之间,精英的大学虽然客观存在,但彼此之间并不细分。民众对于精英大学的心理认同,以及精英大学之间的相互承认,更多的是靠一种声誉机制而不是市场逻辑。第二次世界大战之后,传统大学走出

---

① 王琪,程莹,刘念才.世界一流大学:共同的目标[M].上海:上海交通大学出版社,2013:18.
② 克利夫顿·康拉德,劳拉·达内克.培养探究驱动型学习者:21世纪的大学教育[M].卓泽林,译.上海:上海科技教育出版社,2017:48.

象牙塔,日益走近社会的中心。基于民主化和市场化的基本原则,公众和媒介迫切希望获得关于大学办学水平或表现的"精确"信息。但事实上,无论是整个高等教育系统还是单个的大学组织均十分复杂,高等教育系统之外的非专业人士,如果不满足于既有的声誉机制,单凭自己的能力很难真正了解一所大学的好坏或优劣,即便少数人勉强可以做到,也往往成本过高。在此背景下,参照商业领域中相关企业发布产品排行榜的经验,由市场化组织以商业化原则提供简单易懂的大学排行榜就成为最佳选择。20世纪80年代以来,经过几十年的成长,以大学排行榜为代表的第三方评价成为高等教育市场和媒体的宠儿。人们近乎一厢情愿地认为,以大学排行榜为代表的第三方评价是独立的、客观的、可信的,对客户也是友好的;他们没有注意到的是,"排名很可能把非常有意义的质量差异转化成单调的数量等级判断。大学更高的社会目标是塑造高素质的人,但是大学排名无法衡量这个职能"[1]。事实上,作为特定历史时期经济社会和高等教育大发展的副产品,隐藏在大学排名背后的动机,更多的还是"生意"而不是为了大学的卓越。

大学排名的兴起,除了市场逻辑驱动之外,和大学自身从传统向现代的转型也密切相关,毕竟,与传统大学相比,现代大学也更适合于排名。传统大学以本科教学为主,"自由教育"是大学的中心工作和精华所在。不同大学提供的本科教育各有特色,同一所大学提供的不同专业的本科教育也各有所长。由于缺乏公认的、统一的且具有可比性的衡量标准,传统大学很难放在一个排行榜上进行精确的比较和排名。但现代大学,尤其是那些一流的研究型大学,以研究生教育为主,英语作为最主要的科研语言日益全球化,科研活动成为大学的中心工作,高质量的科研成果成为所谓一流大学的重要"标志物"。"现代综合性大学是一种全新事物,……更大程度上是科学推动的研究公司。"[2]与教学质量的模糊性不同,科研成果经由同行评审和公开发表更容易测量,量化后的统计数据也更具可比性和可信性。正是基于科研工作的这种特殊性,现有排行榜主要围绕大学的科研职能展开,而那些不能或不便排名的职能则相对遭到忽视。其结果是,"由于缺乏更好的办法来衡量真正的进步与成就,公开排名对大学的办学目标造成了极大的影响。他们试图为

---

[1] 刘念才,Jan Sadlak.世界一流大学:特征·排名·建设[M].上海:上海交通大学出版社,2007:58.
[2] 安德鲁·德尔班科.大学:过去,现在与未来[M].范伟,译.北京:中信出版社,2014:121.

'优秀'下一个统一的定义,但这个定义在不同种类的大学中并不适用,也不能满足各类学生的需求。由于这些排名看上去客观准确,并且能对校友捐赠和学生录取产生影响,所以各所高等院校更加努力地提高学校的影响力,而不是为更有益的目标努力"①。实践中,由于缺乏衡量机构好坏的明确的客观标准,作为对排名的一种应对,系科的扩张就成了大学发展所要追逐的主要目标。因为在现行评价指标体系下,规模扩张是提升排名的有效途径。最终,本应致力于内涵式发展的大学改革全部转向了一些外延式的增长目标上。比如,成立新的学院、建设新的校区或大楼、招聘新的教师、为新的项目募集更多资金,以便大学和学科在排行榜上一展抱负。

历史上,大学一直就有追求"卓越"的传统,但古典的"卓越"与现代的"一流"有所不同。古典意义上的"卓越"主要是一种定性的评价,侧重的是大学的声誉以及大学之所以为大学的本质,而现代的"一流"偏向定量的评估,侧重的是市场化或商业化的排名。此外,"卓越"理念具有包容性和未来性,"此"大学的卓越与"彼"大学的卓越可以美美与共、相安无事。但基于排名的"一流"则具有当下性和排他性。一所大学排名第一,另一所就不能排名第一;今年排名一流的大学明年就未必还是一流。此外,受排名规则的限制,一旦约定了排行榜上所谓"一流"的名次范围,世界一流大学的数量永远是恒定的。如贾米尔·萨尔米所言:"大学排名本质上是一场'零和游戏',一些国家高校排名名次的进步必然导致其他国家的下降。"②为了在一年一次的名次竞争中获得"最好"的位次,排名本身成为一个庞大的产业或生意。为了进一步提升排名或避免名次的下滑,很多学校明知排行榜有这样或那样的缺陷仍屈从于相关的指标,以排名来驱动学校发展。"许多高等院校不是重视学生入学后所学知识的多少,而是注重学生的入学分数;不是重视教学,而是认为研究至关重要;不关心学术质量和创新,而是看重发表文章的数量。"③

---

① 德里克·博克.大学的未来:美国高等教育启示录[M].曲强,译.北京:中国人民大学出版社,2017:40-41.
② 刘念才,程莹,王琪.从声誉到绩效:世界一流大学的挑战[M].江小华,译.上海:上海交通大学出版社,2017:23.
③ 德里克·博克.大学的未来:美国高等教育启示录[M].曲强,译.北京:中国人民大学出版社,2017:39.

近年来,由于有越来越多的国家或地区的大学加入排名竞争,单从排行榜上的数据看,我们时代的大学似乎一片繁荣、形势大好,但若拨开量化数据的迷雾,或许会发现我们时代的大学正陷入由于过度重视量化排名所带来的危机之中。正如卡耐基基金会相关研究报告所指出的,把等级制度规范化的一个后果是"很多高校力争'提升'在分类系统上的'排名'。今天的学术文化把研究型大学看作现有高校系统中最先进的一类,并且隐含着——或至少导致人们这样推断——排名位于其下的高校显示出有不同程度的短缺或不足"[1]。

作为排名结果传播的一种媒介,当前无论在印刷品上还是网络上,大学的科研职能由于排名的盛行被频繁曝光和过度关注,公众对于大学日益形成一种错误的心理期待或刻板印象,即只有科研好或发表论文多的大学才是好大学。但事实上,绝大多数大学的绝大多数毕业生并不从事科研工作。科研至上的价值观使大学的发展高度同质化,并不可避免地对本科教育造成了实质性的损害。"尽管地方大学和社区大学几乎根本没有开展研究,它们也采用综合型、研究型大学的模式和标志,有院系和院长,终身教职,强调学术自由,开设博士点。"[2]最终,在很多大学里,本科人才培养工作逐渐被边缘化,大学作为一种制度安排的功利价值凸显而理性价值逐渐暗淡。在很多国家,"政府所面临的一大挑战在于能否实施有效的反激励措施,以避免大学间的同构、同质趋势以及恶性竞争,防止在建设世界一流大学的过程中牺牲了高等教育体系的其他部分。制定政策时所面临的关键问题在于:成功建设卓越和多样化的高等教育体系的策略是什么?换言之,如何在平衡国家利益的同时,成功实现高等教育体系的多样性和卓越性?"[3]

客观来看,高等教育改革和发展实践中,无论大学还是政府,对于排名系统都既爱又恨。对于排名,大学和政府都既不能没有反应又不能过度反应。但无论是爱还是恨,都不能改变全球大学排名蓬勃发展的事实。毕竟,这是一桩有利可图的生意。某种意义上,当前在世界范围内,大学排名正在趋于制度化。"即使排名存

---

[1] 安德鲁·德尔班科.大学:过去,现在与未来[M].范伟,译.北京:中信出版社,2014:95.
[2] 凯文·凯里.大学的终结:泛在大学与高等教育革命[M].朱志勇,韩倩,等,译.北京:人民邮电出版社,2017:60.
[3] 程莹,王琪,刘念才.世界一流大学:对全球高等教育的影响[M].上海:上海交通大学出版社,2015:140.

在问题,排名本身仍然存在。排名无法(事实上也没有)被忽略。"①在有些情况下,"排名或者被排名"甚至成了国家与国家之间的政治问题。为避免自己所在的组织或国家被已有的某个排名系统边缘化,新的排名系统不断诞生②。对于大学排名的积极和消极影响,学界已有很多的研究,结论很明确。很多政策文件也表明,政府对于大学过度依附排名主导的高等教育市场及其可能带来的风险也有清醒的认知。"从政府的角度来看,真正重要的是高等教育对经济和社会的贡献,这种贡献是由客观能力和绩效决定的。换句话说,从高等教育竞争的外部来看,重要的不是大学等级体制中的最终位置,而是赖以维持一所大学地位的基础活动。按照这种观点,一所大学对毕业生、雇主、国家和世界的价值不在于它的排名,而是关乎其工作的质量。"③但问题的关键在于,当前几乎所有重要国家的重要大学都卷入了排名的游戏。在激烈的排名竞争中,加大投入、重点建设或推进大学合并成为很多国家高等教育发展政策的理性选择。"在越发激烈的全球竞争的背景下,国家主导的大学兼并的目的越来越远离'整理(sort out)教育体系',更多的是为了追求声望与卓越,建设世界一流大学。"④很显然,政府的行为受到其自身利益和官僚逻辑的驱动,在加大投入的前提下,绝不会轻易放弃对于大学发展的控制或主导。而政府如果要在世界一流大学建设中占据主导的地位,以排名为参照的绩效评价无疑是最为有效的政策工具。最终,在政府的"支持"和大学的"默认"下,在大学和市场的"共谋"下,以第三方评价作为合法性基础,大学排名"产业"日益发达,对于世界一流大学建设的影响越来越深。

---

① 王琪,程莹,刘念才.世界一流大学:国家战略与大学实践[M].上海:上海交通大学出版社,2011:130.
② 郑俊新,罗伯特·K.陶克新,乌尔里希·泰希勒.大学排名:理论、方法及其对全球高等教育的影响[M].涂阳军,译.长沙:湖南大学出版社,2018:147.
③ 王琪,程莹,刘念才.世界一流大学:共同的目标[M].上海:上海交通大学出版社,2013:18.
④ 程莹,王琪,刘念才.世界一流大学:对全球高等教育的影响[M].上海:上海交通大学出版社,2015:138.

第二节　以排名论一流的危害

我们时代在消费领域存在一种"炫耀性消费",消费不是为了消费本身,而是成为一种炫耀的途径①。当前高等教育领域也存在类似的状况。高等教育发展原本是一种内涵式的过程,无论个人接受高等教育还是高等教育促进社会与个体的发展大多时候都处于一种"看不见"的状态。世界一流大学建设将大学的发展过程与结果呈现于各种公共媒介,强化一种外延式的增长,并以排名的方式进行公开展示。其结果是,"世界一流大学建设"成了国家高等教育改革和发展的一种"品牌"或"标识",其对于经济社会建设以及人的发展的真正价值反倒被忽视了。换言之,现有政策框架内,我们似乎只是想要世界一流大学,要越来越多的世界一流大学,但并不清楚世界一流大学到底可以干什么、有什么真实的作用。事实上,"最好的高等教育系统并不是那些能吹嘘拥有最多排名靠前的大学的体系。政府应该少操心世界一流大学数量的提升,而是投入更多的精力用于构建世界一流大学体系,这样的体系不仅涵盖不同使命、定位明确的各类高质量的高等教育机构,也能够满足各类个体、社区和国家的整体需求,而这种需求也反映着经济体的活力和社会的健康状况"②。

遗憾的是,当前在很多国家以排行榜上的位次为标志的世界一流大学的数量,正在成为一种大学和政府努力追求的政策目标,而隐含在大学发展背后的教育价值、学术贡献和社会责任则被有意无意地忽视。在不断强化国际和校际竞争的背景下,由于中央和地方政府的强势介入,对于"世界一流"的非理性追逐正在把很多国家和地区的大学带入一种"学术浮夸"的新时代。"高等教育系统原本对科研、论文和研究生学位没有太多的需求,但公共政策为其创造了市场。政策通过不

---

① 凡勃伦.有闲阶级论[M].蔡受百,译.北京:商务印书馆,1964:55.
② 刘念才,程莹,王琪.从声誉到绩效:世界一流大学的挑战[M].江小华,译.上海:上海交通大学出版社,2017:38.

断地奖励同样的内容(博士学位、专职教师、科研、论文发表),相互增强了彼此的影响力。"①最终,在建设世界一流大学进程中,隐藏在巨额财政资助背后的更多的是一种"经济上正确"的思维和强国民族主义的情绪,而不是对于科学或学术的尊重。

当前世界一流大学建设的导向作用使得越来越多的高校开始在各种排行榜上展开竞争,院校分化不可避免地受到抑制,学术的同质化日益严重。高等教育"改革最大的阻力源于建立在院校趋同基础上的学术同质观念"②。表面上看,有更多国家的更多的院校参与世界一流大学的竞争,有更多的资金投入和人员参与,会有利于促进世界一流大学建设以及高等教育的大发展,但事实上,由于资源和优秀的人才在竞争中不断地被稀释和消耗,世界一流大学建设反倒会更加困难。毕竟"任何一个国家都无法负担一个完全由'世界一流研究型大学'组成的系统,所以竞争的结果是二流模仿,也就是说,大学花更多精力在改进声誉,而不是努力提升学校绩效,也不是花更多精力发展必要的多元化来满足不断变化的学生需求和外部环境"③此外,大学排名的短周期效应也使世界一流大学的建设过度关注短期绩效,缺乏长远的眼光。在变化迅速的新时代,重视绩效甚至年度绩效没有错。如果一所大学所有工作都不受时间限制,那么这所大学不可能存在,更谈不上发展;但如果过度追求年度排名的上升也不符合大学发展的客观规律。大学的办学水平并非如竞技体育的世界纪录那样显而易见或可以被不断地打破。"大学排名系统过度强调以文献计量学来分析学校表现,常常忽略了高等教育机构的一个任务,即大学需要服务并适应我们所处的社会经济环境。"④

实践中,不同国家、不同时间,基于不同的需要和价值观,人们对"一流"的内涵会有不同的理解,对于什么是世界一流大学也很难有绝对的共识。换言之,判断哪些大学不是世界一流可能很容易,但要说哪些大学一定是世界一流则充满争议。

---

① 菲利普·阿特巴赫,乔治·巴兰.世界一流大学:亚洲和拉美国家的实践[M].吴燕,宋吉缙,等,译校.上海:上海交通大学出版社,2008:209.
② 菲利普·阿特巴赫,乔治·巴兰.世界一流大学:亚洲和拉美国家的实践[M].吴燕,宋吉缙,等,译校.上海:上海交通大学出版社,2008:248.
③ 王琪,程莹,刘念才.世界一流大学:国家战略与大学实践[M].上海:上海交通大学出版社,2011:39.
④ 王琪,程莹,刘念才.世界一流大学:共同的目标[M].上海:上海交通大学出版社,2013:151.

由于一流标准的不确定性以及大学排行榜的多样性,从而为大学的虚荣留下了巨大的空间。人类历史上从没有像今天这样有如此之多的大学被贴上一流或世界一流的标签。"各个国家的不同大学都声称自己是世界一流的——但通常几乎没有什么正当理由。"①由于当前世界一流大学建设成了全球性的"运动",所谓的"世界一流大学"也自动降低到了很多国家通过重点建设或大学合并就可以达到的高度。没有哪个国家的政府乐于承认本国世界一流大学建设没有实现既定目标。其结果是,在很多国家,世界一流大学建设与其说是把国内一流大学建成了世界最高水平,倒不如说是把世界一流大学降低到了国内一流大学通过努力可以达到的水平。

无论何时,从绝对水平来看,真正的世界一流大学是极少的,至少不会像现在各种大学排行榜显示出来的那么多。"虽然发展中国家对研究型大学非常热望,但必须面对现实。除了中国和印度等少数非常成功的发展中国家之外,希望与哈佛、牛津竞争,或者建立世界最一流的大学,都是不合理的目标。发展中国家最好与工业化世界中的那些排名稍逊,但也非常卓越的研究型大学竞争,诸如美国的印第安纳大学或内布拉斯加大学,英国的约克大学,或者荷兰的阿姆斯特丹大学。"②现实而客观地看,世界一流大学的形成,条件极为苛刻。首先,世界一流大学所在的国家用以发展高等教育的资金要非常充裕。因为世界一流大学在形成过程中对国家经济社会发展的贡献可能要远小于国家对它的经济付出,至少其回报严重滞后于国家对它的经济付出。其次,这个国家还要有制度优势,能够吸引并汇聚全球的科学精英。高等教育发展的实践表明,单靠一个国家自己的人才绝对无法支撑起一所世界一流的大学。由于这两个条件的限制,大学史上那些一流的大学往往伴随大国的兴衰而更替。从意大利的博洛尼亚大学到法国的巴黎大学,从英国的牛津、剑桥大学到德国的柏林大学,均是如此。第二次世界大战以后,伴随美国的崛起,以哈佛、耶鲁等为代表的美国大学迅速成为世界高等教育的"圣地"或"塔尖"。与意大利、法国、英国、德国那些昔日的高等教育中心相比,美国作为一个国家更加的"大而富有",因此,其所成就或拥有的世界一流大学也就更多。需要警惕的是,由

---

① 刘念才,Jan Sadlak.世界一流大学:特征·排名·建设[M].上海:上海交通大学出版社,2007:49.
② 菲利普·阿特巴赫,乔治·巴兰.世界一流大学:亚洲和拉美国家的实践[M].吴燕,宋吉缮,等,译校.上海:上海交通大学出版社,2008:17.

于美国高等教育的巨大成功,导致了许多后发外生型国家在发展高等教育时会"倒果为因",认为美国之所以强大是因美国拥有诸多的世界一流大学。真实的逻辑可能恰恰相反,即美国之所以拥有诸多世界一流大学是因为美国强大[①]。其他国家在学习美国建设世界一流大学时一定要清楚大学崛起与大国崛起之间的先后关系。

当前在很多国家排名成为认知和推动世界一流大学建设的主流范式,什么是真正的世界一流大学反倒被有意无意地忽视。"排名可能将其意识形态内化到高等教育领域,而这正是对高等教育排名最大批评与最担忧的事情。"[②]但由于种种原因,实践中很多人对排名对大学的消极影响还有一些不切实际的认知。有人认为排名越多越好,似乎只要排名足够多,大学就可以摆脱对某一个排行榜的影响,进而摆脱对排名本身的影响。这种认识忽视了排名背后其自身的逻辑。越来越多的排名在为大学提供可以自我证明的多样化选择的同时,也会进一步张扬排名背后的价值观和行为准则。更多的排名将不可避免地牵扯大学更多的精力。"人为的排名指标就成为大学自身采用和强制执行的新规则,并且有自我加强的趋势,可能对新理论和领域的产生、研究的多样性和交叉学科的合作产生负面影响。"[③]此外,过多的排名还会刺激一种可怕的念头,即所谓的世界一流大学就是要在所有主要的排行榜上都能占据前100。"各种排名采用不同的指标,这使得学校可以挑选适合'证明'自己学术成就的标准和排名。但是认为在任何排名中都能够名列前茅就真的代表学校质量高,确实是一种危险的想法。"[④]不同的排名背后有不同的价值考量,不同的排名系统有不同的方法和指标,要求大学在尽可能多的排行榜上名列前茅,会扼杀院校的多样性,无论如何都不是什么好事情。

还有人认为,世界一流大学建设中,通过排名可以全面提高大学的整体水平,而不仅是选出最优秀者。通过市场竞争这种强激励,排名的确可以刺激世界各国加大对于高等教育的投入,也可以激励大学本身不断改进教学与科研工作水平,提

[①] 叶赋桂,陈超群,吴剑平,等.大学的兴衰[M].北京:清华大学出版社,2016:24.
[②] 郑俊新,罗伯特·K.陶克新,乌尔里希·泰希勒.大学排名:理论、方法及其对全球高等教育的影响[M].涂阳军,译.长沙:湖南大学出版社,2018:207.
[③] 刘念才,Jan Sadlak.世界一流大学:特征·排名·建设[M].上海:上海交通大学出版社,2007:129.
[④] 刘念才,Jan Sadlak.世界一流大学:战略·创新·改革[M].上海:上海交通大学出版社,2009:62.

高学术生产力,但试图通过排名全面提升大学的水平或高等教育的质量是不可能的。毕竟,无论如何扩展(从前300名到前500名再到前1 500名),能够登上排行榜的大学的数量总是极其有限的,与世界各国大学的总数相比仍是极少的。对于那些已经上榜或有可能上榜的大学,为了进一步提高大学排名,会强化他们对于政府或其他利益相关方的资源依赖;而对于那些没有上榜希望的大学,排名的激励并不会存在,反倒会因为自身无法进入排行榜而导致资源相对被剥夺,从而影响质量的提升。事实证明,大学"排名具有很强的'降低均衡化'效果"①。在大学排名的影响下,高等教育系统中的"马太效应"将越发明显,大学与大学之间层级分化将越来越显著。

也有机构试图通过改进排名的方式、方法或指标体系来避免大学排名的消极影响。比如,不仅对作为机构的大学进行排名,还试图对不同的学科、不同的高等教育系统进行排名;不仅对大学的科研职能进行排名,还试图对大学的教学职能和社会服务职能进行排名;不仅从单一维度对大学进行排名,还试图从多维度对大学进行排名,甚至允许消费者定制排名。但事实上,这些都只是徒劳或心理安慰。因为"所有因排名系统而造成的失误与排名本身相比,都显得微不足道,这点极为重要。这也是为什么对排名的联合抵制或对抗都很难奏效的原因"②。大学排名的最大功效不是披露高等教育质量的事实,而是满足公众的社会心理期待。"如果排名太'中性',那么排名就有丧失向政府和大学规划者传递残酷事实的风险。"③在媒介传播中,如果排名维度过多,指标过于复杂,排名结果的指向过于模糊或名次不够精确,反倒会因其挑战性不足而让公众和媒体失去对于排名的兴趣,从而影响政府的关注和投入。虽然每个人都知道细微的得分差距对于判断大学的好坏并非一定具有显著的意义,但无论公众还是大学对于能够排在排行榜的前面总是非常在意。由于排名逻辑的盛行,当前公众和政府对于大学名次的在意已经超过对于高等教育质量本身的关心。

最后一种"幻觉"是,既然竞争性排名无法避免,那么就为它镀上一层理想主

---

① 刘念才,Jan Sadlak.世界一流大学:特征·排名·建设[M].上海:上海交通大学出版社,2007:102.
② 郑俊新,罗伯特·K.陶克新,乌尔里希·泰希勒.大学排名:理论、方法及其对全球高等教育的影响[M].涂阳军,译.长沙:湖南大学出版社,2018:179.
③ 刘念才,Jan Sadlak.世界一流大学:战略·创新·改革[M].上海:上海交通大学出版社,2009:131.

义的色彩。"一所世界一流大学应该将自身的地位看成一种责任,力求成为其他高等教育机构的'行为榜样',所以它不仅应当关注研究表现,而且应当重视其他方面,如道德行为,同时坚持精英教育理念。"[1]事实上,世界一流大学不是不关注道德行为,也不是不可能坚持精英教育,但只要排名仍然是主导大学竞争的核心机制和基本规则,那些排行榜上的世界一流大学就不太可能成为其他高等教育机构的"行为榜样",而只会成为被追逐、被模仿、被超越的"竞争标杆"。"排名主导性政策的另一个风险是容易诱使高校将排名靠前的大学视为'榜样',复制它们的政策和发展方向,最终导致自身独特性的丧失。不考虑本地和本国的实际情况,一味模仿所谓的'最佳实践'可能会导致高等教育系统的单一化,从而破坏高等教育的多样性和复杂性,同时威胁本地和本国的语言、文化和使命。"[2]说到底,竞争性排名能够排出的只能是名次上的世界一流,而排不出真正卓越的大学和道德的领袖。

第三节 以创业思维重新定义一流

世界一流大学建设的时代背景是知识经济和知识社会的兴起,原本和大学排名无关。1999年,世界银行提出过一个分析框架,用以指导世界各国发展知识型经济。该框架强调了四个相互协调、互为补充的重要战略维度,即适当的政治经济体制、丰富的人力资源基础、先进的信息基础设施和高效的国家创新体系[3]。世界一流大学建设只有成功嵌入上述分析框架,基于适当的政治经济体制,融入高效的国家创新体系,凭借先进的信息基础设施,生产丰富的人力资源,才能成为创新的引擎,切实为知识经济的发展提供助力。在这一过程中,"一个关键问题是,大学不能只以自己为参考系,这不仅是因为大学不够支撑自己、没有外部支持就不能维

---

[1] 刘念才,程莹,Jan Sadlak.大学排名:国际化与多元化[M].上海:上海交通大学出版社,2009:209.
[2] 刘念才,程莹,王琪.从声誉到绩效:世界一流大学的挑战[M].江小华,译.上海:上海交通大学出版社,2017:220.
[3] 王琪,程莹,刘念才.世界一流大学:国家战略与大学实践[M].上海:上海交通大学出版社,2011:1.

系,也因为大学的核心功能要求其与社会互动并努力认知世界"①。相反,如果忽视了适当的政治经济体制的约束,如果大学孤立于国家创新体系之外,以自我为中心,热衷于排名的游戏,世界一流大学建设不但难以迎来高等教育发展的黄金时代,还有可能会在知识经济时代面临合法性危机。

由于排行榜的盛行,当前世界一流大学建设正面临工具主义挑战。"大学总是作为国家的延伸而进行竞争。"②在国与国的竞争中,大学被"经济上正确"和强国民族主义所"绑架",成为炫耀国家强大的一种宣传工具。表面上看,我们时代的大学发展高度繁荣,政府给予了大学充足的经费。但实质上,由于思想的式微,我们时代的大学正在趋于平庸。现代大学虽然科研成就斐然,但思想层面并没有走在时代变化的前端,反而是被时代思潮裹挟着前进。卓越的大学原本应为社会"造钟",即创造环境以强化某种共同的核心理念,而现在却只能是"报时",即为特定的对象提供"叫醒"服务。很多国家对于高等教育发展的需求并不明确,只是机械地模仿其他国家进行所谓的一流大学建设。如有学者所言:"世界一流研究型大学确实是发展的标志,但还不清楚它们处在欠发达社会和发达社会,对国家发展的贡献是否一样大。……以大学的表现作为指标来比较这些院校在各自国家所起的作用,必须首先精确定义我们期望大学起什么作用,并且明白各种指标如何帮助我们确定既定的作用是否被实现。因此,就必须从发展的意义上彻底地审视需要与潜能。"③面向未来,为了确保大学作为一种重要的社会机构能够基业长青,世界一流大学的建设必须超越排名的羁绊,重申大学"造钟"而非"报时"的定位。

所谓"造钟",也就意味着一种"创业精神",即"一种白手起家创造和建设新的愿景的能力:从本质上来说,这是人类的一种创造性行为"④。这也就意味着大学的发展不能只是"守成"。某种意义上,创新创业是我们时代的大学面临的首要的"政治"任务。在时代的巨变中,大学转型是不可阻挡的潮流。如果想不被时代淘

---

① 王琪,程莹,刘念才.世界一流大学:国家战略与大学实践[M].上海:上海交通大学出版社,2011:40.
② 王琪,程莹,刘念才.世界一流大学:国家战略与大学实践[M].上海:上海交通大学出版社,2011:32.
③ 菲利普·阿特巴赫,乔治·巴兰.世界一流大学:亚洲和拉美国家的实践[M].吴燕,宋吉缮,等,译校.上海:上海交通大学出版社,2008:193.
④ 李锺文,等.创新之源:硅谷的企业家精神与新技术革命[M].陈禹,等,译.北京:人民邮电出版社,2017:85.

汰,大学必须创新创业,既注重"水平进步(重复)"又注重"垂直进步(创新)"[①]。只有从 1 到 n 的复制,而没有从 0 到 1 的创新,世界一流大学建设不会有美好的未来。现代大学必须从创新创业的时代精神中汲取力量,以实现"垂直进步"。如德鲁克所言:"关于创业精神的发展历史,没有比现代大学尤其是美国大学的创立和发展更好的'课本'了。……1870 年后的 30 年里,一群杰出的美国大学校长创立并发展了新型的美国大学——它们既具有明显的新颖性,又有独特的美国特征。"[②]当前创新驱动发展的时代浪潮在给大学的核心价值观带来冲击的同时,也为世界一流大学建设提供了难得的机遇。2000 年后,随着新加坡国立大学提出 21 世纪"从传统学术使命向创业导向型转变"的新使命,商业化的研究和创新得到了政府战略和政策的关注。这一制度化的战略表现在营造教学、培训和实习中的创业氛围,鼓励创办企业,鼓励专利申请和知识产权的商品化[③]。事实证明,这种发展战略的转变,极大提高了新加坡国立大学的全球竞争力。

近年来,在"双一流"建设政策刺激下,在我国部分经济发达的中心城市"经营大学"逐渐成为热潮,有越来越多的大学获得充沛的资源。在中央政府和地方政府的共同支持下,这些大学在"创业"的起步阶段,短时间内就拥有了先进的科研设施和育人条件,为从优秀走向卓越奠定了必要的物质基础。但要成为一所卓越的大学仅有资源是不够的,还必须从时代精神中发现"正确的"理念,并将其嵌入大学的价值体系,以驱动大学的永续发展。如有学者所言:"尽管中国大陆对顶尖高校的设施和一流硬件的投入令人印象深刻,但学术系统的软件要素,即机构治理和学术文化则不太能够促进科研和教学质量与数量之间取得更好的平衡。"[④]从长远来看,无论是基于大学自身创业的现实需要,还是经由学术创业以实现创新驱动发展的时代使命,中国的世界一流大学建设都必须经由研究型到创新创业型的范式转换,尽快从 1.0 版本过渡到 2.0 版本。中国的世界一流大学建设,在强化资源优

---

① 彼得·蒂尔,布莱克·马斯特斯.从 0 到 1:开启商业与未来的秘密[M].高玉芳,译.北京:中信出版社,2015:5.
② 彼得·F.德鲁克.创新与创业精神[M].张炜,译.上海:上海人民出版社,2002:28.
③ 王琪,程莹,刘念才.世界一流大学:国家战略与大学实践[M].上海:上海交通大学出版社,2011:226.
④ 刘念才,程莹,王琪.从声誉到绩效:世界一流大学的挑战[M].江小华,译.上海:上海交通大学出版社,2017:144.

势的同时尽快提高大学自身服务于经济社会发展的能力,在大学、政府与产业的多重螺旋中实现知识创造价值。

表 3-1 大学教育重心的转移①

2000 年以前(前全球化世界)	2000—2015 年(全球化世界)	未来(后全球化世界)
基本能力	全球能力	全球本土化能力
课程	沟通能力	创新能力
教师	跨文化交往能力	创业能力
设施设备	跨学科能力	超越经验(改变想象力)
学分、师生比例	道德	精神和道德价值
质量保障和认证	社会责任	可持续发展概念
国内排名	全球排名	创新和相关排名

众所周知,高等教育的三大职能由来已久,但在以资源为基础的工业经济体系里,知识的重要性并不突出。历史上,根据工业经济在不同发展阶段的不同的需要,大学可以在教学、科研和社会服务三大职能间进行选择。大学要么重视教学、要么重视科研、要么重视对所在区域的贡献,但无论选择哪一种职能作为工作的中心均可以成就一所优秀的大学。但在一个以知识为基础的经济体系里,大学的使命是成为创新创业的引擎。此时,教学、科研和社会服务三大职能不再是大学的"可选项"而是成了"必选项",大学的职能不再是"单选""双选"而是"全选"。作为多重螺旋模型的主体和创新创业的"发动机",我们时代的大学必须面对多维的评价,并尽可能地满足不同利益相关者的不同需求。"大学功能的多样性正在增加。这是因为将技术、新科学应用到日常生活中(比如应用于商品和服务的生产)的需求不断增加,使科学的边界扩大了。在总体层面上,可以由教学(基础和继续教育)和科研(生产和传播知识)这两种使命来确定大学的特征。但是大学服务社会的第三使命越来越重要:大学对社会和经济的影响(盈利和非盈利产出)。"②一所优秀的大学或力争世界一流的大学必须同时做好教学、科研和社会服务的工作。

---

① 刘念才,程莹,王琪.从声誉到绩效:世界一流大学的挑战[M].江小华,译.上海:上海交通大学出版社,2017:194.

② 刘念才,Jan Sadlak.世界一流大学:特征·排名·建设[M].上海:上海交通大学出版社,2007:122.

"我们应当鼓励大学在所有职能上都表现优秀,而不应仅限于第一职能和第二职能。"①如果说在工业社会中大学在三大职能上还可以"有所为,有所不为",那么知识社会中的大学则必须力争在尽可能多的事务上都要有所为,并努力在每个职能上均表现优秀,而不能只是在科研排名上表现优异。

基于创新驱动发展的需要,在知识经济体系和知识社会中被凸显的不只是大学的教学、科研和社会服务职能本身,更是这些职能的实现方式以及隐藏在其背后的方法、手段、价值观以及资源和权力的分配与运行方式。在知识经济体系中大学的三大职能本身或许并没有太大的变化,但三大职能所产生的"输出"以及"输出"的方式则会有根本的不同。在传统大学里教学就是传授知识,科研就是生产知识,为社会服务就是应用知识或传播知识。但基于知识的经济和社会环境要求无论教学、科研还是社会服务都必须注重创新能力和创业思维的培养(创新创业必须以不损害教学、科研、社会服务的质量为前提)。在创新创业范式下,"大学能够以不同的形式服务社会,我们可以从财政的角度对大学的第三职能进行划分。向社会提供服务的途径之一是'不追求经济回报'的服务活动。这一类第三职能我们称之为'社会的第三职能'。第二种类型是'企业的第三职能'。大学期望通过对社会、产业、其他机构的服务拓宽经费来源渠道、增加收入,因此服务所得不仅要能够支持各种直接间接成本,还要'为大学带来经济回报'。第三类职能的最后一种类型是'创新的第三职能',它是指那些可以被转化的科研服务、产品和成果。此类服务超越了传统的技术转移,他们试图自己寻找风险资本和投资人并创立公司"②。当前各种的大学排名仍然主要以源自19世纪的研究型大学范式为基础,以科研生产力作为主要测量对象。各种排行榜不但忽略了大学的教学和社会服务职能的重要性,科研活动中的"非竞争性产品"也基本被排除,严重阻碍了大学从教学型、研究型到创新创业型的范式转换。

当然,由于事关重大,我们时代的大学的范式转型不可能再像历史上那样将大学置于未知的危险之中,而必须在风险可控的前提下渐进式地改革创新。在世界

---

① 刘念才,程莹,Jan Sadlak.大学排名:国际化与多元化[M].上海:上海交通大学出版社,2009:182.
② 刘念才,程莹,Jan Sadlak.大学排名:国际化与多元化[M].上海:上海交通大学出版社,2009:178-179.

范围内,自 20 世纪 90 年代以来,随着创新创业理念的普及和创业型大学的兴起,研究与经济的关系更加紧密,大学的运营也更加企业化和市场化。但整体上,当前研究型大学仍然是世界一流大学建设的重要和主要取向。"虽然旧的范式已经受到损害,但也没有证据表明新的范式已经取代了旧的范式。"[1]由于深受排名系统的影响,在世界一流大学建设中,教学型大学和研究型大学向创新创业型大学的范式转型很难实现。由于缺乏创业思维,大学传统的教学、科研、社会服务职能很难适应创新驱动发展的需要。好的排名不但成为大学获取资源的"撒手铜",也成为其逃避现实的"避风港"。很多人将大学排名与质量等同,似乎只要各类排名足够好,大学到底在做什么并不重要。造成的结果就是,排名的盛行以及竞争的压力促使大学把自己的中心工作调整到与排行榜所设定的指标体系相符的相关工作上。在排名体系下,现在的大学更着迷的是,利用指标体系和统计学方法来预测下一年度大学和学科的各类排名进展,而不是 10 年或 20 年后大学发展的愿景。

同样,由于受排行榜的影响,对于世界一流大学有助于大国崛起的坚信(大学可以与政府一起塑造国家的命运),不是建立在数据或证据的基础上,而是基于一种浪漫主义的想象。"各国有关世界一流大学建设的大肆宣传已经远远超过了国家的需要和能力范围。"[2]从实践出发,为了避免高等教育发展,尤其是世界一流大学建设的某种非理性,"必须在适当的背景下探索推动世界一流大学建设的压力和动力,以避免过于夸大世界一流大学的价值和重要性,扭曲高等教育资源的分配格局"[3]。无论何时,大学发展对于国家建设的贡献都是有条件的,而不是无条件的。不同国家、不同时期对于大学的需求也是不同的。大学的发展不应超越国家发展的阶段。一流的大学只有在一流的国家才能发挥一流的作用。二流的国家很难建成一流的大学。当今世界真正的创新主要集中于少数几个发达国家,"中等收入的经济体更容易产生'中间'创新与中等水平的技术"[4]。实践表明,大学地位与影响力的上升和国家地位与影响力的上升基本是同步的。世界一流大学的形成更多的

---

[1] 菲利普·阿特巴赫,乔治·巴兰.世界一流大学:亚洲和拉美国家的实践[M].吴燕,宋吉缙,等,译校.上海:上海交通大学出版社,2008:193.
[2] Jamil Salmi.世界一流大学:挑战与途径[M].孙薇,王琪,译校.上海:上海交通大学出版社,2009:11.
[3] Jamil Salmi.世界一流大学:挑战与途径[M].孙薇,王琪,译校.上海:上海交通大学出版社,2009:10.
[4] 傅晓岚.中国创新之路[M].李纪珍,译.北京:清华大学出版社,2017:98-99.

是大国崛起进程中的连带效应①,而不全是大学自身努力的结果。因此,"我们不应该对中等收入新兴经济体中大学的作用过度乐观,这些经济体中的大学与主要发达国家的大学之间依然存在着较大的差距,特别是在研究质量及其影响上。即使新兴经济体国家在科学出版物数量方面可以宣称自己在新兴技术的某个领域领先,然而一份对文献引用数及替代指标的深入分析表明,它们仍需要提升其科学研究的影响力"②。如果政府和大学有意忽视这个"残酷"事实,世界一流大学建设就很容易陷入一种非理性的狂热,即对于世界一流大学建设的投入远远大于这些大学对于经济社会发展的回馈。作为现代社会的一种常识理性,"虽然拥有高质量的科学家和专业很重要,但同样重要的是,要保证它们回馈给社会的比从社会汲取的好处要多。为这个政策问题寻找最佳答案,就必须把高质量的科研看作是前提而非目标,或者是看作达到其他目标的途径,而非把科研看作终极目标"③。

总之,在世界一流大学建设中,对于大学排名的消极影响我们必须高度警惕,并以创业思维重新定义一流,以便对于潜在的、未来的危机能够成功应对。"当今排名方法的局限性主要表现为对质量和卓越的狭隘定义。如果大学过分强调排名的重要性,就会导致无法完成高等教育本身应担当的责任。"④面向未来,随着创业型社会的来临,"在这个社会里,创新与创业将是十分平常、相对固定、持续不断的工作。正如管理成为所有当代机构的特定工具以及我们这个组织社会的综合性工具一样,创新与创业精神也应成为我们的机构、经济和社会赖以存在的主要活动"⑤。在创业型社会里,大学的所有活动都不能只是为了大学的声望,还要关注对于社会的贡献。与过去相比,创新与创业精神对于我们时代的大学的转型发展前所未有地重要。但在现行排名体系下,今天的世界一流大学建设仍然以研究密集为主要特征,获得科研成就的条件、过程和价值等共同构成了大学的全部目标,并在大学的组织结构中实现了制度化。在可以预见的未来,如果我们仍然坚持以

---

① 叶赋桂,陈超群,吴剑平,等.大学的兴衰[M].北京:清华大学出版社,2016:25.
② 傅晓岚.中国创新之路[M].李纪珍,译.北京:清华大学出版社,2017:177.
③ 菲利普·阿特巴赫,乔治·巴兰.世界一流大学:亚洲和拉美国家的实践[M].吴燕,宋吉缮,等,译校.上海:上海交通大学出版社,2008:188.
④ 王琪,程莹,刘念才.世界一流大学:共同的目标[M].上海:上海交通大学出版社,2013:120.
⑤ 彼得·F.德鲁克.创新与创业精神[M].张炜,译.上海:上海人民出版社,2002:325.

排名作为衡量世界一流大学的标准,那么大学对于经济社会发展的贡献就会处于可替代的位置,创新创业就只能是大学教育的一个子目标(创新创业教育),而不可能成为大学的全部任务或转型发展的新范式[①]。面向未来并从社会实践的现实需要出发,世界一流大学建设应是一个"创新创业"的过程,而不应是主要围绕科研职能在排名上进行攀比。

---

① 王建华.创新创业:大学转型发展的新范式[J].南京师大学报(社会科学版),2018(5):24-32.

第四章　创新创业：大学转型发展的新范式

大学的转型发展是一个连续的、多维的、漫长的过程。从早期的教学型大学到后来的研究型大学，再到今天的创业型大学，变化的不只是大学的职能或功能，还有大学的范式，即大学的核心价值和行动准则。从历史上到现实中，无论教学型大学还是研究型大学都蕴含有创新创业的因子，但受到时代精神和局限条件的约束，教学型大学以本科教学为重，研究型大学偏好基础研究，创新创业的重要性被人为遮蔽或难以凸显。今天在创新驱动发展的大背景下，以高深知识向应用转化为进路，大学的创新创业行动逐渐实现了从量变到质变的转化，一种兼容本科教学和基础研究，并直接服务于经济社会发展的新型大学——创新创业型大学正在兴起，"创新创业"作为大学转型发展的新范式正在从理想变成现实。

我们为什么需要大学，一种解释是基于社会分工的需要，另一种解释是大学自身创造了我们的需要。社会分工论将大学视为满足社会需要的一种机构或应社会需求而产生的机构。这种理论过于夸大了社会需求的重要性，而忽视了大学组织自身的特殊性和历史的偶然性。社会需求有时虽有一定的刚性，但实践中满足这种需求的方式则具有不确定性或非唯一性。客观来看，在中世纪的社会分工中为了满足当时的社会需求以及智识生活的需要，大学作为一种社会机构，其产生更多的具有偶发性，而不是必然性。相比之下，创造需求说则关注到了大学的特殊性。作为现代大学的源头，中世纪大学的产生及其组织形式和运作机制的形成虽具有一定的偶然性，但这种组织自产生以后凭借其独特的组织性质和制度优势，在人类历史长河中成功实现了"基业长青"，完美地创造了人类社会对于它的需求甚至是依赖，并成功满足了这种需求。当然，对于我们为什么需要大学，无论哪种理论解释都不可能是完美的，抑或能完全令人信服。理论的解释力总是具有情境性，总是和具体的时间和空间有关,并受诸多局限条件的约束。因此,我们与其从根子上去追问,我们为什么需要大学,不如直接询问我们时代需要什么样的大学。本源性的问题虽然会有助于正本清源,但也容易脱离当下的具体情境。作为一个社会机构,大学的发生史和现在史可能完全是两回事。大学是时代性的而不是永恒不变的。在"我们需要大学"这件事已是不可更改的外部约束条件的前提下,弄清楚我们时代最需要什么样的大学,现有大学应通过何种重大改革,向哪个方向演进,就显得特别重要。如怀特海所言:"一所大学的理想,不是知识,而是力量。大学的职责就是把一个孩子的知识转变为一个成人的力量。"① 与正在逝去的传统工业社会相比,我们时代的精神是创新创业,我们时代最宝贵的资源是能够促进创新创业的知识。在一个以企业家精神为引领,以创新创业知识为基础的社会里,大学的重要性是空前的。新的时代对于大学改革发展提出了新的愿景,大学只有主动适应创新创业的时代精神的需要,通过转型发展来实现范式更新,才能成功应对这种前所未有的挑战。

第一节　大学为什么需要创新创业

历史上,以知识的逻辑为依归,随着知识范式的变迁,大学先是教会的婢女,后是人文主义者的乐园,继而成为科学家的实验室。表面上看,不同时期大学作为"婢女""乐园"和"实验室"的社会角色是不同的,但实质上,这些社会角色背后的逻辑又是一致或相通的,即大学始终以象牙塔的姿态相对远离社会,以掩盖或抑制知识观和价值观的冲突。大学主要追求知识自身的价值,刻意与现实需求保持一定的距离。具体而言,中世纪大学视神学为高级知识,近代大学视哲学为高级知识,现代大学则视科学为高级知识。而那些高级知识之所以被认为是高级的,最主要的原因则是它们远离世俗或实用,强调知识的纯粹性和深奥性。长期以来,大学

---

① 怀特海.教育的目的[M].庄莲平,王立中,译.上海:文汇出版社,2012:36.

对于纯粹知识的追求或价值偏好,符合知识作为公共物品的本性以及教育性的原则,也符合大学作为一种知识生产和传播制度的比较优势,并满足了社会对于大学的心理期待,即作为"世俗的教会"①。20 世纪 80 年代以来,世界范围内高深知识生产、扩散与应用的政策环境与制度文化发生了根本的变化,基于科学逻辑的大学知识生产治理机制开始面临市场逻辑的严峻挑战。围绕一个"统一的办学目标",通过文化传承或价值观塑造或仅依靠培养人才和披露作为公共物品的知识已经不能满足经济社会发展的现实需要。究其原因,与过去基于劳动分工的相互区隔的知识生产制度(一个组织,一个目的)不同,今天在以知识为基础的经济和社会里,知识的创新更加强调"集成"与"协同"(同一个组织可能必须扮演多个角色,以便在多种环境下进行竞争)②。

由于社会和政策环境的变化,现代大学必须由单一目标的机构向多目标机构转型发展。"对于高等院校来说,同时追求多个目标往往非常有利,因为不同的目标可以相互补充,产生整体大于部分之和的效果。"③改革实践中,为满足知识经济和知识社会对于"集成创新"和"协同创新"的需要,大学需要在市场逻辑、国家逻辑和科学逻辑的对立统一中,在专业知识的生产、扩散与应用方面做出新的决策与选择。"可以说,大学在过去旨在保持统一性,现在却旨在实现多样性。"④具体而言,为满足经济社会发展的需要,在与政府、企业等其他社会机构实现协同创新和集成创新的过程中,大学既要勇于突破组织的边界,在协同创新中扮演新的角色,又不能放弃自身的独特性,疏于对学术价值观的坚守。"在这些网络里,企业、大学和研究机构之间的多元、微弱的联系使各方可以接触到更多的信息,并可以对这些多元信息进行重新结合,从而能够超越既存的知识,创造出新知识。"⑤以高深知识的生产、扩散与应用来说,大学既不能放弃高深知识生产与扩散的传统职能,又要在高深知识的应用方面大有作为;大学既要以科学为基础、以政府为伙伴,也要以

---

① 约翰·布鲁贝克.高等教育哲学[M].王承绪,等,译.杭州:浙江教育出版社,2002:138.
② 亨利·埃兹科维茨,劳伊特·雷德斯多夫.大学与全球知识经济[M].夏道源,等,译.南昌:江西教育出版社,1999:98.
③ 德里克·博克.大学的未来:美国高等教育启示录[M].曲强,译.北京:中国人民大学出版社,2017:33.
④ 安德鲁·德尔班科.大学:过去,现在与未来[M].范伟,译.北京:中信出版社,2014:128.
⑤ 竹内弘高,野中郁次郎.知识创造的螺旋:知识管理理论与案例研究[M].李萌,译.北京:知识产权出版社,2012:227.

市场为导向,在传统开放科学路径的基础上,积极拓展创业科学的新路径,通过创新创业直接为经济社会的发展服务。

现代以降,大学作为一类组织取得了极大的成功。无论从机构数量的增长,规模的扩充,参与人数的增多,还是影响力的上升,也无论是从对经济社会发展和科技进步的贡献,还是对文化和制度的创新,大学无疑都是现代社会最为成功的专业机构。某种意义上,现代大学既是现代社会的一部分(社会系统的子系统),也是现代社会运行秩序的生产者(工作"母机")。换言之,现代大学的逻辑既镶嵌于现代社会的逻辑中,又在生产着现代社会的逻辑。现代社会的逻辑是社会分工和专业化,现代大学的逻辑则是知识分工和专门化。在不断强化社会分工和专业化的社会背景下,正是凭借以学科为基本单位的知识分工,现代大学实现了高深知识生产与传播的专门化,从而在从传统向现代转型的过程中取得了巨大成功。不过,现代大学的巨大成功可能也是其危机的根源和转型的障碍。组织进化论指出:对以往成功的过度适应是危险的[①]。实践表明,在已经被证明是成功范式的教学型大学和研究型大学之外,要适应新时代的新要求,提出新范式的大学概念会非常困难。现行大学主流范式的支持者通常会通过坚持利用以往的成功所确立的大学传统或潜规则来对抗任何可能的变革。

面对这种困境,克里斯汀森的主张是:"组织是价值网络的一个组成部分,并且经常受到既有产品概念的约束。因此,为避免'创新者的两难'困境,要想创造具有新的消费者价值的产品,组织必须在不同价值网络中确定新的位置,并且做到独立自主、自给自足。"[②]具体来说,在传统大学范式近乎居于垄断的情况下,新概念大学或大学新范式的出现,一种情况是依赖旧范式下大学自身的自然演化,另一种情况则依赖于研究者敏锐的学术触觉,基于环境变化创造出新的大学概念,以人为的建构(顶层设计)引领大学的转型发展。近十几年来,世界范围内创业型大学的兴起就既与大学改革的实践探索有关,也与埃兹科维茨、伯顿·克拉克等在高等教育研究中的概念创新密不可分。如果说学界提出的创业型大学作为大学的新概念

---

① 野中郁次郎,竹内弘高.创造知识的企业:日美企业持续创新的动力[M].李萌,高飞,译.北京:知识产权出版社,2006:196.

② 竹内弘高,野中郁次郎.知识创造的螺旋:知识管理理论与案例研究[M].李萌,译.北京:知识产权出版社,2012:152.

是一种"拉动"因素,那么各国大学朝向创新创业的改革实践则可以视为一种"推动"因素。目前就创业型大学作为大学的新范式而言,概念的拉动作用可能要小于实践者的推动。和"在很多领域,方法往往落后于理论"[①]有所不同,在高等教育领域实践通常走在了理论前面。作为学术研究,虽然早在1983年埃兹科维茨就发表了题为《美国学术界的创业科学家和创业型大学》的论文,正式提出了"创业型大学"的新概念;但时至今日,我们的大学改革仍处在"范式转移与常规建设之间"[②]。由于缺乏有效的理论引领,很多国家的高等教育改革仍然集中于寻找赖以建立创业型大学的有效路径,而非把"创新创业"作为"更高的概念",即大学转型发展的新范式。其结果是,从教学型大学和研究型大学向创业型大学转型的实践进展仍然缓慢且困难重重,大学观念的更新仍然面临种种的挑战。至今,研究型大学仍然是世界各国一流大学建设的主导范式,建立研究主导的世界一流大学仍是各国高等教育改革和发展的优先目标,创新创业仍不是大学的中心工作。

事实上,我们的大学应该像重视论文发表和科研获奖一样重视创新创业,应该花更多的时间去思考如何能更好地实现创新创业。近几十年来,在以美国为代表的发达国家,伴随着工业社会向后工业社会的转型,学术研究也开始从科学逻辑向市场逻辑转变,传统的教学型大学和研究型大学开始向教学创业型大学和研究创业型大学转变,并促使大学内部基于市场逻辑的实践活动体制化,凭借市场的力量焕发大学学术研究的活力。"不断发展的大学创新文化为大学教师提供了必要的信息和激励机制,使他们摆脱了仅专注于科学研究的传统,转而投入到更具前瞻性且整合了技术发展和商业化努力的综合性创新过程之中。"[③]当今世界美国之所以是高等教育的超级强国、世界学术中心,绝不仅是世界大学排行榜和学科排行榜上美国大学和学科的数量多可以概括的,也不是美国大学高水平科研论文发表世界第一所能代表的。美国作为世界高等教育超级强国的最有力的证据在于:美国的一流大学对于美国经济社会的发展做出了卓越的贡献,源于美国一流大学的科技

---

① 李锺文,等.创新之源:硅谷的企业家精神与新技术革命[M].陈禹,等,译.北京:人民邮电出版社,2017:218.
② 陈平原.在范式转移与常规建设之间[J].探索与争鸣,2018(5):4-6.
③ 美国商务部创新创业办公室.创建创新创业型大学——来自美国商务部的报告[M].赵中建,卓泽林,译.上海:上海科技教育出版社,2016:28.

创新和社会创新为美国社会的创新创业做出了卓越的贡献,从而确保了创新驱动发展战略在美国的成功实现。"近几十年来,这种开拓创新精神促使各高等院校纷纷响应政府号召,帮助学校教授们与企业开展合作,共同建立公司来开发新产品。这种结合有时甚至能带动学校所在的整个地区的经济发展,如加利福尼亚州的硅谷地区和大波士顿地区的发展就是这样。"①可以说,在美国没有哪个行业像大学那样在全世界居于绝对的领先地位,也没有任何一个行业或领域对于创新创业的贡献可以和那些顶尖的一流大学相比。

遗憾的是,当前在我国无论是一流大学还是一流学科的定义和评价都基本上沿用了兴起于19世纪的研究型大学的传统范式,强调科研论文发表和获奖的重要性,注重科学共同体内部的同行评价和政府的行政评价,对于科研成果向应用转化以及知识创造价值却没有给予必要的和充分的关注。世界范围内,自20世纪80年代以来,科学、技术与社会的关系已经发生了根本的变化,大学、产业与政府的关系也早已今非昔比。"以大学为根据地建立研究型企业,共同开展一些营利项目"②,正在成为普遍的做法。在即将到来的知识社会里,知识的生产、扩散和转化已经成为解释经济发展的内生变量,创新创业已经成为驱动经济发展的核心要素或决定性力量。"在新经济中,知识不仅是与传统生产要素——人力、资本和土地——并列的资源,而且是今日唯一有意义的资源。知识已经成为最重要的资源而不是一般资源这个事实是新型社会的独特之处。"③在创新驱动发展的新时代,为尽可能提升我国知识创新的水平,提高知识创造价值的绩效,以实现全社会、全领域有组织、可持续的创新创业,大学的教学和研究目标不能再单纯地以学术性观点和学科界限来设定,而应以国家战略需求或人类经济社会发展的重大需求和挑战为出发点,基于未来经济社会发展所需的重大技术以探求背后的科学原理,从而倒逼基础科学研究和教学内容的创新。

---

① 德里克·博克.大学的未来:美国高等教育启示录[M].曲强,译.北京:中国人民大学出版社,2017:22.
② 德里克·博克.大学的未来:美国高等教育启示录[M].曲强,译.北京:中国人民大学出版社,2017:20.
③ 野中郁次郎,竹内弘高.创造知识的企业:日美企业持续创新的动力[M].李萌,高飞,译.北京:知识产权出版社,2006:5.

第二节　大学如何实现创新创业

如果说 20 世纪是管理的时代,那么 21 世纪就是创业的时代。"在 20 世纪的伟大实验,无论是大型企业还是政府,均已完成了其历史使命,至少在公众看来如此。取而代之的是一场声势浩大的创业浪潮,在全球范围内,无论是普通百姓、企业,还是整个国家,都在寻找和重振创业精神。"[①]在创新驱动发展的新时代,为了满足创新创业的需要,科学研究最终要落实到问题解决层面,即便是最基础的研究,也总蕴含有向应用转化的可能。但将可能转化为现实不仅需要时间还需要方法。在现有分科体制下,任何单一学科,尤其是那些基础科学研究的知识,很难单独解决实践中的复杂问题。"科学中的许多问题,需要单个科学家不可能具有的系列智力资源。"[②]基于此,通过会聚策略以跨越不同学科的边界来解决实践中的难题便成为重要选择。"会聚研究由于汇集了来自生命科学、物质科学、医学、工程学的知识和工具,将不断地激励创新研究,并解决极具吸引力的技术难题与社会挑战。"[③]实践中,为促成和激励基础科学发现向实际应用的转化,会聚研究一方面可以通过跨越学科边界将不同学科的知识会聚在一起,另一方面也可以建立起合作网络(涉及政府、学术界、国家实验室、临床机构、产业界、资助机构等)对相关科学研究提供支持并使研究成果不断转化为新的创新形式和全新产品[④]。当然,会聚研究作为一种问题解决或知识应用的具体策略,与各学科自身高深知识的生产并不矛盾。会聚研究的目的是:"释放出多学科整合的巨大潜力,共同应对需要这种

[①] 拉里·法雷尔.创业新时代:个人、企业与国家的企业家精神[M].沈漪文,杨瑛,等,译.北京:机械工业出版社,2014:14.
[②] 保拉·斯蒂芬.经济如何塑造科学[M].刘细文,译.北京:北京大学出版社,2016:68.
[③] 美国科学院研究理事会.会聚观:推动跨学科融合——生命科学与物质科学和工程学等学科的跨界[M].王小理,熊燕,于建荣,译.北京:科学出版社,2015:10.
[④] 美国科学院研究理事会.会聚观:推动跨学科融合——生命科学与物质科学和工程学等学科的跨界[M].王小理,熊燕,于建荣,译.北京:科学出版社,2015:1.

紧密合作才能解决的关键挑战。"①只有各学科持续生产出真正具有创新性的知识,学科知识的会聚才有现实意义,才能实现基础科学发现向实际应用的转化,并促进基于知识创新的创业。"在这个方面,新知识的创造既是关于理念的,也是关于理想的。这就是创新的动力。创新的精髓是根据具体理想或愿景来重新创造一个世界。"②毕竟,创新驱动发展要取得切实的成效,必须有科学上的新发现或技术上的新突破作为前提。只有基于具有创新意义的知识,那些市场导向型的创业活动才能真正创造出社会需要的价值。

在创新创业过程中,为了实现知识的创新以及基于创新的创业,大学里的"研究者必须整合若干传统学科,形成一个临时的学术领域"③。在通常情况下,这个临时的学术领域具有"临时性""跨学科性"和"应用性"等特点。随着实际问题的解决,它既可以解散,也可以被制度化,成为一个综合性的跨学科领域,以便于今后应用于更广泛的领域。至于哪种可能性最后成为现实则取决于这个临时的学术领域内的知识所创造的事物的价值及其对不同学科之间关系的整合程度。"会聚观成为创造性的'会聚—解聚'过程的一部分,这个过程将不同领域的知识整合到一个新的系统,创造出新的应用领域和可以用来重组和整合的新知识。"④最后,无论这些为了解决实际问题而组建的临时的学术领域是"事毕解散"还是成了"新的学科",都无损于这个临时的学术领域的独特价值。因为,"经过这样一个过程,研究者一边处理现实问题,一边向社会输出具体产品,并不断播撒临时领域的种子,最终使得新学科发展成熟。再进一步讲,即使研究不幸失败,最终无法获得具体产品,但只要这一研究方式能够保留下来,就可以将其研究结果作为人类共同的知识财富累积起来,最终为今后的研究所用"⑤。换言之,在这样一个过程中,通过会聚研究形成的"临时的学术领域"为从学科研究走向跨学科研究,为从传统的基础研

---

① 美国科学院研究理事会.会聚观:推动跨学科融合——生命科学与物质科学和工程学等学科的跨界[M].王小理,熊燕,于建荣,译.北京:科学出版社,2015:3.
② 野中郁次郎,竹内弘高.创造知识的企业:日美企业持续创新的动力[M].李萌,高飞,译.北京:知识产权出版社,2006:10.
③ 吉川弘之,内藤耕.产业科学技术哲学[M].王秋菊,陈凡,译.沈阳:辽宁人民出版社,2015:82.
④ 美国科学院研究理事会.会聚观:推动跨学科融合——生命科学与物质科学和工程学等学科的跨界[M].王小理,熊燕,于建荣,译.北京:科学出版社,2015:16.
⑤ 吉川弘之,内藤耕.产业科学技术哲学[M].王秋菊,陈凡,译.沈阳:辽宁人民出版社,2015:88.

究走向新基础研究,为从知识生产走向产品开发提供了一种新的进路,并为从纯基础研究、应用驱动的基础研究和纯应用性研究向"愿景驱动的基础研究"(这种研究将突破已知的应用并探索新的转化方式①)的转化提供了新的可能。

实践中对于创新创业而言,跨学科研究的组织意图也非常重要。在建立创新创业型大学的过程中,跨学科研究不能为了学科自身,或为了跨学科研究而进行跨学科研究。跨学科研究应致力于通过跨学科研究来解决需要跨学科才能解决的重大科技与社会问题。换言之,跨学科研究不能仅仅是为了学术上的所谓"视角创新",更多的是要为了将科学的发现转化为技术的进步,将学术的知识转化为社会的价值。"组织的意图为判断已知知识的真实性提供最重要的基准。如果没有组织的意图,若想对察觉或创造的信息或知识的价值作出判断,是不太可能的。在组织层级上,组织标准或愿景常常是意图的形式表达。这些标准或愿景可以用来评估和论证所创造的知识,知识必须是价值取向的。"②否则,跨学科研究不但不能解决分科制度的问题,不能实现大学创新创业的组织目标,反倒会加重基于分科的大学组织结构的制度成本,加剧学科化冲动。

由于学术创业的"高机会成本",为了实现"创新创业的跨学科研究",大学内部的薪酬制度、人员聘用政策和学术评价制度也必须有所改变,以激励教师和学生进行基于创新创业的科学探究。"大学非常需要适当改变专业学者的晋升、终身教职以及酬劳机制,这样商业化活动才能得到重视。"③对于创新企业的实现而言,仅有这些还不够,"对于那些寻求建构可持续发展的会聚生态系统的组织机构而言,包容性治理体系、以目标为导向的愿景、有效的项目管理、对核心教职员工的稳定支持,以及灵活的或具有催化作用的资金都至关重要。同时还必须愿意承担风险,并能接受潜在的失败或项目重新定向的可能,这是前沿科学无法避免的问题"④。

---

① 美国科学院研究理事会.会聚观:推动跨学科融合——生命科学与物质科学和工程学等学科的跨界[M].王小理,熊燕,于建荣,译.北京:科学出版社,2015:16.
② 竹内弘高,野中郁次郎.知识创造的螺旋:知识管理理论与案例研究[M].李萌,译.北京:知识产权出版社,2012:67.
③ 艾伯特·N.林克,唐纳德·S.西格尔,迈克·赖特.大学的技术转移与学术创业——芝加哥手册[M].赵中建,等,译.上海:上海科技教育出版社,2018:34.
④ 美国科学院研究理事会.会聚观:推动跨学科融合——生命科学与物质科学和工程学等学科的跨界[M].王小理,熊燕,于建荣,译.北京:科学出版社,2015:6.

为了保障"为了创新创业的跨学科研究"的可持续进行,并取得重要进展,既需要大学在科研管理和评价层面做出调整以引导组织和制度文化的变革,也需要跨学科研究恪守成果导向,为支持跨学科研究的诸多利益相关者(合作伙伴网络)提供他们所需要的产品和服务。

此外,"创新创业"要成为大学发展的新范式,不能局限于大学内部的"科学"和"技术",而必须深入到大学的组织制度与行为本身。如德鲁克所言:"创新不一定必须与技术有关,甚至根本就不需要是一个'实物'。从造成的影响来看,几乎没有什么技术性创新能与报纸或保险之类的社会创新相比。现代的医院起源于18世纪欧洲启蒙运动时期所发生的社会创新,它对医疗保健的影响,远远大于其他许多医学上的进步。"[①]同样的,由洪堡发明的现代大学制度对于现代科学的贡献,也远远大于任何一位最伟大的科学家。20世纪90年代以来,在世界范围内为应对知识经济和创新驱动发展的现实需要,对于大学从教学型、研究型向创新创业型的转变有两条不同的路径。一种是新建创新创业型大学,通过"增量"的改革影响"存量"。比如,由谷歌(Google)、美国国家航天航空局(NASA)以及若干科技界专家联合建立的"奇点大学"(Singularity University);由密涅瓦计划和KGI(Keck Graduate Institute)合办的"密涅瓦大学"(Minerva Schools at KGI)。另一种是推动现有大学从教学型、研究型向教学创业型、研究创业型转变。比如,斯坦福大学、麻省理工学院、华威大学、特文特大学、恰尔默斯技术大学等。

与发达国家的高等教育改革相比,或许是因为经济社会发展所处阶段以及高等教育的制度基础不同,我国高等教育改革中对于创新创业的理解比较狭窄、反应也相对缓慢。虽然以"挑战杯"为代表的大学生创业计划竞赛已有近30年的历史,但大学组织本身对于创新创业的整体性应对却出现得很晚。2014年9月,国务院总理李克强在天津的夏季达沃斯论坛上公开发出"大众创业、万众创新"的号召后,"双创"问题才引起教育部和高校的普遍重视。但作为政府部门主导的"大众创业、万众创新"战略的一部分,我国高校的"创新创业教育改革"仍有很大的局限性。实践中无论是遴选"创新创业教育改革示范高校",还是推动在大学内部建立

---

① 彼得·德鲁克.创新与企业家精神[M].蔡文燕,译.北京:机械工业出版社,2019:38.

"创业学院",都主要是将创新创业教育作为人才培养工作的一部分或高等教育目标的一个子目标,而没有将其上升为大学转型发展的战略导向,更没有尝试将创新创业制度化地嵌入大学的组织结构。高等教育改革中,以强化科研职能为核心价值和共同准则的研究型范式仍主导着我国的一流大学和一流学科建设。无论是建立新的创新创业型大学,还是推动现有大学向创新创业型大学转变,都没有成为政府高等教育改革的政策选择。其结果是,在"双一流"建设中我国大学虽然在各种大学、学科排行榜上取得了显著的进步,但其对于创新驱动发展的贡献并没有显著地提升,大学自身的创新创业能力仍然相对匮乏。"总的来说,中国和世界领先国的创新绩效依然存在明显的差距。……主要差距还在于中国的创新效率低下。"[①]

在知识经济时代,由于创新驱动发展的需要,大学变得前所未有的重要,但大学的重要性能否变成现实性,取决于大学自身的创新创业能力。只有具备卓越创新创业能力的大学,才能成为经济社会发展的"引擎"。世界一流大学建设进程中,那些研究密集型的大学可能会在排行榜上居于前列,但却未必真的能够有效回应知识经济和知识社会发展对于创新创业的现实需求。在创新不息、创业不止的新时代,大学需要提供给社会的最佳服务和产品,主要不是论文也不是专利,而是足以保障创新创业具有可持续性的制度安排。面对经济社会发展的严峻挑战,没有大学范式的转换作为制度性的支撑条件,创新创业的实现只能交给命运或靠运气。为实现创新驱动发展,传统大学的目的和核心价值观必须更新,范式必须转型。对于我们时代的大学,经济和学术的目标变得同样重要。在从教学型、研究型向创新创业型范式转换的过程中,大学要抛弃学术的自我中心主义,在自身的重要性与服务对象的重要性之间保持必要的平衡,在"价值创造知识"与"知识创造价值"之间建立起良性的循环。

当然,无论是在国内还是国外,现代大学从注重本科教学和基础研究向创新创业的转型发展都是一个连续的、漫长的、多维的过程。如果没有制度环境和制度文化的转型相配合,单凭学者或学科自身的努力很难实现从论文主义转向知识创造价值。在创新创业的过程中,为实现科研成果向实际应用的转化,仅有大学或科学

---

① 傅晓岚.中国创新之路[M].李纪珍,译.北京:清华大学出版社,2017:296.

共同体单方面的努力也还是不够的,学术链和产业链的耦合需要学术界和产业界的共同努力。"组织的知识创造应该被理解为一个'有组织地'放大由个体创造的知识,并且将其结晶为组织知识创造网络的一个部分的过程。这个过程发生在一个广泛的'互动社群'之内,它超越了组织内与组织间的层级和边界的'互动社群'之内。"①由于大学的学术研究和学科建设受政府政策和经费资助的影响,产业界的创新创业也会受政府产业政策和科研发展政策的调控,基于学术和产业的双重螺旋结构并非一种稳定的创新体系。大学和政府是研究、发展和创新的关键合作伙伴。大学领导和政府机构有着共同的愿望:增强合作,将创新思想和研究推向市场以解决现实问题,并建立高速增长的新公司②。简言之,在推进并实现创新创业的过程中,单凭学术界和产业界的努力还很难跨越基础研究和市场应用之间的"死亡之谷"。任何一项创新创业计划或项目的成功,在很大程度上取决于其是否具备充分利用从大学、研究机构、产业界获取知识的能力。为实现创新创业的可持续性必须引入政府作为制度企业家,以实现创新政策和制度安排的有效供给。

实践证明,政府的政策选择可以改变创新创业的制度环境,对于促进学术界与产业界的合作至关重要。政府、学术界、产业界,彼此之间良好的合作关系可以"促进知识、思想、技术向社会转化,加速'创新时代'的发展,以实现国家目标"③。现在问题的关键是,在政府政策的驱动下,创新创业的制度环境已经发生了根本变化,但大学的学科制度和学院文化却没有随之变化。无论是大学本身还是大学内部的群体对于过往的成功仍然执着。保守的学院文化以及对系科制度的路径依赖,已经成为传统大学适应创新驱动发展这一新环境的巨大障碍。"对大学来说,一个明智的做法是,在校园里创建并且促进创业文化,帮助阻止有创业经历的教员流入私营企业。顺着这个思路,大学也许需要采取一些政策,促进创业性

---

① 竹内弘高,野中郁次郎.知识创造的螺旋:知识管理理论与案例研究[M].李萌,译.北京:知识产权出版社,2012:219.
② 美国商务部创新创业办公室.创建创新创业型大学——来自美国商务部的报告[M].赵中建,卓泽林,译.上海:上海科技教育出版社,2016:9.
③ 美国科学院研究理事会.会聚观:推动跨学科融合——生命科学与物质科学和工程学等学科的跨界[M].王小理,熊燕,于建荣,译.北京:科学出版社,2015:15.

思考和学习。伯科维茨等人指出,从下至上改变大学组织以培养有益于学术型企业家和相关技术转移创新的氛围的方法也许是首选。"①当然,这也并不意味着我们要耐心等待学院文化的变迁和创业文化的形成。在学院文化发生变迁之前或在从学院文化向创业文化变迁的过程中,"同样可行的方式是改变游戏规则,消除那些不合意的制度性影响,而增强那些能够在有利方向上发挥作用的制度性影响"②。

最后要指出的是,以创新创业为目标,强调知识创造价值绝不同于大学学术研究的庸俗实用主义。当前在我国大学里不少的自然科学的学科有工程化的倾向,很多人文社会科学的学术研究也有沦为对策之学和智库之学的趋势。表面上看,这些大学里的学术研究好像很注重知识的应用或为经济社会发展服务,但事实上,由于没有把创新创业作为大学的根本利益和核心价值,很多所谓的应用性成果或对策建议,多是"纸上谈兵"或"屠龙之术"。

第三节 创新创业何以成为大学的新范式

在工业社会中,企业的本质是创造利润而非知识。虽然创造利润的过程中也需要知识,但创造知识不是企业的职责更不是主要目的,甚至也不是创造利润的主要手段。企业可能拥有所在行业的某些专门知识,但充其量,企业也只是基于知识的组织而不是创造知识的组织。但随着工业社会向知识社会的转型,知识成为创新创业的源泉,为了实现持续创新或创新的可持续性,基于知识的企业逐渐向创造知识的企业转型。与工业社会关于企业的定位相比,"创造知识的企业"既是有关理念,又是有关理想的概念③。在"创造知识的企业"里,发现新的知识并不是一项

---

① 艾伯特·N.林克,唐纳德·S.西格尔,迈克·赖特.大学的技术转移与学术创业——芝加哥手册[M].赵中建,等,译.上海:上海科技教育出版社,2018:262.
② 威廉·鲍莫尔.企业家精神[M].孙智君,等,译.武汉:武汉大学出版社,2010:55.
③ 竹内弘高,野中郁次郎.知识创造的螺旋:知识管理理论与案例研究[M].李萌,译.北京:知识产权出版社,2012:345.

仅仅由 R&D(科学研究与试验发展)部门、营销部门或战略规划部门管辖的专门任务。它是一种行为方式,实际上,它是一种存在方式。在这种情形下,人人都是知识工作者,换言之,人人都是企业家[①]。

知识社会提供了与工业社会不同的创新环境,也将颠覆我们传统的认知方式。如果说工业社会中创新的对象是机器和流水线,那么知识社会创新的主体则是知识人。在知识社会里,无论何种组织都必须关注知识的创造,并努力成为一个学习型或知识型组织。在此环境下,无论是企业的知识创造还是大学的学术创业,其共同的目标都是为了通过持续创新以维持组织内和组织间的竞争优势。"在新的'知识社会'里,企业成功与否将根据其创造知识的能力来衡量。"[②]同样的,在新的知识社会里,大学的成功与否也将根据其创新创业的能力来衡量。只有那些以最快速度进行并完成"超转型"(hyper-transformation)的大学才能够在创新驱动发展的大时代获得可持续的竞争优势。近年来,作为创新创业型大学的典型代表,麻省理工学院和斯坦福大学的年度专利申请是哈佛的两倍,创办企业数量也是两倍多。他们也从产业部门接收较多的研发资金和专利收入。为强化基础研究与应用研究的合作,促进创新创业,哈佛大学承诺出资建立新的院系,并决定在麻省奥尔斯顿建立新校园[③]。

长期以来,企业和政府一直是创新创业的主体,相比之下,大学则处于创新创业的边缘。工业社会中,大学与企业是不同的组织,代表着不同的制度安排。大学作为一种科学共同体和学科综合体,主要的职能是向学生传播知识,并向不特定的群体公开发布新知识。换言之,大学作为科学的重镇,生产并传播作为公共物品的知识,不关心创新创业;知识的应用或技术创新是企业的天职。但在知识社会里,创新创业的性质和地位发生了根本性的变化,知识的创新成了创新创业的基础,技术的进步"从根本上改变了社会创造知识和经济发展的方式"[④]。在此背景下,政

---

① 竹内弘高,野中郁次郎.知识创造的螺旋:知识管理理论与案例研究[M].李萌,译.北京:知识产权出版社,2012:29.

② 野中郁次郎,竹内弘高.创造知识的企业:日美企业持续创新的动力[M].李萌,高飞,译.北京:知识产权出版社,2006:288.

③ 保拉·斯蒂芬.经济如何塑造科学[M].刘细文,译.北京:北京大学出版社,2016:80.

④ 凯文·凯里.大学的终结:泛在大学与高等教育革命[M].朱志勇,韩倩,等,译.北京:人民邮电出版社,2017:6.

府虽然拥有权力优势并可以强制推动制度变迁或政策出台,企业虽然在资金筹集和信息分享上居于有利地位,但这些都还不足以推动创新创业的普遍发生。与政府、企业以及其他社会机构相比,大学以高深知识的生产、扩散与应用为合法性基础,在创新创业方面拥有先天的"组织优势"。政府可以出台鼓励创新创业的政策和资金支持,企业也可以提供创新创业的市场和信息,但只有大学可以提供创新创业的"资源"和"引擎",即创新的知识。"为了引导这种努力,一些大学站出来做了模范。例如,麻省理工学院实践了快速达成工业上赚钱的许可交易的途径。斯坦福大学,它的参与文化催生了硅谷,已经在打破边界上起了领导作用。另一所在校园里信奉创新的大学是北卡罗来纳大学教堂山分校。在2010年,那时的校长霍尔登·索普启动了创新与创业办公室,目标是帮助教职工、学生和员工'将他们的新想法转化为实际可行的利益并改变世界'。南加州大学近年来也成为科技转化和创新的领导者。"①

当然,要在更大范围将这种先天的组织优势转化为现实的创新创业行动,还需要大学自身组织与制度的革新,以实现从教学型和研究型向创新创业型的范式转变。作为一种新的范式,大学的创新创业既是一个知识创造价值的过程,也是一个价值创造知识的过程。具体而言,所谓创新就是为了价值创造新知识,所谓创业就是将创造的新知识转化为有社会需要的价值。创新是创业的基础,没有知识的创新,创业就没有前途;反之,创业是知识创新的归宿,没有创业,知识创新的价值就很难实现。基于创业的需要可以倒逼知识的创新。对于传统大学而言,知识通常既是资源也是产品,既是输入物也是输出物。但对于创新创业型大学而言,关注的焦点,将不再是以知识生产知识(常规建设),而是要基于价值的需要来生产可以解决问题的新知识,并将知识转化为更大的价值(范式转移)。如果说传统大学培养的是携带知识自由择业的人,那么创新创业型大学所关注的则是如何培养可以利用自身携带的知识通过组建团队以生产新知识,并利用新知识成功创业的人。换言之,在新范式下创新创业型大学重点关注的不再是知识本身或知识生产本身,而是"价值创造知识"和"知识创造价值"的循环。

---

① 史蒂夫·C.柯拉尔,等.有组织的创新:美国繁荣复兴之蓝图[M].陈劲,尹西明,译.北京:清华大学出版社,2017:135.

无论何时,大学的地位或所扮演的角色不是由大学自身决定的,而是由所处的时代环境决定的。在自然资源或金融资本决定经济发展的时代,知识只能作为一种装饰在知识分子的小圈子内部分享或流动。当知识成为经济社会发展的内生变量,大学的地位或大学作为一种制度的比较优势才能凸显。我们时代的经济的增长和发展虽然仍离不开自然资源与金融资本,但对于知识的生产、扩散与应用的依赖性显著提高,创新驱动发展已经成为全世界的共识。在新的知识社会里,大学要从知识工厂转向创新引擎,大学的使命要从学术导向向创业导向转变,大学的知识生产范式及其自身的组织范式,将不可避免地面临综合转型。在新的知识社会里,就像企业作为一个组织,"不仅是处理信息的机器,而且还是一个通过行动和相互作用创造知识的实体"[1]。大学作为一个组织,也不仅是传播与生产知识的机器,而且还是一个通过知识生产、扩散与应用来创造价值(创新创业)的实体。

传统上,教学型大学以知识的传播为主,被视为"知识的仓库",研究型大学以知识生产为重,被视为生产知识的工厂。"在知识经济时代,'知识工厂'已远远不能满足经济发展的需要了,需要大学直接参与到经济发展中来,于是'知识创业'形态诞生了,即利用大学的知识直接创造新的企业。"[2]知识创业的兴起颠覆了大学"无私利"和"不营利"的传统,改变了人们对大学的组织特性和制度逻辑的认知,以知识创业为基础的创新创业型大学也因此可以被视为一种"颠覆性创新"。与在教学型大学和研究型大学里处在边缘位置的社会服务职能不同,在以创新创业为范式的大学里,基础教学与科研之外的创新创业行为成了大学的中心工作。"知识创业或称知识资本化与大学研究成果的产业化进入大学议程,大学正发生着从象牙塔向创业范式的演变。"[3]

在创新创业范式的引导下,通过市场机制的引入,创新创业型大学打破了传统

---

[1] 竹内弘高,野中郁次郎.知识创造的螺旋:知识管理理论与案例研究[M].李萌,译.北京:知识产权出版社,2012:88.

[2] 张学文,陈劲.面向创新型国家的产学研协同创新:知识边界与路径研究[M].北京:经济科学出版社,2014:78.

[3] 张学文,陈劲.面向创新型国家的产学研协同创新:知识边界与路径研究[M].北京:经济科学出版社,2014:37.

大学与企业的知识边界(科学共和国与技术王国),弥补了大学知识生产非市场治理机制下不可避免地存在的局限,提升了大学在经济社会发展中的地位。在市场治理机制下,"作为科学共和国的大学具有了技术王国的一些特性,企业也具有了大学基础科学研究的功能,也开始遵循开放科学的规范,两者的关系从互补开始走向互动,主要以交互为主。这种模式可以使大学取得更有价值的、接近市场的、具有重大经济意义的研究成果,企业可以获得相应的科学研究能力,为可持续的发展提供有力的保证"[1]。简言之,创新创业范式的出现也可以看作大学作为一种社会机构在知识生产治理机制上的创新。

面向未来,作为人类社会知识创造的中心和典范,现代大学在知识社会面临严峻的挑战。如果说那些非知识型组织在知识社会面临的挑战是如何成为知识创造的组织,那么大学作为创造知识的制度性场所,其面临的挑战则是如何推动或促进知识创造价值。为实现知识创造价值,大学必须实现范式转换,即从创造知识的组织(研究型大学)向知识创造价值的组织(创新创业型大学)转型。"大学在努力增加对学术创业的正强化、责任以及回报的同时,也应该在升职和教职任期政策方面考虑创业成果,比如发明、专利、许可以及创立衍生企业。"[2]与"创造知识的企业"一样,"创新创业型大学"也既是有关理念又是有关理想的概念。一方面创新创业型大学反映了知识社会中大学理念的更新,即在创新驱动发展的新时代,大学自身要成为创新创业系统的一部分;另一方面创新创业本身也是大学的一种理想。大学就是大学,原本无所谓的"型"。创新创业的实现也没有确定的标准,创建创新创业型大学更多的是表明了在知识社会中大学应致力于追求"创新创业"的愿景。作为可以拉近现实世界与未来之间距离的愿景,"创新创业"是大学生存和发展理由的核心所在,它既是大学的理想又是梦想。未来,无论何种类型的大学最终都必须也必然走向创新创业。以知识服务经济社会发展是大学的最终目的。

为创建创新创业型大学,无论大学校长、教授还是政府官员,在关于创新创业

---

[1] 张学文,陈劲.面向创新型国家的产学研协同创新:知识边界与路径研究[M].北京:经济科学出版社,2014:97.
[2] 艾伯特·N.林克,唐纳德·S.西格尔,迈克·赖特.大学的技术转移与学术创业——芝加哥手册[M].赵中建,等,译.上海:上海科技教育出版社,2018:262.

这一根本问题上要有共同的价值观和准则。创新创业型大学的创建既不可能完全依赖政府自上而下的顶层设计,也不可能全凭传统范式的大学自发自觉自动地向创新创业型大学演进。创新创业作为大学转型发展的新范式的普及需要一个理论与实践相互作用的漫长过程。我们需要"朝着从转型到可持续性的转型概念移动"[①]。其间既需要政府的政策驱动,大学的组织变革与制度创新,也需要理论界对于大学观念的更新和大学的转型发展实践不断启蒙。毕竟找到一位支持或赞同创新创业理念或范式的大学校长容易,甚至激励大学教师和学生投身创新创业实践也相对容易,但要使已经高度科层化的大学组织制度适合创新创业,要使庞大的职能部门及其领导愿意并有能力支持创新创业行动却委实不易。传统上,大学是一个"底部沉重"的组织,中层管理者的重要性被忽视,经常沦为"消失的阶层"。创新创业的实现需要一个"强有力的驾驭核心"[②],中层管理者在创新创业过程中需要发挥承上启下的重要作用。为促进创新创业大学的创建和创新创业范式的普及,需要政府部门、产业界、大学校长、研究者和相关支持部门的共同努力,更需要大学本身建立起能包容和支持创新创业的组织结构,以提供制度上的支持。

总之,从传统大学向创新创业型大学的转型不是大学某一职能的单一转换或仅仅是增加一个新的职能,而是涉及大学自身"跨越多维度的多重转换",这种转换"必将涉及一个动态、交互式和同步过程"[③]。而之所以需要将创新创业作为大学转型发展的新范式,根本在于,一方面将创新创业作为大学的核心价值和共同准则,可以明确大学改革发展的根本利益所在,从而为大学的办学行为提供结构框架和指导原则,使看似混乱的个人目标和集体行动能够形成一种合力;另一方面它可以对原本弥散在大学里偶然的、零星的、自发的创新创业过程与行为进行系统思考与管理,最终使那些不确定的创新创业过程变成大学确定的职能和制度化的组织行为,以避免把创新驱动发展的时代使命交给命运或运气。在创新驱动发展的新时代,一方面大学需要成为国家创新创业系统的有机组成部分,另一方面创新创业

---

① 伯顿·克拉克.大学的持续变革——创业型大学新案例和新概念[M].王承绪,译.北京:人民教育出版社,2008:96.
② 伯顿·克拉克.建立创业型大学:组织上转型的途径[M].王承绪,译.北京:人民教育出版社,2003:4.
③ 野中郁次郎,竹内弘高.创造知识的企业:日美企业持续创新的动力[M].李萌,高飞,译.北京:知识产权出版社,2006:288.

本身也需要成为大学的重要组成部分。在实现创新创业的过程中,伴随大学"统一的目标"被"多目标办学"所取代,目标之间的平衡,工作时间的分配,利益相关方之间的价值冲突,将不可避免地对现代大学的转型发展与治理造成新的挑战。对于那些以建立创新创业型大学为目标的高校领导来说,如何"驾驭"所在大学,扮演好多种角色,并成功地在多种环境下进行本科教学、基础研究和创新创业的竞争,将成为检测他们的愿景领导力和大学治理能力的关键所在。

第二编

"双一流"建设

第五章 "双一流"建设背景下我国大学高层次人才引进政策分析*

"双一流"建设背景下,大学与学科排名的竞争导致高层次人才非正常流动,其突出表现就是大学高层次人才"商品化"。人才引进实践中"明码标价"既有可能促进大学重视人才的价值、加速一流大学与一流学科建设,也有可能造成资源浪费、破坏学术生态、加剧办学中的功利主义。为保障"双一流"建设的顺利实施,需要规范我国大学学术管理中的"资本"主义倾向,通过培育良性竞争的学术生态,使高层次人才流动从"资本"主义向"学术本位"转变。

自 2015 年 10 月国务院发布《统筹推进世界一流大学和一流学科建设总体方案》以来,诸多大学紧锣密鼓地布置"双一流"建设工作。在《统筹推进世界一流大学和一流学科建设实施办法(暂行)》出台之前,大学之间已经拉开了"金钱大战""人才大战",争先恐后地开出高价,在国内外引进高层次优秀人才,引起了社会各界的关注和热议。2017 年全国两会期间,教育部长陈宝生就大学"挖人大战"进行回应,称今后将建立制度来遏制恶性竞争。教育部办公厅在 2017 年 1 月发布的《关于坚持正确导向促进高校高层次人才合理有序流动的通知》也特别强调,"不鼓励东部高校从中西部、东北地区高校引进人才;高校之间不得片面依赖高薪酬高待遇竞价抢挖人才,不得简单以'学术头衔''人才头衔'确定薪酬待遇、配置学术资源"。但事实上,当前我国大学间关于高层次人才等稀有资源的竞争仍越演越烈,拥有各类"帽子"的优秀高层次人才成为大学竞相招揽的主要对象。其结果是,在"资本"力量的左右下,我国大学高层次人才流动呈现出"非正常"的状态。

---

* 本章由王建华、郭书剑合作撰写。

对此，需要引起高度警惕。

第一节　我国大学高层次人才引进政策文本分析

在"双一流"建设背景下，我国大学普遍改革或重新制定了高层次人才引进政策，以为人才引进工作做好前期政策准备。2017年5月，笔者通过网络调查了分布在我国大陆地区31个省、直辖市、自治区的大学，通过其人事部门官网，共获取到140所大学有关高层次人才引进的政策文本，其中东部地区"985"大学14所、"211"大学14所、普通地方大学30所，中部地区"985"大学3所、"211"大学8所、普通地方大学19所，西部地区"985"大学5所、"211"大学13所、普通地方大学27所，东北地区（吉林省和黑龙江省）"985"大学1所、"211"大学2所、普通地方大学4所。

什么样的人才是高层次人才？目前国内大学在人才引进实践中对"高层次人才"的内涵与指向已达成较为一致的看法。通过政策文本分析，可以发现，我国大学认定高层次人才的标准，主要包括以下几点：一是拥有国家最高学术称号的个人，如两院院士。二是国家部委专项高层次人才计划入选者，"长江学者奖励计划"入选者、中组部"海外高层次人才引进计划"（简称"千人计划"）入选者、中央人才工作协调小组"国家高层次人才特殊支持计划"（简称"特支计划"，又称"万人计划"）入选者等。三是国家级科学基金项目获得者，如"国家杰出青年科学基金"项目获得者、国家自然科学基金优秀青年科学基金项目获得者。此外，如"973计划"或"863计划"课题负责人、教育部哲学社会科学研究重大攻关项目首席专家等也被视为高层次人才。四是国内公认的重大奖项获奖者，如国家自然科学奖、技术发明奖、科技进步奖、高等学校科学研究优秀成果奖、国家级教学成果奖一等奖获得者等。根据调查，我国不同地区、不同层次高校招聘的优秀高层次人才，主要包括两院院士、"长江学者奖励计划"入选者、"千人计划"入选者、"万人计划"入选者以及国家杰出青年科学基金项目获得者、国家自然科学基金优秀青年科学基金项目获得者等。绝大部分大学主要引进上述四类人才;少数大学具有国际视野,其高层次人才政策也涵盖其他国家最高学术称号获得者、国际顶尖奖项或国际公认著名奖项获得者,例如诺贝尔奖、菲尔兹奖获得者,又如沃尔夫奖、邵逸夫奖、阿贝尔奖、肖邦奖获得者等。通过梳理140所大学高层次人才引进政策,可以发现我国不同地区、不同层次大学高层次人才需求状况大致如下:

表 5-1 我国不同地区高校高层次人才需求统计表　　单位:所

地区	高校	院士	长江（特聘）	千人（长期）	万人（领军）	国家杰青	长江青年	青年千人	万人青拔	国家优青
东部	985	2	12	8	1	6	4	14	3	4
	211	10	12	12	7	10	8	12	8	9
	普通	27	28	25	22	25	11	20	17	19
中部	985	0	1	0	1	1	1	3	1	1
	211	3	7	6	5	5	7	7	4	5
	普通	15	18	18	11	17	6	11	11	9
西部	985	1	3	4	1	1	3	5	1	1
	211	6	13	8	4	6	5	9	5	3
	普通	21	25	20	14	20	6	15	15	12
东北部	985	0	1	1	1	0	0	1	0	0
	211	1	2	2	2	2	2	1	1	1
	普通	2	3	1	1	3	0	1	1	1
总和	140	88	125	105	70	96	53	99	67	65
百分比(%)	100.00	62.86	89.29	75.00	50.00	68.57	37.86	70.71	47.86	46.43

注:表中统计数据根据笔者于2017年5月所搜集到的各高校人事部门相关信息整理而成。下同。其中排除模糊数据,仅统计各高校于招聘启事中明确提及所需人才类型的高校数量。

如上表所示,不同地区、不同层次大学对不同类别高层次人才的需求情况不同。国内大学对"长江学者"特聘教授与"千人计划"长期项目人才的需求较大。前者对89.29%的大学具有吸引力,75.00%的大学对后者有兴趣;此外,占样本总量一半的大学积极引进"万人计划"领军人才。值得关注的是,各领域具有潜力的青年人才正成为国内大学的"新宠","四青"(包括国家"青年千人计划"入选者、"万人计划"青年拔尖人才、"长江学者奖励计划"青年学者、国家"优秀青年基金"获得者)正成为各大学竞相争取的对象,70.71%和47.86%的大学向国家"青年千人计划"入选者、"万人计划"青年拔尖人才入选者伸出橄榄枝。此外,还有两类现象体现在新一轮人才竞争中:其一,同一地区普通大学对高层次人才的需求度远远超过"985"和"211"大学,例如,东部地区90%的普通大学在其招聘公告中明确提出引进两院院士,其次是"211"大学(占比为71.43%),仅有14.29%的"985"大学在人才政策中引进两院院士;其二,中部和东北部地区对高层次人才的需求度较高,如中部地区76.67%的大学、东北地区71.43%的大学招聘公告面向"国家杰出青年科学基金"项目获得者,东部地区则以70.69%的占比超过西部地区的60.00%。

我国大学引才方式和思路基本相似,即对高层次人才进行分类、定级,并在此基础上提出招聘条件、人才支持条件或薪资待遇。调查发现,国内大学一般将高层次人才分为三大类:第一类包括中国科学院院士、中国工程院院士、"万人计划"杰出人才以及海内外具有与此相当学术地位和成就的专家学者;第二类包括"千人计划"创新人才长期项目入选者、"万人计划"领军人才、"长江学者"特聘教授、自然科学基金杰出青年科学基金项目获得者以及海内外具有与此相当学术地位和成就的专家学者;第三类包括"青年千人计划"入选者、"万人计划"青年拔尖人才、国家自然科学基金优秀青年科学基金项目获得者、"长江学者奖励计划"青年学者项目获得者以及海内外具有与此相当学术地位和成就的专家学者。各个大学对不同层次人才提出不同招聘条件,但一般包含年龄、头衔、职称状况、工作经历、科研能力(成果)等。大学为高层次人才所提供的配套条件与薪资待遇等是各个大学高层次人才政策的主要部分,也是吸引高层次人才的亮点。据调查,各个大学普遍重视做好引进人才服务和支撑工作,采取直接而又速成的方式以吸引人才并激发其工作积极性。如大部分学校明确引进人才薪酬、科研启动经费、住房面积或购房补贴、一次性生活补贴或安家费;此外,大学还在办公环境、团队建设、职称评定、招生等方面给予引进人才政策支持,并帮助解决配偶工作、子女入学等问题。可以说,大学为引进高层次人才投入了高成本,提供全方位、多方面的支持。

由于经济发展水平以及学校办学水平的差异,我国不同地区、不同层次大学为不同类别高层次人才在年薪、科研经费、住房面积、一次性生活补贴或安家费等方面提出了不同资助标准。经统计,我国大学高层次人才引进资助政策呈现下述几个特征:首先,在同一地区,普通地方大学为第一、第二、第三类高层次人才提供的平均薪资待遇普遍高于"985""211"大学。如表5-2所示,我国东部地区普通地方大学为引进两院院士等第一类别人才所提供的平均年薪为193万—246万元、平均科研经费为667万—1 500万元、平均住房面积达200平方米、平均一次性生活补贴或安家费为450万元,而"985""211"工程大学提供的支持条件都远不如前者。其次,对于同一层次大学而言,西部与东北部地区为不同类别高层次人才所提供的薪资待遇总体上落后于中部与东部地区。如表5-3所示,在80所普通地方大学中,东部地区为高层次人才提供的平均年薪和平均生活补贴或安家费高于其他地区,而中部地区为高层次人才提供的平均科研经费和住房面积普遍高于其他地区。

表5-2 我国东部地区高校高层次人才引进薪资待遇对比表

地区	高校	高层次人才	平均年薪（万元）	平均科研经费（万元）	平均住房面积（m²）	平均生活补贴或安家费（万元）
东部	985	第一类	≥110	—	—	—
		第二类	65—85	200—300	—	110
		第三类	40—50	100—300	120	65
	211	第一类	80—135	500—1 000	135	280
		第二类	52—83	350—678	120	200
		第三类	36—46	161—323	90	120
	普通	第一类	193—246	667—1 500	200	450
		第二类	72—119	287—518	175	200
		第三类	46—75	196—234	150	150

表 5-3 我国普通地方高校高层次人才引进薪资待遇对比表

高校	地区	高层次人才	平均年薪（万元）	平均科研经费（万元）	平均住房面积（m²）	平均生活补贴或安家费（万元）
普通	东部	第一类	193—246	667—1 500	200	450
		第二类	72—119	287—518	175	200
		第三类	46—75	196—234	150	150
	中部	第一类	75—118	1 429—1 700	200	200
		第二类	48—83	679—1 105	187	100
		第三类	31—50	321—675	160	70
	西部	第一类	85—148	833—876	180	300
		第二类	63—86	238—548	150	160
		第三类	40—72	138—331	120	80
	东北部	第一类	/	300—583	200	150
		第二类	/	100—500	/	100
		第三类	/	500—1 000	100	100

注：1. 由于各高校人才招聘信息对高层次人才引进薪资待遇表述多有不同，为进行不同地区和高校间的比较分析，在表 5-2 和表 5-3 中，笔者对所获数据进行均值统计；2. 表中"/"表示暂无获取相关数据。下同。

对同一类别高层次人才而言，不同地区不同层次大学提供的薪资待遇情况较为复杂。试以第二类高层次人才为例（如表 5-4），东部地区普通大学提供的平均年薪和平均住房面积高于其他两个层次大学，而"211"大学为人才提供的平均科研经费是"985"大学的两倍左右；中部地区"985"大学为人才提供的支持条件全面落后于其他两个层次大学，而西部与东北部地区则与之相反，后两者"985"大学为人才提供具有优越性和竞争力的年薪与住房条件等。此外，西部与东北部地区"985"大学为吸引人才不得不承诺更高的年薪与科研经费，与之相似的是中部的"211"大学，但是东部与中部地区的普通地方大学提供的薪资明显高于西部与东北部地区。

表 5-4　我国高校长江(特聘)、千人(长期)、万人(领军)与国家杰青人才薪资待遇对比表

高层次人才	地区	高校	平均年薪(万元)	平均科研经费(万元)	平均住房面积(m²)	平均生活补贴或安家费(万元)
长江(特聘)千人(长期)万人(领军)国家杰青	东部	985	65—85	200—300	—	110
		211	52—83	350—678	120	200
		普通	72—119	287—518	175	200
	中部	985	60	500	—	100
		211	68—109	400—1 167	—	100
		普通	48—83	679—1 105	187	100
	西部	985	60—100	—	224	40
		211	70—75	363—465	120	146
		普通	63—86	238—548	150	160
	东北部	985	60—85	≤1 000	—	150
		211	30—120	200—300	—	40
		普通	—	100—500	—	100

综上,我国不同类型高层次人才的"身价"因地而异、因校而异、因人而异。大趋势是,高层次人才的"市场价""行情价"随着各地区、各高校的竞争和博弈逐步在学术劳动力市场水涨船高。与西方国家相比,我国大学在优秀高层次人才引进、聘任等方面存在特殊性,由其引发的教师流动也存在诸多不同之处。具体而言,在引进优秀高层次人才时,我国大学倾向于将各类人才计划与薪酬或待遇直接挂钩,人才犹如市场中的商品,被大学以不同的价码揽入"囊中"。其结果是,以彰显学识、技能、成就及身份的各类"人才计划"入选者,如今成了各大学人才引进工作的重点对象。

第二节　我国大学高层次人才"商品化"的利弊分析

按资本主义的逻辑,一切皆可"资本化"或"商品化"[①]。我国大学将高层次人才分类、定级并"明码标价"的引才策略就反映了高层次人才的"商品化"。早在20世纪90年代,国内就曾围绕"人才是否是商品"展开过激烈探讨。其中,有人结合市场经济本质因时制宜地指出人才是商品,其不仅具备了商品的本质特点,还具备了商品的自然属性与社会属性,因此人才是能够用来交换进而满足人们某种需要的,且从根本上来说人才也是由抽象的一般人类劳动所凝结而成的[②]。当年的论断如今已被现实所佐证。大学高层次人才不但成了商品,而且已在"商品化"的路上越走越远。随之而来的大学高层次人才流动本质上便成为"智识产权"(intellectual property)在学术市场中的交换与流通。大学高层次人才"商品化"是一把"双刃剑",我们需要对这一利弊共存的现象进行审慎思考并做出客观评价。

一、大学高层次人才"商品化"有"利"可图

首先,大学高层次人才"商品化"有利于变通事业单位制,进而推动人才的自由流动。我国大学属于事业单位系统中的重要组成部分,事业单位属性使我国大学在组织功能、制度设计、结构安排、人员关系等方面区别于西方大学。大学单位制度的基本特征就是绝大部分职工都工作与生活在一个正式组织里,大学不仅要完成其社会功能——教学、研究等,还需要负责职工生活的照应,因而也是一个具有正式社会功能的工作生活共同体[③]。在这种体制下,大学与教师之间存在深刻的层级控制和依赖关系,教师很难在不同大学之间自由流动。自20世纪80年代中期以来,大学人事制度改革一直沿着从单位人才所有制到聘任制的主线推进,但

[①] 王建华.资本主义视野中的大学[J].教育发展研究,2016(9):3.
[②] 周小龙.市场经济呼唤人才商品化[J].江苏高教,1993(3):27.
[③] 赵炬明.精英主义与单位制度——对中国大学组织与管理的案例研究[J].北京大学教育评论,2006(1):182.

实质性的突破仍未出现。源自体制的矛盾在漫长改革中进一步集聚,一方面大学教师流动促进人才成长、优化组合智力资源等积极意义日益获得人们认同,另一方面单位制又成为大学教师流动的"拦路虎"。变革大学单位制势在必行。大学高层次人才"商品化"可谓祛除单位制对于人才资源超强控制的一剂猛药。物的"商品化"意味着基于价值规律之上的自由交换与流通,高层次人才的"商品化"意味着拥有知识资本的高层次人才在学术劳动力市场中能够自主选择交易对象、自主协定交易金额。实践中学术管理资本主义与高层次人才"商品化"的联姻最终促成知识与金钱的交换、声誉与金钱的交换,进而便是学术劳动者岗位的变动、雇主的变更以及自身的流动。"商品化"的高层次人才与大学之间签订雇佣劳动合同以取代人事档案,以法律契约取代人身依附,大学事业单位属性下的人事制度得以变通,大学教师流动获得了基于学术生产力普遍承认之上的合法性。

其次,高层次人才"商品化"有利于优化资源配置,进而加速世界一流大学与一流学科建设进程。"商品化"犹如催化剂瓦解了大学单位制与高层次人才之间的依附关系,高层次人才流动被赋予合法性,这是我国建设世界一流大学与一流学科的前提。依据人力资本理论,人力资本具有趋利性、高增值性、时效性、能动性等多重资本属性,这不仅说明了人才流动的必然性,还决定了人才的基本流向。大学高层次人才是人力资本的富集体,其高增值性远远超出趋利本能,他们对大学声望以及自身学术声誉更具趋向性。现在入选"双一流"建设高校名单的正是那些学术声望高、综合实力强、资源丰厚、人才济济的大学和学科,而要真正建成"双一流"更必须依赖高层次人才(科学精英)的汇聚。

对大学而言,通过学术管理资本主义的方式引进高层次人才,这犹如为大学发展与学科建设配备了"加速器"。从历史的经验看,很多大学的崛起也与人才引进中的"金钱战略"密不可分。譬如,美国芝加哥大学之父——威廉·林尼·哈珀在19世纪末20世纪初开始了近乎偏执和狂热的"人才挖掘运动"。在洛克菲勒等商界巨头的大力资助下,哈珀一上任就遍访全美,寻找一流人才。他曾说服8位在任大学校长和近20名系主任辞职而选择芝加哥,他还从耶鲁大学引进教授,用双倍薪金"挖"走了克拉克大学15名教授和一半的研究生。从1891年到1894年,哈珀神速地将芝加哥大学推上美国高等教育与科学研究的高峰,使之得以与东部大学相媲美。芝加哥大学的崛起开辟了一所大学从其他大学窃取学者以获得学术地位的捷径①。此外,长期濒临破产的纽约大学在20世纪80年代能够重新振奋,进而成为著名学府的重要策略就在于将自身化为"职位机器",用可观的高薪吸引大批明星教授并使其留下来②。又如,香港科技大学凭借可与其他发达国家同行相媲美的薪酬水平积极主动招募杰出学者与科学家,这一关键举措使其在建校10年内便跻身国际研究型大学前列③。

二、大学高层次人才"商品化"其"弊"堪忧

首先,大学高层次人才"商品化"引发大学人才大战等恶性竞争,加剧功利主义。在"双一流"建设高校名单还未出炉之际,各层次各类大学之间的竞争就逐步升温。有学校凭借丰厚资源招揽人才,为各类高层次人才配备的科研启动经费最高可达5 000万元;更有学校以"简单粗暴"的广告吸引眼球,直接发布"以百万年薪+千万资助诚聘海内外高层次人才"的信息;还有学校为高层次人才提供高规格待遇,配备专车、提供独栋别墅、可拎包入住等名目繁多的待遇。除了大学之间的竞争外,各级地方政府之间的人才竞争亦从幕后转到台前。多渠道、多方式、高资助引才成为地方政府发展高等教育的最主要竞争策略,项目招标、岗位特需、海外筑巢、亲情乡情等成为引进"高精尖"人才的渠道;还有的地方侧重柔性引才,即以不改变原有国籍、户籍、身份和人事关系,不定时兼职、科研与技术合作的方式引进急需紧缺人才,同时在项目申报、创新创业等方面享受优惠政策和高额资助。地方政府与大学合作"竞才"进一步促进了大学高层次人才的非正常流动,助燃大学"抢夺"高层次人才的火焰,抬高大学高层次人才的市场价格,最终导致此种竞争走向无序或失控。

某种意义上,"双一流"建设背景下我国大学高层次人才引进大战也反映了地方政府与大学对"双一流"建设的认识不清。何谓"世界一流大学""世界一流学科"?如何建设"世界一流大学""世界一流学科"?对于地方政府与大学而言,上

---

① 大卫·科伯.高等教育市场化的底线[M].晓征,译.北京:北京大学出版社,2008:68.
② 大卫·科伯.高等教育市场化的底线[M].晓征,译.北京:北京大学出版社,2008:68.
③ 菲利普·阿特巴赫,贾米尔·萨尔米.世界一流大学:发展中国家和转型国家的大学案例研究[M].王庆辉,王琪,周小颖,译.上海:上海交通大学出版社,2011:49-51.

述问题的答案具有极大的不确定性,而不确定性导致了盲目性。地方政府与大学索性将重点锁定在两个方面:一个是"钱",不切实际地砸钱;一个是"人",不假思索地抢人。

其次,大学高层次人才"商品化"所引发的恶性竞争会导致严重的资源浪费。如罗伯特·弗兰克所言,"一切(学校之间的)公开竞争的结果都是不利的……竞争动力……实际上确保的是一种社会浪费的机制"[①]。在美国,当学生、教师和大学下的赌注越来越大的时候,政府号召并组织大学签订"地区军备控制协议"以限制奖助学金与薪资待遇不可预计的猛增态势。目前我国大学尚无由政府主导的高层次人才区域定价协议,围绕有限人才资源而产生的无限竞争,在没有明显增加人才数量的同时反而大大抬升了人才价格、增加了大学成本。高层次人才价格战中"贫穷"的大学必将被"富裕"的大学所战败。其结果便是后者将前者用相当可观的费用培养出来的高层次人才"掠夺式"地挖走,后者的资源损失不可估量。那些在竞争中处于不利地位的大学希望先"筑巢"后"引凤",纷纷拨出专款建造新的校区、新的办公大楼、新的高级实验室、新的教师公寓等,但最终的引才结果往往不容乐观,大部分新楼与设备闲置。为吸引高层次人才所投入的大量人力资源、货币资源、广告资源与时间资源等也面临打水漂的危险。

再次,大学高层次人才"商品化"会破坏学术生态,不利于大学可持续发展。在知识经济时代,大学教授所面临的外部诱惑越来越多,大学内部生态系统遭遇资本市场的冲击而变得越来越脆弱。刘东就指出,大学首先需要的是保守,即对于传统学术生态的最为精心的环境保护,这其实比任何改革都更加紧要[②]。高层次人才"商品化"对于学术生态的破坏体现在:"商品化"扭曲了大学对教师的奖励模式,进而导致学术资源分配严重失衡。在马太效应作用下,高层次人才与普通教师之间较大的收入差距、紧张的工作关系,带给后者较强的不公平感与失落感。此外,高层次人才的"商品化"还扭曲了大学教师的晋升模式。比如,在哈佛大学,其从世界各地挖来的"新人"占据了大多数资深教席,而资历较浅的"老"教师极少有

---

① 大卫·科伯.高等教育市场化的底线[M].晓征,译.北京:北京大学出版社,2008:28.
② 刘东.保护大学生态[J].书城,2003(8):32.

机会获得终身教职①。对大学教师而言,高层次人才的"商品化"具有极强的诱惑性,金钱刺激也使引发高层次人才流动的复杂因素单一化,即"唯利是图",最终,"知识分子的理性主义让位给了实用主义和一种明显的对待生活的工具主义态度"②。"铁打的大学,流水的教授",与日俱盛的浮躁气正在侵蚀教师对院校和学科的忠诚,高层次人才短时期内多次流动现象越来越普遍。长此以往,很多大学可能在人才价格战中被拖垮,引发校内经济危机。

第三节 规范高层次人才引进: 从"资本"主义到"学术本位"

  大学高层次人才"商品化"源于学术管理资本主义。"在市场化和商业化的基础上,所谓的学术管理资本主义就是要通过市场来招贤纳士,并实现贤能治理。"③随着学术管理资本主义悄无声息的蔓延,大学的管理者自觉或不自觉地将其运用在高层次人才引进工作上。当前,在我国高等教育市场机制尚不成熟,政府成为学术管理资本主义的"推手",各类"人才计划""人才头衔"被一批批创设出来,进而抛向高等教育界。随之大学便根据官方各级人才名录"照单点菜"式地发布人才招聘公告,"明码标价""花钱买人"。
  作为一种现象,"学术管理资本主义"最早出现于德国大学由近代向现代转型过程中,是在政府与市场的合力下诞生的。一方面,从18世纪到19世纪初,德国政府官僚主义试图掌管并操纵大学学术活动,形成了序列排名与量化评分的精致体系。评分制将大学内部社会身份和资历的传统性权威转换为现代理性的权

---

① 詹姆斯·杜德斯达.21世纪的大学[M].刘彤,屈书杰,刘向荣,译.北京:北京大学出版社,2005:124.
② 弗兰克·富里迪.知识分子都到哪里去了——对抗21世纪的庸人主义[M].戴从容,译.南京:江苏人民出版社,2012:33.
③ 王建华.资本主义视野中的大学[J].教育发展研究,2016(9):6.

威①。政府通过理性化的考试、绩效评估等手段对学者知识和技能加以确认,并赋予其新的卡里斯马(charisma,超凡魅力),打造出了若干拥有巨大声誉的人。另一方面,从18世纪30年代到19世纪60年代,德国学界拥有一个不断扩张的市场,将一切有关学术生产和工作所需的资源尽收其中,大学与大学之间、学者与学者之间、大学与学者之间依靠市场进行着物质、信息、知识和技能的交换。包括大学教师在内的学术资源全部商品化,大学不得不通过"出价""抬价""再出价""再抬价"的谈判和博弈来竞争这些拥有巨大声誉的学者。与旧有的行会管理模式相比,在学术管理资本主义模式下,"大学教师要获得任命或晋升,就要取得'赞誉'并积攒名声"②。大学教师的名声在政府评价、市场竞争中不断积攒起来,最终成为大学教师无形的"商标"。学术的商品化进而导致大学挖人的价格快速攀升,超过了凭资历所能达到的顶点③。

当前在我国高校高层次人才引进实践中,学术管理资本主义有两重含义:一是指"学术成果管理资本主义",即大学对教师所取得的学术成果的管理。具体做法是,大学将教师所获得的学术成果或荣誉进行分类分级,然后直接以"金钱"奖励和支持的方式发放给教师。二是指"学术人管理资本主义"(或"学术生产者管理资本主义"),即大学对教师本身的管理。具体做法是,大学先行划分设定若干类别和层次的"人才域"并将其与"金钱"挂钩,如果教师以人才引进、职务晋升、岗位流动等方式进入上述"人才域",其便可获得相应的资助。由于学术成果是衡量教师学术价值的根本标尺,教师获取学术成果的过程是个人资本积累的过程,因此大学对教师学术成果的重视导致学术成果管理资本主义,进而促进学术人管理资本主义。二者彼此相连、密不可分,共同构成大学学术管理资本主义。学术成果管理资本主义和学术人管理资本主义共同加速了大学高层次人才引进的"商品化"。

---

① 威廉·克拉克.象牙塔的变迁:学术卡里斯玛与研究性大学的起源[M].徐震宇,译.北京:商务印书馆,2013:157.
② 威廉·克拉克.象牙塔的变迁:学术卡里斯玛与研究性大学的起源[M].徐震宇,译.北京:商务印书馆,2013:14.
③ 威廉·克拉克.象牙塔的变迁:学术卡里斯玛与研究性大学的起源[M].徐震宇,译.北京:商务印书馆,2013:460.

如前所述,大学间对高层次人才的竞争提升了大学教师的平均收入,打通了高层次人才流动渠道,有利于人力资源合理配置。但是,对优异、奖励、优先权和金钱的竞争程度如此之高,以至于一些大学和教师忽视了他们在其他方面应该承担的责任[①]。为规范高层次人才流动,大学的学术管理应从"资本"主义转向"学术本位"。在"双一流"建设背景下,大学高层次人才引进从"资本"主义向"学术本位"的转变离不开政策与制度环境的改变。毕竟,在我国学术管理资本主义是政府与大学互动和共谋的产物,支配高层次人才流动的"杠杆"牢牢掌控在政府与大学手中。具体而言,我国大学引进高层次人才的主要逻辑是先不计成本地将钱花出去以获取或备齐符合政府支持方案的若干指标,然后通过高指标"装点门面"以迎合政府评估,最终争取获得在政策、金钱等方面的优先受益权。究其根本,我国大学高层次人才分类、定级的头衔不仅反映了人才学术水平的高低、学术成果的多少,更意味着人才未来获得政府资助的多少。可以说,我国大学高层次人才头衔不仅具有学术价值,更具有功利价值或资本价值。正是学术头衔的功利化与资本化激起了大学对高层次人才的抢夺行为。

与我国相比,国外极少会以头衔作为标准并使其与薪酬、研究资源挂钩的方式来介入学术,人才头衔和各类荣誉仅仅是象征性的学术认可而已[②]。因此,为扼制高层次人才"商品化",要弱化资本因素的刺激、规范高层次人才的非正常流动,政府应改革高层次人才资源分配制度和激励机制,适度剥离各类人才计划与资源投入的关系。遗憾的是,当前各级政府正越来越深地卷入强力支持区域大学高价竞争高层次人才的游戏。许多政府工作报告中往往会涉及本地区拥有多少两院院士、多少"长江学者"、多少"青年千人"、多少国家级科研基金、多少国家级重点实验室等等,虽然这些数据在一定程度上能够反映一个地区高等教育发展水平、科研实力、人才实力,但是过分强调指标的重要性,则会异化政府管理者的施政理念,进而走入只重多出政绩、快出政绩以及重近轻远的误区。

为保障大学的可持续发展,引导高层次人才流动从"资本"主义到"学术本位"

---

① 唐纳德·肯尼迪.学术责任[M].阎凤桥,等,译.北京:新华出版社,2002:184.
② 阎光才.学术等级系统与锦标赛制[J].北京大学教育评论,2012(3):15.

转变,大学自身也责无旁贷。克莱顿·M.克里斯坦森(也译为克雷顿·克里斯滕森)认为,持续性创新采用持久性技术把业务做得更大更好,其共同点是"它们按照主要市场中大多数用户历来重视的那些方面来改进已定型产品的性能"①。市场的当前占有者正是以持续性创新为思路,在现有条件下持续追求规模庞大、资产雄厚、产品先进、顾客众多的方向。"双一流"建设背景下,我国部分大学正不计成本与代价地努力延续规模化、综合化、人才富集化的发展路子,积极参与高层次人才竞争。为提高建设效率,人才引进实践中"资本"主义倾向越发明显,"双一流"建设模式也日益僵化。作为常识,并不是任何大学都能成为世界一流,也并不是任何大学都要拥有院士等高层次学术人才。"大学必须从它们自己出发来定义,而非通过模仿来定义。"②根据"颠覆性创新"理论,新进创新者依靠突破性技术专注于从市场低端出发为少数激进(一般是新的)用户提供便宜、简单、实用的产品,以绕开传统上更大、更好的发展趋势③。为实现"双一流"建设目标,我国部分大学应积极开辟"第二条道路",不必刻意追求"更大更好",而是走一条"小而精"、低成本却又不失质量的"颠覆性创新"之路。

  首先,大学应以提高人才绝对增量、为社会做出贡献为长远目标。大学高成本"抢才"以获得人才相对增量的行为是短视的。从宏观上看,一定时期国内高层次人才总和是一定的,不同人才在国内不同地区、不同大学之间的流动是不会增加人才总数的。提高国内大学高层次人才绝对增量主要有两条路径:一是面向世界,积极引进海外高层次人才;二是面向校内,着重培育富有潜力的本土人才。只有引育结合,才能扩大国内人才总量。其次,注重保护学术生态、创建绿色学术环境、营造健康学术氛围,凭借大学精神风貌与学术声望吸引人才。让·洛·钱缪在谈到很多教授为何愿意来阿卜杜拉国王科技大学工作时指出两个因素,即"能在鼓励合作的研究环境中开展更自由的研究,能在较少的障碍下实践

---

① 克雷顿·克里斯滕森.创新者的窘境[M].吴潜龙,译.南京:江苏人民出版社,2001:9.
② 克莱顿·M.克里斯坦森,亨利·J.艾林.创新型大学:改变高等教育的基因[M].陈劲,盛伟忠,译.北京:清华大学出版社,2017:9.
③ 克莱顿·M.克里斯坦森,亨利·J.艾林.创新型大学:改变高等教育的基因[M].陈劲,盛伟忠,译.北京:清华大学出版社,2017:5.

自己的想法"①。合作与自由的环境对高层次人才具有巨大的吸引力,应"将人才搜罗变成平静的学术王国,在这王国里,可以超越学科和专业地位的界限,自由地讨论学术生活的本质和特征"②。大学如不能摒除浮躁气而继续涌入"金钱大战",以赤裸裸的"票子+房子"方式招揽人才,既会有损大学"以学术为本"的理念,也会危及学术生态的平衡。

借鉴国外经验,规范我国大学高层次人才引进可从以下几点做起:

第一,提倡多元治理,建设共同治理制度。密歇根大学有研究指出,教师在选择一个新的岗位时,参与工作决策的机会与薪资、所要教授的课程、研究或活动设施以及教学负荷是其考量的五个最重要变量③。而薪资、课程、设施与教学负荷无不需经教师与学校协商。吸引与培养人才并增强其主体性与归属感,必须"邀请教授们参与学校事务的管理,而不是完全依赖与那些威胁要到其他学校去的人逐个进行谈判所达成的条件将他们留下来"④。提倡多元治理,建设共同治理制度以保障大学教师能以各种有意义、有效的方式参与校内重大决策,有利于提高教师主人翁意识,进而提高其对大学与学院的忠诚度。

第二,学术至上,以学术的标准评价学术,淡化人才头衔的"光环效应"。当前在学术管理资本主义逻辑下,"头衔至上"导致部分教授的薪酬水涨船高,学术本身的地位却一落千丈。"头衔至上"的思想还渗入大学学术评价中,高水平人才头衔被直接等同于有高水平的学术成果。学术面前人人平等,人才头衔绝不能成为人才引进的"免检证"。

第三,高层次人才引进必须"去行政化"。"大学行政管理者对教育政策和大学使命的真正控制……体现在聘任的人员开始按其意图工作的过程中。"⑤我国大学人才引进行政化体现在人事部门按照偏好为引进对象设定条件、期限、职责等不

---

① 让·洛·钱缪.好奇心、严谨与合作在全球研究型大学发展中的角色——在北京大学的演讲[J].张力玮,译.世界教育信息:2014(18):7.
② 大卫·科伯.高等教育市场化的底线[M].晓征,译.北京:北京大学出版社,2008:71.
③ Aurand C. H., Blackburn R. T.. Career Patterns and Job Mobility of College and University Music Faculty[J].Journal of Research in Music Education,1973(2):164.
④ 大卫·科伯.高等教育市场化的底线[M].晓征,译.北京:北京大学出版社,2008:93.
⑤ 德里克·博克.走出象牙塔——现代大学的社会责任[M].徐小洲,陈军,译.杭州:浙江教育出版社,2001:95.

同形式的规则,高层次人才必须按照约定在聘期内完成各项数字化指标。"几乎没有人会想到教师在受到不理解的打击和官僚机构的多方阻碍时会常常感到无能为力。"①行政化下千差万别的人才分类标准与支持政策极易引发"恶性竞争"与"人际冲突"。高层次人才引进的"去行政化"就意味着还权于学术,充分发挥学术委员会和同行评价在高层次人才引进中的作用。

---

① 詹姆斯·杜德斯达.21世纪的大学[M].刘彤,屈书杰,刘向荣,译.北京:北京大学出版社,2005:44.

第六章 "双一流"建设背景下高校高层次人才非正常流动的反思

高层次人才非正常流动与学术管理"资本"主义趋向密切相关。我国高校对学术人员管理的"资本"主义倾向主要体现在人才引进中"明码标价";对学术成果管理的"资本"主义倾向则主要体现在科研发表"论功行赏"。受学术管理"资本"主义的驱动,我国高校高层次人才非正常流动呈现以下特点:(1)等级性,以人才级别或成果的级别作为奖励或资助多少的依据;(2)物质性,人才引进的主要筹码是薪酬和住房,科研成果的奖励手段主要是货币;(3)差异性,同样级别的人才,同样类型的成果,不同学校"价格"差异悬殊。

近年来,全国各地高校为提升学校和学科在各种排行榜上的排名,高校间的高层次人才流动日益频繁。"双一流"建设背景下,由于学校之间与学科之间竞争压力的加大使得高校的人才引进工作乱象频生。高校,尤其是公立高校作为公共部门的一部分,"如果要使竞争发生作用,就必须对竞争仔细地加以组织和管理。不加管理的市场也会产生不公平"①。事实上,早在2013年《教育部办公厅关于进一步加强和规范高校人才引进工作的若干意见》(下文称《意见》)中就指出,"部分高校在人才引进工作中也存在着缺乏科学规划,片面追求数量,审核把关不严,程序不健全,机制不完善,以及少数高层次人才流动频繁、到岗不足、兼职过多等现象",并就加强和规范高校人才引进工作提出了九个方面的意见。但事实证明,2013年教育部发布的《意见》的落实情况并不理想,高校高层次人才非正常流动日益成为全社会关注的大问题。为进一步规范并促进高校高层次人才合理有序流动,2017

---

① 戴维·奥斯本,特德·盖布勒.改革政府:企业家精神如何改革着公共部门[M].周敦仁,等,译.上海:上海译文出版社,2006:67.

年教育部办公厅又发布了《关于坚持正确导向 促进高校高层次人才合理有序流动的通知》(下文称《通知》),再次专门就"高校高层次人才合理有序流动"提出了六个方面的具体要求。《通知》特别强调"高校之间不得片面依赖高薪酬高待遇竞价抢挖人才,不得简单以'学术头衔''人才头衔'确定薪酬待遇、配置学术资源"。教育部《通知》中的相关要求为高校人才工作指明了改革的方向,但也反映了实践中高层次人才非正常流动问题的严重。那么我国高校高层次人才流动为何会成为"社会问题"并面临"失控"的风险呢?高校高层次人才合理有序流动的出路又在哪里呢?

第一节 高校人才工作面临的问题

伴随从工业社会向知识社会的转型,人才的重要性日益突显。在世界范围内,一场没有硝烟的人才战争正在打响。在国际人才争夺战中,为激励人才回流,有竞争力的薪酬与待遇是必要条件。"不可否认,科学家对金钱回报还是有兴趣的。尽管他们选择科学研究这个职业并不是寻求最大收入,他们对金钱的诱惑并不免疫。这种回报有多种不同形式,比如较高的薪水、特聘职务补贴、专利许可费、公司创业股、捐赠回报等。"[1]以色列、尼日利亚、马来西亚等许多国家为吸引国际人才都实施了特别的薪酬制度。当前,在世界范围内,"学习者"国家的大学都把引进"知识中心"国家的著名学者,看作是快速提高办学水平和科研水平的有效途径。他们多以高薪、良好的生活和工作条件及提高学术声誉的机会,如成为一个学院、学系或一个研究机构的负责人或首席专家等作为激励条件;而"知识中心"国家的大学同样为获得更多的学术人才而努力,他们多以作为时代先进知识发展的场所和具有良好的职业发展平台来吸引国际人才[2]。

自2008年起,为了吸引更多海外高层次人才,中国政府先后推出了"海外高层

---

[1] 保拉·斯蒂芬.经济如何塑造科学[M].刘细文,译.北京:北京大学出版社,2016:15.
[2] 潘奇.知识世界的漫游者:西方大学教师国际流动的历史[M].北京:高等教育出版社,2016:200.

次人才引进计划"(简称"千人计划")和"青年海外高层次人才引进计划"(简称"青年千人计划")。上述计划的实施对促进我国从人才外流到人才回流起到了至关重要的作用。在"千人计划"和"青年千人计划"实施的过程中,政府和高校依靠优厚的待遇、崇高的学术荣誉、良好的职业发展机遇等吸引了许多优秀的人才回国工作。经过多年运作,目前"千人计划"和"青年千人计划"已经成为我国高校海外人才引进工作的重中之重,并对国内其他人才计划的实施产生了示范效应,即强化物质激励和薪酬待遇对于人才引进的重要性。值得注意的是,在用经济杠杆撬动国际学术人才市场,促进海外优秀高层次人才回流的同时,也应保护好本土学者的积极性[①]。有鉴于此,2012年中央政府又推出了"国家高层次人才特殊支持计划"(简称"万人计划")。总体目标是,从2012年起,用10年左右的时间,面向国内分批次遴选1万名左右自然科学、工程技术和哲学社会科学领域的杰出人才、领军人才和青年拔尖人才,给予特殊支持。

整体来看,近年来,由政府主导的各种"人才计划"或"人才工程",在我国高等教育改革和发展中占据越来越重要的位置。为了更好地对接政府的人才政策,很多高校还专门在人事处成立了"高层次人才办公室",专门负责各种人才计划的申报以及高层次人才的引进与管理。大学和学科的发展要重视高层次人才的申报与引进无可厚非,但现有体制下,由于学术市场的不健全,由政府主导的"人才计划"就成了高校人才工作的"锚"。由于"计划"必然导致"匮乏",对于"人才头衔"以及"有头衔的人才"的竞争越演越烈,将人才级别与薪酬标准直接挂钩就成为很多高校的普遍做法。在这种短期功利主义的驱使下,依靠资源优势、通过高薪挖人成为部分高校加快发展的捷径。"用他们的语言表达为,胜者通吃是将智力的小差异转化为经济回报的大差异。"[②]长此以往,不择手段的相互"挖人"既损害了大学教师对学校和学科的忠诚,也异化了高校之间正常的学术流动。其结果是,高校资金的充裕性或区域经济的发达程度而非学术研究的前沿性成为高校吸引优秀高层次人才的关键因素,这也导致通过体制改革优化学术生态环境的迫切性被忽视。

我们知道,在计划管理体制下每一年度不同人才计划入选者的数量是政府事

---

① 刘进.大学教师流动与学术劳动力市场[M].北京:商务印书馆,2015:160.
② 保拉·斯蒂芬.经济如何塑造科学[M].刘细文,译.北京:北京大学出版社,2016:33.

先规定好的,这种体制内的竞争在没有增加赢家的同时,无形之中抬升了人才争夺战获胜的成本或代价。人才引进变得越来越昂贵,但整体上,大学并没有因此变得更好。"金钱并不必然会阻碍人们的创造力,但在很多情况下,它并无帮助。"①当前我国高校学术管理实践中围绕人才引进的"资本"主义倾向,表面上看,似乎是学术市场上的恶性竞争造成的,实质上乃是政府对于高校实施行政化管理,从而使官僚主义和管理主义作风不断蔓延的恶果。具体来说,人才工作上,政府通过制定种种计划,为所有大学预先设置了一个前置目标,然后诱使大学改变自己的传统、学者放弃自己的偏好,并按照政府制定好的规则参与到这种"学术游戏"中来,而政府则随时可以修改游戏规则,甚至终止游戏。客观来看,就像我国的市场经济尚不是真正的市场经济一样,当前我国大学学术管理中的资本主义也不是真正的资本主义而是"资本"主义。资本主义的精髓是理性化,学术管理资本主义的精华则是通过市场来招贤纳士,并实现"贤能治理"(meritocracy)。相较之下,我国高校现行学术管理与人才引进中的高薪挖人,入选人才计划重奖等一系列的做法,不过是长期以来社会上"金钱万能论"思维方式在高等教育改革中的具体体现。

当前在我国高校高层次人才的流动并非是完全的市场化行为,人才引进的价格也并不符合市场规则而是由行政权力决定。在事业单位体制下,高校的人才工作只能随着政府关于高校人才评价的指挥棒"起舞"。由于高校的人才工作被政府的人才计划和人才工程所主导,现有学术劳动力市场并非真正的市场。一旦离开现有体制和评价体系,那些现在享有高薪的学术人员的劳动力价值将很难兑现。在现有单位体制下,关于高校的评价体系过于重视指标性的东西,对于人才的评价也不例外。当前之所以要反"四唯"、反"五唯",根源就在于实践中存在大量不科学的教育和人才评价方式。就高校人才工作来说,伴随政府部门各种人才计划的层出不穷,高校的人才工作也不断加码。为了积极回应国家的相关人才政策,地方政府以及高校自身也在不断推出各种人才计划。随着人才计划名目的不断增多,高校各种符号性的人才的数量也在不断增多,甚至是膨胀,为便于管理人事部门对于人才的分类也越来越细。在学术劳动力市场上,高层次人才被进一步区分为三

---

① 特里萨·M.阿马布勒,等.突破惯性思维[M].李维安,等,译.北京:中国人民大学出版社,2001:8.

六九等。原本严肃的学术评价，逐渐沦为"帽子工程"，高校名义上引进的是人才，实际上更在乎或关心的却是人才头上的"帽子"。

一般而言，高校内部教师群体间薪酬的差异应该与其学术水平的差异成正比；整个高等教育系统中，在学术声誉高的大学工作的教师薪水通常应高于那些在学术声誉低的大学工作的教师薪水①。但当前在我国高校教师薪酬与学术水平和学校声誉并不完全一致，由于"唯帽子""唯奖项""唯论文""唯职称""唯学历"等现象的普遍存在，高校人才引进工作中"一人一价、一人一议"的薪酬制度为"资历惩罚"（negative returns to seniority, NRS）的出现和发展提供了肥沃的土壤②。根据目前我国很多高校的人才引进与薪酬政策，同样的学术成就，有无"帽子"或头衔，有无某个奖项或在某个刊物发过论文，薪酬和待遇会差别巨大，经常出现学术水平更高的资深教授由于不曾流动或没有符合学校政策的人才头衔，其待遇可能尚不及有幸入选某一个人才计划的年轻教授；而有同样"帽子"的人才，在学术声誉低的高校往往又比在学术声誉高的高校可以得到更多的报酬。

第二节　高校高层次人才流动的异常

当前在建设世界一流大学和高等教育强国的目标驱动下，为了满足对于国际发表的需要，新的学术项目、科研设施和新的教师不断被引入。"著名高校培养的研究生数量要远远超过著名高校的师资需求，他们就不可避免地就职于知名度较低的高校。那些具有职业抱负的行政人员也是如此。他们希望在较小的高校担任领导职务可以为他们提供担任大学校类似职务的机会。当具有这类职业接替意识的教授和行政人员来到一个更大的平台时，他们就会将以前的经验用于新任职的高校。"③在我国受政策驱动，为了在一流大学与一流学科排名中占据有利位置或

---

① 潘奇.知识世界的漫游者：西方大学教师国际流动的历史[M].北京：高等教育出版社，2016：98.
② 刘进.大学教师流动与学术劳动力市场[M].北京：商务印书馆，2015：179.
③ 克莱顿·M.克里斯坦森，亨利·J.艾林.创新型大学：改变高等教育的基因[M].陈劲，盛伟忠，译.北京：清华大学出版社，2017：171.

避免处于不利位置,不断引进各种高层次人才,不断扩张学校和学科的体量也成为各高校最重要的决策和战略选择。其结果是在我国高等教育系统中"规模大"与"水平高"越来越具有高度相关性。"高校中的更大更好倾向以螺旋式上升方式强化。"①只有规模足够大,学科或大学的世界排名才有可能足够好,逐渐成为一种高等教育发展的潜规则。

究其根本,我国高校虽没有建立终身教职体系,但由于事业单位体制的存在,大学教师一旦入职实际上很少被迫离开岗位。表面上,大学教师与学校签订有聘任合同,但实质上,长期以来很少有不续聘的或被解雇的。现有人事制度意味着人才一旦进入高校,除非其主动流动或触犯法律,否则就将长久地占有一个编制。现有制度下,为了获得更大的学术生产力,以不断提升大学和学科的排名,高校人事管理部门只能参照政府与社会对高校的相关评价,将相关指标进一步分解,并转嫁到更多新聘人员身上。其结果是头衔、论文、项目、获奖、学历、文凭等就成为学术劳动力市场上的"硬通货"。"一人一价"成为很多高校优秀高层次人才引进的重要选项。而在议价过程中,不同级别的头衔,不同级别的论文、项目与获奖,甚至在不同国家的不同大学取得的博士学位,往往都对应着不同的薪酬标准与聘任条件。

在"双一流"建设背景下,为了在世界范围内各种大学和学科排行榜上取得更好的名次,并顺利入选"一流大学"或"一流学科"建设的名单,高校间的人才战越演越烈,挖人成为各高校高层次人才流动的重要驱动因素。在精英人才总量有限的大前提下,资源或薪酬成为各高校吸引高层次人才加盟的最重要筹码。为了在激烈的人才争夺战中占据有利地位,那些有经济优势的高校不断推出更有吸引力和竞争力的人才引进政策,在学术劳动力市场上优秀高层次人才流动的逐利性日益突出,学术流动的学术性被经济性遮蔽,大学教师内部的层级化不可避免。处在人才金字塔上层的优秀高层次人才,在学术劳动力市场上可以"待价而沽",而处在下层的则可能"无人问津"。长此以往,整个大学教师群体将逐渐分化为学术"资本家"和学术"无产者"两个阵营。表面上看,高层次人才的激烈竞争体现了政府和大学对于人才工作的重视,但实质上,由于制度性区隔,不公平竞争不可避免,

---

① 克莱顿·M.克里斯坦森,亨利·J.艾林.创新型大学:改变高等教育的基因[M].陈劲,盛伟忠,译.北京:清华大学出版社,2017:157.

具备流动资格的人才流动频率不断加快,而不满足人才引进政策的教师则可能无法流动,从而不利于大学的学术发展和学科建设。以中国的"千人计划"、欧洲的"重返芬兰"等为例,这种面向少数人、政府扮演改革主角的促进流动的行为,不仅意味着改革成本较高而且可能人为打破学术职业的生态平衡,造成劳动力市场分割现象,反而不利于学术职业整体质量的提升①。

此外,需要注意的是,作为国家"双一流"建设政策的配套措施,目前各省(直辖市、自治区)纷纷出台"高水平大学"和"一流学科"建设计划。延续长期以来高等教育重点建设政策的惯性,从国家到地方,从政府到高校,对于高等教育改革的惯用政策工具就是增加财政性投入。与以往的资金投入偏重于硬件建设不同,近年来的改革对于人才引进给予了特别的关注。地方政府为加快建设"高教强省",纷纷投入巨资对于高校的人才引进工作给予大力支持。但由于区域经济发展的不平衡,地方政府的强势介入打破了高校间人才引进的均势。这种情况对于经济发达的东部地区的高校无疑是有利的,它会促使优秀的人才从资金不足的中西部和东北地区高校向资源丰富的东部高校流动。但中西部地区、东北地区的高校在学术劳动力市场上不可避免地处于不利地位,持续的人才外流会削弱当地高等教育的竞争力。这也使得正常的大学教师流动最终演变为部分高校的人才流失。

虽然理论上许多学者追求学术职业并非完全为了金钱,实践中大学教师的流动也确实并非完全被薪酬所左右,学术文化、大学与学科的排名、实验设施、学术自由程度等都与之相关,但在其他条件相同的情况下,薪酬仍然是其中最关键的因素②。为了避免高校高层次人才流动的失衡和无序,2017年教育部发出《通知》,要求东部高校规范人才引进,避免恶性竞争。各省教育厅也随之跟进。比如,江苏省教育厅就规定,未经公开招聘程序,不鼓励、不支持省属高校之间互挖人才,不鼓励、不支持苏南高校到苏中苏北高校挖抢人才,不鼓励从国家中西部、东北地区高校挖抢人才。但事实上,只要政府现行的人才政策和高校的人才评价体系不动,

---

① 刘进.大学教师流动与学术劳动力市场[M].北京:商务印书馆,2015:61.
② 菲利普·阿特巴赫,等.高校教师的薪酬:基于收入与合同的全球比较[M].徐卉,王琪,译校.上海:上海交通大学出版社,2014:20.

"四唯"或"五唯"就将仍然存在,高校学术和人事管理中的"资本"主义趋向就难以避免。换言之,若政府对于高校人才层次与办学水平的评价标准不变,仅试图通过行政命令来改变中国区域间、高校间单向度的人才流动的愿望既不现实,也不可持续。

作为一种常识,地方政府参与并支持所在地高等教育的发展,为所在地高校招聘一流人才提供资金支持不是什么坏事而是好事。对于大学教师发展而言,根据薪酬的高低或待遇的好坏,从一所大学流动到另一所大学也是完全正常的事情。全球化背景下学术职业流动原本就具有全球逐利的显著特征[1],正是因为这种流动曾经清贫的学术职业才变得富有和分化[2]。无论如何,也无论何时,优秀的高层次人才都是稀缺资源,增加薪水都是高校吸引科学精英加盟和提升学术职业吸引力的重要手段。"没有科学家,特别是高产科学家,只是得到'穷人工资'(pauper's pay)。"[3]当前全球知识经济已经创造了一群"顶尖教授"(super professors),他们将会持续享有更可观的薪资、更优越的工作条件和更具前景的流动潜力(prospects of mobility)[4]。这些都是客观的事实,也是基本的大学常识。在此背景下,政府若无视价格杠杆的合理性和学术流动的必然性,简单选择通过行政命令来阻止高校之间学术人员的自由流动,可能既不利于学术劳动力市场的健康发展,也有违基本的公平和正义。面向未来深化教育体制机制改革,建立科学的教育和人才评价体系,应以规范高校人才工作,扼制高校高层次人才的非正常流动为契机,通过探索在高校建立现代人事制度和薪酬制度,来保障所有教师的合法权益。

---

[1] 刘进.大学教师流动与学术劳动力市场[M].北京:商务印书馆,2015:54.
[2] 刘进.大学教师流动与学术劳动力市场[M].北京:商务印书馆,2015:31.
[3] 保拉·斯蒂芬.经济如何塑造科学[M].刘细文,译.北京:北京大学出版社,2016:4.
[4] 菲利普·阿特巴赫,等.高校教师的薪酬:基于收入与合同的全球比较[M].徐卉,王琪,译校.上海:上海交通大学出版社,2014:22.

第三节　学术职业的特殊性

与办企业需要营利相比，办非营利性的大学，尤其是研究型大学在某种意义上就是一种"烧钱"的游戏。"我们很难想象任何重大的教育改革不伴随着大量资金的注入。没有财政的润滑剂，要移动教育齿轮，这架机器就会产生巨大的噪音。"①因此，如果说企业是一种利润最大化的组织，那么大学就是一种收入最大化的组织。由于科学无止境，追求真理没有尽头，钱永远是不够用的，没有钱更是万万不能。世界范围内可能没有哪所大学会认为自己不存在财政危机。早在20世纪初，韦伯就认为："德国的学术生活是建立在富豪统治基础之上的。"②若没有富豪的支持，大学只能放慢探索真理的脚步。世界各国大学发展的实践也表明，在竞争激烈的高等教育市场上，没有巨额的资金来源肯定办不好大学或办不出好大学。当然，这并不等于说，更不意味着，有了钱就一定可以办好大学。

历史上，的确有富豪通过"砸钱"或"烧钱"的办法为新创建的大学取得早期的声誉。例如，在19世纪初的欧洲，强大的经济实力使德国大学获得了更多财政支持，政府也给大学教师提供了高额的薪水，并大力支持大学的科学研究。"洪堡创办了西方有史以来规模最大的大学——规模是当时大学的三四倍。……洪堡支付给教授的薪水是有史以来教授最高薪水的10倍。"③财政资源的充足使德国大学聘任了更多的学术精英，如柏林大学从1820年到1870年聘任正教授人数从50人增长到108人。可以说，德国大学国际学术中心地位的获得离不开德国政府大量的财政支持④。在美国，富有的捐赠人创建的新大学，最初也是用他们的资金吸引世界上最好的学者，往往是一个接一个地挖人。康奈尔大学是采用这一方式的第

---

① 莱文.教育改革——从启动到成果[M].项贤明，洪成文，译.北京：教育科学出版社，2004：15.
② 潘奇.知识世界的漫游者：西方大学教师国际流动的历史[M].北京：高等教育出版社，2016：136.
③ 彼得·德鲁克.创新与企业家精神[M].蔡文燕，译.北京：机械工业出版社，2019：245.
④ 潘奇.知识世界的漫游者：西方大学教师国际流动的历史[M].北京：高等教育出版社，2016：213-214.

一所大学。他们出高价招聘教师赢得了早期的声誉①。虽然不乏成功的个案,但若就整个大学发展史来看,一流大学的建设不可能仅靠挖人或烧钱来实现。毕竟,无论科学研究还是人才培养都有其内在的规律,优厚的待遇的确可以挖来一些"明星教授",但无法从根本上提升一所学校或一个国家的高等教育质量;世界一流大学和高等教育强国的重要标志是持续培养一流的人才,而不是到处去挖一流人才。

当然,在建设世界一流大学和高等教育强国的起步阶段,通过高薪聘请一些"明星教授",对于提升一个国家学术职业的影响力、吸引力,或显示政府对于发展高等教育事业的重视还是有好处的。关键是不能把高等教育改革和发展的全部希望只寄托在高薪挖人或买人上。"有效的合同体系必须能够为正准备从事和已经在从事学术职业的人员提供资金和其他福利,使其不会感觉缺少维持合理家庭开销所需的物质和文化产品。但薪酬也不应过高。如果太过奢侈就会出现逆向选择的问题,教师职位就会吸引到那些只把工作当作获取收入的工具的教师。"②更何况,无论多么富有的国家或地区,由于资源总是有限,稀缺是永恒的,薪酬本身也不可能无限提高,一流大学的建设必须考虑通过薪酬和待遇以外的其他途径来提升自身的软实力,以增强对杰出人才的吸引力。

高等教育实践中对于学术职业的特殊性,不同的人会有不同的认识。原哈佛文理学院院长亨利·罗索夫斯基曾询问哈佛大学一位非常杰出的科学家,科学灵感的源泉是什么,没有想到这个20世纪发明史上名声最为显赫的发明家给出的回答是"金钱与奉承"③。与这位杰出的科学家的回答不同,俄罗斯物理学家列弗·阿斯莫维奇曾说过:"你们知道吗?这些家伙让我做这么有趣的工作竟然还给我钱。"④硅谷的开创者,斯坦福大学特曼教授的名言则是"工作那么有趣,干吗去度

---

① 克莱顿·M.克里斯坦森,亨利·J.艾林.创新型大学:改变高等教育的基因[M].陈劲,盛伟忠,译.北京:清华大学出版社,2017:103.
② 菲利普·阿特巴赫,等.高校教师的薪酬:基于收入与合同的全球比较[M].徐卉,王琪,译校.上海:上海交通大学出版社,2014:333.
③ 亨利·罗索夫斯基.美国校园文化——学生·教授·管理[M].谢宗仙,周灵芝,马宝兰,译.济南:山东人民出版社,1996:216.
④ 菲利普·阿特巴赫,等.高校教师的薪酬:基于收入与合同的全球比较[M].徐卉,王琪,译校.上海:上海交通大学出版社,2014:332.

假呢?"①而尤瓦尔·赫拉利则认为,理论上,科学是为了追求真理,实践中科学最在乎的则是力量;就个人而言,科学家可能很在意真理,但就整体而言,科学对真理的喜好远不及力量。对于真理毫不妥协的追求,其实是一次灵性之旅,在科学机构之内却很少见②。现代大学虽不是纯粹的科学机构,但经典的大学理念同样宣称,大学的本质就是追求真理。在现代大学里,像列弗·阿斯莫维奇那样追求真理的科学家不是没有,但以"金钱和奉承"作为科学灵感之源泉的科学家肯定也不乏其人。

在总体上,现代大学是一个多元的、复杂的专业机构。和其他职业一样,学术职业也并非净土。大学教师的薪酬设计既不能将科学家想象成不食人间烟火的苦行僧,也不能复制资本主义的市场逻辑,将学术成果与学术人员完全商品化。古今中外,没有高薪或大名,一所大学很难吸引到真正优秀的人才。"行动胜于语言。科学家经常向可以取得丰厚收入的岗位移动,就说明了这点。"③现实中,当有其他高校愿意提供更高的薪酬或更优厚的待遇时,也很少有人能够断然拒绝。正常的学术流动以及对于优厚待遇的追逐,既是对于学术职业的一种保护,也是大学教师自身固有的权利。大学教师和大学之间绝不是人身依附关系。学术流动也并不必然与学术忠诚或学校忠诚相矛盾,更不涉及对大学教师职业精神的价值判断,绝不能以学校忠诚或学科忠诚为借口,肆意贬低教师的流动行为。一流大学要吸引一流人才并留住他们,就是要设法使他们工作和生活得快乐④。

从学术职业发展的国际比较来看,当前我国高校教师在薪酬方面存在两个方面的问题,一方面是拥有人才头衔的教师通过溢价性流动享有较高的薪酬,另一方面是没有人才头衔的教师平均薪酬过低。现有人事制度将人才头衔、论文、项目、获奖等一系列有显示度的指标"商品化",以更灵活的薪酬政策来汇聚符合现行高校评价体系的所谓"人才",同时受限于事业单位的工资制度和财政拨款,在总体上,我国大学教师的平均收入则相对较低。在现有体制下,高校教师薪酬体制的不

---

① 李锺文,等.创新之源:硅谷的企业家精神与新技术革命[M].陈禹,等,译.北京:人民邮电出版社,2017:305.
② 尤瓦尔·赫拉利.未来简史:从智人到神人[M].林俊宏,译.北京:中信出版社,2017:178.
③ 保拉·斯蒂芬.经济如何塑造科学[M].刘细文,译.北京:北京大学出版社,2016:3.
④ 孔宪铎.我的科大十年(增订版)[M].北京:北京大学出版社,2004:201.

合理,严重影响学术事业的长远发展,也加剧了高校高层次人才的非正常流动。一方面人才工作的计划性和评价体系的简单化,导致教师只有凭人才头衔才有可能获得高薪,从而使高校教师科学研究的动力被引向了申报各种人才计划,为了尽快发表论文以入选各种人才计划,教师科学工作的完整性被打破,短期性、功利性的研究占主导;另一方面普遍较低的薪酬又使得学术职业很难吸引到真正的精英人才。"由于大学提供了较低的薪资(同全球学术市场和本国的劳动力市场的情况相比,缺乏竞争力),因此它们只吸引到了三种人群。第一种学者出于对学术生活的喜爱可以牺牲自己对物质的追求。不可否认这样的人确实存在,但他们的数量不足以支撑起一所高质量的大学。任何情况下,仅依靠个人意愿作出妥协的政策对于任何一所大学来讲,都是不切实际的。第二种进入这种低薪领域的学者往往自尊心不高,由于他们的专业水平、成果和才智有限,可能在其他领域没有什么竞争力,他们对'学术薪酬'也并不太在意。第三种学者对'学术薪酬'并不感兴趣,但他们的目标是通过提高自己的学术地位来谋求个人收入的最大化。这种情况下,学术人员会无所顾忌地忽略大学及其学生的利益,甚至对他们来讲,违反条例都是很正常的。这预示着腐败的出现和个人责任感的缺失。"①

当前,正在推进的"双一流"建设若要实现既定的战略目标,必须完善高校人才政策和教师薪酬政策,通过反"四唯"、反"五唯",真正落实政府部门"不得简单以'学术头衔''人才头衔'确定薪酬待遇、配置学术资源"的相关要求,将能力而非符号作为学术劳动力市场最核心的准则,使高薪者的待遇与其学术贡献相匹配而不是与人才头衔、学术头衔挂钩,同时还要"提供足以与劳动力市场中其他具有创造力的职业相抗衡的薪酬(包括薪资和额外的福利)"②,以吸引更多优秀高层次人才加入学术职业。毕竟,在未来的知识社会中,大学可能不但要与高等教育机构竞争精英人才,还要与其他更多的非高等教育机构竞争精英人才。我们面对的更严峻的挑战,可能不只是精英人才从一所高校流向另一所高校的问题,而是从学术系统流向非学术系统的问题。

---

① 菲利普·阿特巴赫,等.高校教师的薪酬:基于收入与合同的全球比较[M].徐卉,王琪,译校.上海:上海交通大学出版社,2014:334.
② 菲利普·阿特巴赫,等.高校教师的薪酬:基于收入与合同的全球比较[M].徐卉,王琪,译校.上海:上海交通大学出版社,2014:339.

第七章 "双一流"建设中的人才竞争、资源配置与理念重审

当前"双一流"建设面临三个关键性的约束,一是人才竞争,二是资源配置,三是理念重审。受排名体系影响,人才过度竞争以及频繁的绩效评价加剧学术研究的功利主义,导致大学发展的"虚假繁荣"。为了能够在排名竞争中胜出,重点建设政策使得高等教育资源配置越来越不均衡,整个高等教育体系面临"断裂"的风险。为实现"中国特色、世界一流"的建设目标,在遏制高校间人才恶性竞争,适度控制"双一流"建设规模的同时,经典理念之于中国大学发展的适用性也需要重审。面向未来,对于中国大学而言,在高等教育理念趋于"全球本土化"的背景下,人才和资源将成为"双一流"建设成败的"硬约束"。

当前随着"双一流"建设的不断推进,相关政策对我国高等教育改革和发展的影响逐渐显现。积极的方面,中央政府的"双一流"建设政策极大地调动了地方政府发展高等教育的积极性,显著增加了政府对于高等教育的总投入,为我国从高等教育大国走向高等教育强国奠定了必要的物质基础。消极的方面,由于不可避免的地方主义,各省(直辖市、自治区)为了在既定政策框架内获得最大的收益,人才引进中的挖人大战、恶性竞争屡禁不止。此外,受大学排行榜的诱导或误导,"双一流"背景下地方政府对于高等教育的投入呈现出某种非理性的特征,部分经济发达的中心城市在引进名校分校和校区时存在攀比。由于各方缺乏对高等教育价值观和体制方面的深层反思,对于通过增加高等教育投入以建设世界一流大学和一流学科,进而实现创新驱动发展的政策目标存在着盲目乐观。"公众越来越关注公共

研究的及时贡献,而不是20—30年后的效果。"①现行体制和政策框架下,经由中央政府的顶层设计和地方政府的层层加码,"双一流"建设的摊子正越铺越大,不可避免地分散有限的人才和资金,最终将不利于建设真正的中国特色世界一流大学。为保障"双一流"建设的顺利推进,并优化我国高等教育系统,对于当前高等教育改革发展中的人才竞争、资源配置和理念重审等基本问题需要从学理上给予重视,并做出回答。

第一节 "双一流"建设中的人才竞争

作为特殊的非营利组织,大学的发展或成长不是靠利润的驱动,也不是靠权力的支配,而是源于某种内在的使命感。大学与大学之间如果说有竞争,也不同于企业与企业之间的市场竞争,更不同于国家与国家之间的政治竞争。企业之间的市场竞争由于受市场总份额的限制,基本上是零和的。国家之间的政治竞争由于涉及国家利益则经常是充满敌意的。而大学之间即便有竞争关系也是为了共同的利益。"先行一步只是策略,不是目标。"②与国家和企业组织的自利性相比,大学的利他主义倾向比较明显。学术乃天下之公器,大学的宗旨更是"得天下英才而教之"。只要才华足够,通常情况下大学不会或很少会考虑人的其他身份属性。今天世界一流大学建设被商业化的排名所诱导或误导,从而导致"零和"竞争的意识形态肆意蔓延,严重破坏了大学原有的学术生态和心态。"过分寻求在表现上具有竞争力,可能会鼓励学校和学界对合作产生非常不同的理解,具有一定的风险。因此,非常需要加强道德标准,提高学术价值。大学在保持对学术界其他成员、利益相关者、社会大众开放的同时,只有通过这种方式寻求卓越才具有说服力。"③高等教育实践中,很多大学迷信大学和学科的排行榜,围绕排名指标而不是面向社会办

---

① 保拉·斯蒂芬.经济如何塑造科学[M].刘细文,译.北京:北京大学出版社,2016:229-230.
② 彼得·蒂尔,布莱克·马斯特斯.从0到1:开启商业与未来的秘密[M].高玉芳,译.北京:中信出版社,2015:77.
③ 刘念才,Jan Sadlak.世界一流大学:特征·排名·建设[M].上海:上海交通大学出版社,2007:99.

学,将排名接近的大学视为竞争对手;为了在竞争中胜出,相互挖人或拒绝合作成为一种不正常的常态。

如前所述,在我国"双一流"建设中,有些大学为了能在短期内提升排名,实现一流建设的目标,挖人大战越演越烈,严重损害了高校间良性竞争的学术生态。"角逐'最佳'可以提升质量,从根本上说是好事。最近几年,这种竞争有时过于激烈,反而损害了社会公益。高校间的分化越来越大,财力最雄厚的院校和其他顶尖却没那么富裕的院校保持着距离。分化扩大,加上'买最好的'的决心,可能造成一些不良后果。"①此外,由于各种排行榜的指标普遍重视科研成果的数量或有质量的数量,扩大人员规模,尤其是师资队伍的规模,就成为提升高校或学科排名的有力武器。其结果是,大学的规模越来越大,人员越来越多,大学里的学院和系科也越来越多。"由于利润并不是这些机构的绩效检验指标,因此规模的大小就成为衡量服务机构成功与否的一个标准,也是它们所追求的成长目标。于是,总会出现许多需要做的事情。但是,要让它们停止做那些一直在做的事情,而转向做一些新的事情,它们就会无法容忍,或至少是感到非常痛苦。"②某种意义上,世界一流大学和一流学科的建设成为了资金和人才密集型的"政绩"工程。

事实上,既定时间内精英人才的数量是相对恒定的,过度的竞争并不会增加优秀人才的供给。由于高层次精英人才的成长和汇聚有内在的规律,在人才引进方面,一流大学的建设要尽可能地避免频繁引进人才,更不能相互挖人。人才引进工作,既要注重人才的质量也要注意引进的质量。那些能够实现跨越式发展的大学,绝不是依靠频繁地引进人才,而是通过高质量的人才引进,迅速建立起稳定的高水平的师资队伍。如果只注意人才的引进,不注意人才的质量和引进的质量,很可能从表面上看在不断引进人才,实质上却在不断隐性地流失人才。根据印度高等教育与社会工作组的调查,印度归国的一些专家常常带回了发达国家的科研项目,而这些项目与本国的关系并不密切。这类"身在曹营心在汉"的现象表明,"即使研究人员不出国,'人才流失'的情况依然会发生"③。我国部分高层次人才计划也存

---

① 威廉·G.鲍恩.数字时代的大学[M].欧阳淑铭,石雨晴,译.北京:中信出版社,2014:16.
② 彼得·德鲁克.创新与企业家精神[M].蔡文燕,译.北京:机械工业出版社,2019:207.
③ 菲利普·阿特巴赫,乔治·巴兰.世界一流大学:亚洲和拉美国家的实践[M].吴燕,宋吉缮,等,译校.上海:上海交通大学出版社,2008:61.

在类似问题。高质量的人才引进就是要保证不但能引得进,而且要留得住、用得上。

遗憾的是,当前在我国"双一流"建设中,由于学术管理资本主义的驱动,高层次人才引进质量不高。存在的主要问题,要么是工作的周期短,要么是到岗率低,要么是流动过于频繁。"科研能力是通过对项目和人才的长期投资而建立起来的,短期波动是一种浪费,效果适得其反。"①"双一流"建设背景下,很多大学为了吸引某些高层次人才而专设了组织机构以及实验设备,随着这些人才的聘期结束或中途跳槽,可能面临人财两空。其结果是,单从年度发展数据上看,以一流大学建设为目标的改革,引进了人才也带来了高等教育的波浪式发展,但与此同时,重复建设、重复投入以及由于不恰当的绩效评估、量化考核、排名竞争所造成的巨大浪费同样不可忽视。

"双一流"建设背景下,由于院校竞争的客观存在,很多高校存在人才饥渴是事实。高等教育实践中,重视人才工作本来也没有错,但为了迅速扩充人才队伍,提高科研绩效,改进学科和大学的排名,不少学校在人才引进工作中存在"过度简单化"的倾向。很多大学的相关政策文件直接根据人才头衔、主持的课题、发表的论文、获得的奖励将人才分成三六九等,然后为不同层次人才提供不同的年薪和科研启动费。近年来,这种学术管理资本主义还蔓延到了生源竞争领域(通过财政资助争夺学生),按学生的高考分数、生源学校或学术论文发表的刊物对学生进行特别的金钱奖励,正在成为很多大学招生改革的通行做法。人才工作的"数目字管理"一方面激化了学术的功利主义和学生精致的利己主义,另一方面也不利于大学自身的内涵式发展。因为,隐藏在分数、身份、头衔、课题、论文、获奖背后的人才的真正的质量或能力被大学的管理者忽视,以至于高等教育领域中很多所谓的学术项目评审或人才项目评审根本不是在评审学术水平或人才质量,而是在评审那些学术的"替代品"(学术发表的简历和个人简况)。这种风气导致了"发表为王",学术的品质和学者的品质趋于劣化。最终,由于人才评价的过度简单化和功利化,学术研究的机会主义在我国高校的人才流动中越来越普遍。头衔、论文、课题、获奖都成了可以讨价还价的学术资本。

---

① 刘念才,程莹,王琪.从声誉到绩效:世界一流大学的挑战[M].江小华,译.上海:上海交通大学出版社,2017:33.

由于面临评估和排名的巨大压力,高校在人才引进上的"数目字管理"还会诱发后续考评中的"绩效主义"。大学组织与学术工作的特殊性,使简单的量化评价非常容易导致逆向淘汰,即那些原本真正想做学问的人有可能迫于绩效压力,不得不放弃对于真理的追求而选择学术投机。大学的非政府、非营利性质以及高深知识生产的复杂性决定了它不是一个适合于强激励的组织,过强的激励无法改进大学的品质,反倒会败坏学术的风气、恶化学术的生态。真正世界一流大学里的一流的学术团队,更多的是靠一种内在的自我驱动力在持续发展(他们知道不该做什么),而不是靠行政的规章制度在驱动(由行政部门告诉他们应该做什么、做多少)。当然,由于人的有限理性和机会主义的客观存在,大学人事管理中以激励为核心的事后治理并非不需要。毕竟,"人类不是天使。你需要能与你和睦相处的同事,但也需要规章制度来帮助所有人长期保持团结"①。但对于世界一流大学建设而言,真正关键的问题的确不在于如何激励或诱惑人(告诉他们应该做什么),而在于主事者从一开始就要"选对人",并让他们一起快乐地工作。"一个组织(包括商业公司、学校、军队、政府)的业绩好坏,很大程度上取决于其成员的品质结构(即不同品质成员的比例)。"②那些公认的卓越的大学,对其教职员工的品质无不格外留意,并力争在组织内部每个层级和每个岗位都配置最优秀的人员。一旦发现有不合格者或与组织的核心价值观有冲突者会毫不犹豫地开除。毕竟,卓越组织的信念需要组织中所有的人共同来维护。对于大学而言,真正卓越的学术团队或管理团队绝不在于规模的庞大,而在于品质及其结构的卓越。

由于人才竞争的持续蔓延,与那些成熟的高等教育体系相比,在"双一流"建设背景下,在我国各高校间人才与薪酬出现了类似悖论的现象。一般而言,在成熟的高等教育系统中,人才的水平、薪酬应与高校的层次成正比,即在较好的大学工作的水平较高的人才拥有较高的薪酬。但我国的现实是,由于与改革相关的政策窗口时间短,建设与评估周期也非常短,大学与学科的排名竞争十分激烈。在事业单位体制下,由于专业信息不对称和预算软约束,公立高校在人才引进时往往存在

---

① 彼得·蒂尔,布莱克·马斯特斯.从0到1:开启商业与未来的秘密[M].高玉芳,译.北京:中信出版社,2015:150.
② 张维迎.职务晋升中的正向选择与逆向淘汰[J].哈佛商业评论,2018(10).

"饥不择食"或"盲目引进"的现象。在简单的数目字人才管理和考评体制下,很多水平中等甚至一般的研究者,在水平中等或一般的学校获得了同行中较高甚至是最高的薪酬。事实上,现行体制下,即便在同一所学校里,由于薪酬或绩效不是根据学术能力或贡献来确定的,而是参照人才的头衔、课题、论文、获奖等外在因素,有时也不是学术贡献最大者酬薪最高。

吉姆·柯林斯在《从优秀到卓越》一书中谈道:"报酬的高低不是公司卓越与否的关键。排在第一位的不是你支付报酬的多少,而是你将支付给何人。"①世界一流大学和一流学科建设也一样。好钢一定要用在刀刃上。一流大学的人才引进,一定要坚守一流的标准、宁缺毋滥。比如,西湖大学计划招聘300名PI(独立实验室负责人,博士生导师)。从2016年以来,西湖大学面向全球进行了八次招聘,通过专家面试,从5 000余名申请人中只签下了68人(数据截至2018年10月20日)②。副校长仇旻就表示,西湖大学招人并不急于一时,关键是要维持高的质量标准。"如果我们着急得就想一两年之内把这300人填满,那就很糟糕。我们宁愿慢慢来,确保我们的质量是非常好的,甚至是希望一次比一次好,因为一开始什么都没有的时候,吸引人会难一点,当建设得越来越好,包括校园、平台设施等各方面都起来的时候,招聘效果会更好。招聘人才这一点上,我们不妥协。"③

吉姆·柯林斯认为:"先人后事"的原则是任何一种卓越组织长盛不衰的永恒规律。在《从优秀到卓越》一书中,他写道:"在这个研究项目开始之前,我们以为会有这样的发现:将一个公司从优秀推向卓越的第一步是为公司设定一个新的方向、新的远景和战略,然后找合适的人,再朝这个新的方向前进。我们发现有时情况恰恰相反。那些主管们不是首先确定目的地,然后才把人们引向那里。不是,他们首先让合适的人上车(不合适的人自然请下车),然后才决定去向何处。"那些卓越公司的主管之所以要"先人后事",原因有三:"首先,如果你是从'选人'而不是'做事'开始的话,就更加容易适应这个变幻莫测的世界。第二,如果你有合适的人在车上的话,那么如何激励和管理他们就不再是问题。合适的人是不需要严加

---

① 吉姆·柯林斯.从优秀到卓越[M].俞利军,译.北京:中信出版社,2002:60.
② 为梦想而生,西湖大学成立大会在杭举行.http://www.wias.org.cn/chinese-detail-370-10114.html.
③ 追求卓越,回归纯粹,西湖大学正式揭牌成立.http://wemedia.ifeng.com/83090469/wemedia.shtml.

管理或勉励的,他们会因为内在的驱动而自我调整,以期取得最大的成功,并成为创造卓越业绩的一部分。第三,如果车上坐的是不合适的人,不论你是否找对正确的方向都无关紧要,因为你还是不能拥有最卓越的公司。光有远见卓识,而没有了不起的人,那也无济于事。"[①]"双一流"建设中如果为了在短时间扩大师资规模以提高排名,人为降低进人标准,高薪引进大量水平中等或一般的人才,其结果是,由于缺乏有效的退出机制,不但可能建不成一流的大学和学科,反倒会使后续的人才引进缺乏必要的空间和资源,从而导致学校发展乏力。

第二节 "双一流"建设中的资源配置

无论何时,也无论在哪个国家,一流大学和一流学科建设都是一项资金和人才密集型的系统工程。在特定的时空背景下,一流大学和一流学科的数量总是有限的。无论如何努力,也无论投入多少资金,都不可能把所有大学都建设成为一流大学,也不能把所有学科都建设成为一流学科。或许每所大学、每个学科都意欲一流,但事实上仅能有限如此。"我们观察到一个令人吃惊的现象:很显然,一流大学团体的成员不超过 200 名。我们对此现象的解释很简单:大多数世界一流大学都是庞大的、科研领域广泛的大学,因为他们长期以来的良好声誉而吸引了大批优秀学生和科学家。在科学界,他们可谓是'天然的吸引者',而且很显然,这样 200 所左右的机构已能够获得并拥有绝大部分的优秀学生。排名在 200 之后,当然还有些在特定科学领域研究出色的小大学。但是已没有空间来容纳更多的重要科研机构,因为没有更多的优秀科学家了。"[②]因此,只要不是人为地改变关于世界一流大学的定义,就必须承认不可能每个国家都有世界一流大学;也不可能某个国家想建多少所世界一流大学就可以建多少所。一流学科建设也同样如此。罗伯特·M.博达赫尔在担任美国大学协会会长期间曾颇有胆识地问道:"美国需要多少所研究型

---

① 吉姆·柯林斯.从优秀到卓越[M].俞利军,译.北京:中信出版社,2002:50.
② 刘念才,Jan Sadlak.世界一流大学:特征·排名·建设[M].上海:上海交通大学出版社,2007:111.

大学？……我不知道美国应该开办多少所。但这是个严肃的问题,值得审视。"①世界银行高等教育主管萨尔米也曾指出:"在寻找建设世界一流大学之路的过程中,各国政府及其高校需要认真考虑以下问题:为什么国家需要世界一流大学?经济上有何根据?相比现有大学对经济的贡献,世界一流大学的预期增加值又是多少?学校的愿景规划如何?该如何定位?作为一项公共部门的投资,建设多少所世界一流大学是可取的也是可以负担的?"②

在创新驱动发展的新时代,对于国家经济社会的发展而言,一流的研究型大学的确非常重要。但更重要的恐怕还是一流的高等教育体系,即一个国家的高等教育系统内部要有不同的定位、明确的分工,且与经济社会发展相互适应。"力求卓越并不是件坏事,竞争也可以激发进步。但是,必须综合考虑现实的可能性并充分体现对公众利益的敏感性。到目前为止,模糊的世界一流大学概念和学术质量的难以衡量,使争创世界一流大学的竞争更加困难。事实上,高等教育的创新力量和资源集中在更现实、更有用的目标上也许更好。"③一旦有限的资源配置错了方向,非但不能促进经济社会的可持续发展,还可能会阻碍高等教育系统自身人才培养能力的有效提升。对于政府而言,精力和资源应集中于改善大学的基础设施,以及教育和科研的制度环境,全面提高高校的人才培养能力,而不是不断强化"选择性"政策,以"选优"的方式重点建设某些大学和学科。对整个社会而言,"绝大多数学生就读的是大众高等教育机构。他们没有被世界一流大学录取。如果高等教育为提高生产力、加快科技更新、促进社会沟通和社会包容以及增强民主关系创造了条件,那么大众高等教育的质量对所有社会都是重要的。有关世界一流体系的问题也应该被提出来。世界一流大学体系包含各类不同使命的高校,而不仅仅是研究型大学"④。因此,从长远利益看,政府应逐渐淡化或削弱旧的"选择性"政策,而更多使用"横向"政策(例如支持教育和R&D、改善基础设施和机构的政策)⑤。

---

① 威廉·G.鲍恩.数字时代的大学[M].欧阳淑铭,石雨晴,译.北京:中信出版社,2014:19.
② Jamil Salmi.世界一流大学:挑战与途径[M].孙薇,王琪,译校.上海:上海交通大学出版社,2009:8.
③ 刘念才,Jan Sadlak.世界一流大学:特征·排名·建设[M].上海:上海交通大学出版社,2007:53.
④ 刘念才,程莹,王琪.从声誉到绩效:世界一流大学的挑战[M].江小华,译.上海:上海交通大学出版社,2017:63.
⑤ 傅晓岚.中国创新之路[M].李纪珍,译.北京:清华大学出版社,2017:319.

高等教育发展的历史表明,一个国家一流大学的数量与其综合国力高度相关。那种认为大国的崛起需要以大学的崛起为基础的观点不是不正确,而是太简单化了。改革开放以来,随着对内改革和对外开放政策的大获成功,我国综合国力迅速提升。得益于经济改革的红利,我国高等教育实现了跨越式发展。从"211工程""985工程"到"双一流"建设,以巨额的资金投入为前提,以政策驱动为杠杆,我国大学的综合实力和国际竞争力都有了长足进步。近年来,为了满足经济社会转型发展的现实需要,部分经济发达的省份和少数中心城市甚至掀起了一流大学和一流学科建设的锦标赛。政府高度重视并加大高等教育投入原本是好事,但无论如何高等教育的发展都不能好高骛远,而应从现实和实践出发。高等教育的投资不是一次性的,而是需要具有可持续性,而且后续的投资要远远大于先期的投入。如果缺乏长远的规划,短时间内新建过多的大学或引入过多名校分校、校区,并提出不切实际的远大目标,会不可避免地对政府财政造成巨大压力,挤占其他的支出。一旦后续的财力跟不上,那些新建的大学或名校分校、校区将难以实现预期的发展目标,要么夭折,要么成为一所平庸的高等教育机构。客观而冷静地看,当今世界,即便是作为超级强国的美国,也不足以支撑过多的世界一流大学。"在美国,人们不再建立新的综合型大学了,因为成本太高,而且没有任何意义。"①究其根本,一方面在现有高等教育竞争格局下,建立新的一流研究型大学需要巨额的投入,而且所需要费用还会不断增长;另一方面即便是不惜巨资建成了研究密集型的大学,相当长的时间内也可能没有直接的经济产出(可以商业化的成果)。

当前在我国"双一流"建设背景下,中央和地方政府如果将过多的资源配置到一流大学和一流学科建设上,而相对忽视了提升高校培养适合地方经济社会发展的专业人才的能力,长远来看,很可能会得不偿失。"过分地强调获取世界一流大学地位,可能会有损于一所大学甚至整个学术系统。它可能把精力和资源从更重要的、或许是更实际的目标上挪开,且过于关注建设面向研究和精英的大学,也会忽视培养更多学生或服务国家需要。大学很可能确立不切实际的期望,而损伤教职工的士气和表现。"②对于像中国这样正在崛起的大国,基于创新驱动发展的现

---

① 威廉·G.鲍恩.数字时代的大学[M].欧阳淑铭,石雨晴,译.北京:中信出版社,2014:237.
② 刘念才,Jan Sadlak.世界一流大学:特征·排名·建设[M].上海:上海交通大学出版社,2007:52.

实需要,一流的研究型大学是经济社会发展的必需品,但同时也必须注意到,世界一流的研究型大学也是极其昂贵的"奢侈品",绝非多多益善。"选择性"政策的反复"择优"将显著降低备选目标的"可选择性"。一旦重点建设的规模过大,受到财政资源和优秀人才总量的限制,很多大学最终只不过是空挂"一流大学"建设高校的牌子,绝无成为真正世界一流大学的可能。"我们知道,黄金首饰含金量有别,高校也有 24K、18K 和 10K 金的档次之分,还有一些高校只不过是表面镀了层薄金。"①因此,作为一种国家经济社会发展的战略选择,中央政府需要对"双一流"建设的总体规模,尤其是世界一流大学建设的规模和政府的财政承受能力进行谨慎的评估,以确保高等教育系统的可持续发展,以及"双一流"建设目标的可完成性。

面对资源依赖和人才竞争的双重约束,为了确保世界一流大学和一流学科建设卓有成效,在后续进程中,我国"双一流"建设必须严格实施"开放竞争",真正落实"总量控制、动态调整"的基本原则,即建设高校和学科不能只增不减,以避免重点建设单位越建越多,最后"徒有虚名"。霍金斯就曾建议,中国台湾和其他亚洲国家和地区的卓越计划都应该重新审视它们至今取得的结果,思考继续投入是否值得,是否要重新调整投入结构以更好地达成目标②。客观而言,以财力和人才两个硬约束条件来看,世界上大部分国家无疑不具备建设世界一流大学的可能性。"大多数国家和院校还是建设世界一流的学院、系科、研究所更为合适,特别是那些与本国或本地区经济、社会密切相关的领域。"③中国作为仅次于美国的世界第二大经济体,拥有非常丰富的人力资源,是人力资源大国,完全具备建设世界一流大学的条件。对于中国而言,真正需要思考的不是要不要建设世界一流大学,而是世界一流大学建设的规模,以及如何建设。就正在推进的"双一流"建设而言,中国在经济实力方面远比人才储备方面更有优势。但对于世界一流大学建设而言,资金和人才必须保持平衡,仅仅有钱并不能成就真正的世界一流大学,关键还要能够通过制度创新汇聚全球科学精英。

---

① 威廉·G.鲍恩.数字时代的大学[M].欧阳淑铭,石雨晴,译.北京:中信出版社,2014:153.
② 王琪,程莹,刘念才.世界一流大学:共同的目标[M].上海:上海交通大学出版社,2013:52-53.
③ 刘念才,Jan Sadlak.世界一流大学:特征·排名·建设[M].上海:上海交通大学出版社,2007:51.

第三节　"双一流"建设中的理念重审

作为大学的某种"遗传"或"基因",大学自治和学术自由是近代大学得以复兴的基础,也是现代大学最为珍视的价值。大学自治、学术自由对于大学的发展至关重要,但也正因为它们太重要了,对于大学自治、学术自由的滥用也会成为妨碍现代大学转型发展的"包袱"。现实中很多陈腐的观念和过时的制度甚至是错误的,当初多以大学自治、学术自由的名义获得合法性。在关于大学改革的争论中,保守主义者总能站在道德或精神的高点,对于任何可能的变革进行抵制或批评。罗兰夫人曾有名言:"自由啊自由,多少罪恶假汝之名以行!"[①]大学自治、学术自由是不是曾给大学带来罪恶可能会有争议,但对于大学自治、学术自由的滥用有可能拖延大学的变革则是没有疑问的。"自治是把双刃剑:它一方面避免新出台的政府政策打断大学的学术和行政管理,但另一方面也使得创新的、长期的政府政策难以影响大学的行动过程和产出。大学自治不仅对政府的举措、战略和政策持不欢迎态度,认为这些是对大学内部事务的'干涉',会损害大学的独立;自治还在学术团体中产生了向内看的态度,拒绝任何'外部的'影响和规范。"[②]从西蒙学派的"有限理性"观点以及组织目标是有效处理信息的观点来看,自治只不过是"噪音"的一种来源,不是所希望得到的。人类经常刻意制造一些噪音,以便战胜自我[③]。

当然,这并非意味着不需要大学自治、学术自由,更不是要彻底否定大学自治、学术自由的必要,而是认为作为一种价值选择或制度安排,大学自治与学术自由并非绝对的、无条件的,越多越好,而是相对的、有条件的,一旦达到一定程度就不再是制约大学发展的主要因素。在某种意义上,大学自治、学术自由之于大学发展的

[①] 周濂.正义的可能[M].北京:中国文史出版社,2015:27.
[②] 菲利普·阿特巴赫,乔治·巴兰.世界一流大学:亚洲和拉美国家的实践[M].吴燕,宋吉缮,等,译校.上海:上海交通大学出版社,2008:192.
[③] 竹内弘高,野中郁次郎.知识创造的螺旋:知识管理理论与案例研究[M].李萌,译.北京:知识产权出版社,2012:68.

重要性类似于创新之于公司发展的重要性。"任何一种环境中都有一个你必须要达到的创新门槛水平;唯有如此,你才能够与竞争者进行博弈。那些无法达到创新门槛的公司是不可能赢得胜利的。但一旦你越过了这个门槛——而这也是让我们惊讶的——尤其是在动荡的环境中,创新能力的重要性似乎就要大打折扣。"① 具体而言,当大学严重缺乏自治、学术严重缺乏自由之时,大学自治、学术自由是医治大学之"病"的"良药"。此时,大学一旦获得自治、学术一旦获得自由,将迎来大学和学术发展的黄金时代;但当大学已基本实现了自治、学术已基本实现了自由,抑或当大学自治和学术自由的程度已经不是影响大学发展的主要因素时,如果我们仍将精力集中于大学自治、学术自由,力争更大程度的大学自治与学术自由,无疑是舍本逐末。

就像人会生病,有时是因为营养问题,有时则是因细菌或病毒感染。当一个人的病是营养不良所致时,补充营养之后病即可痊愈。但若一个病人不存在营养不良的问题,此时若仍不断补充营养,即便对于疾病的治疗有所帮助,但也肯定不会起主要作用。就大学的可持续发展而言,一定程度上的学术的自治与自由只是必要条件之一而非充分条件,更不是充要条件。当前在世界上大多数(民主)国家,大学自治与学术自由作为大学发展的基础条件已基本实现制度化,并受到法律的保护,无论是教会还是国家,公然侵犯大学自治、学术自由的事件不是没有,但肯定不再是高等教育发展所面临的主要矛盾。尤其是在世界一流大学建设运动中,由于对科学无止境的追求,"金钱的力量和大学对金钱的渴望,将极大地改变大学的发展模式,正在并将深远地重塑大学的教育和学术、组织和制度、使命和追求"②。基于此,我们必须审慎思考那些对大学的批评和建议:哪些是有意义的?哪些是无意义的?在何种情境下、何种行为对于大学自治、学术自由会造成伤害?在何种情境下、何种行为预示着大学自治、学术自由有可能是在被滥用的?并从实践出发寻找出大学怎么进行合适的改革才能做得更好。

作为现代社会中的一种常识理性,无论大学自治还是学术自由都不是程度越高越好,而是有其限度。大学的历史也表明:"当大学最自由时却最缺乏资源,当它

---

① 吉姆·柯林斯,莫滕·T.汉森.选择卓越[M].陈召强,译.北京:中信出版社,2012:102.
② 叶赋桂,陈超群,吴剑平,等.大学的兴衰[M].北京:清华大学出版社,2016:30.

拥有最多资源时则最不自由（这并不是说自由可以自动地结出丰硕的学术之果，而控制一定会阻碍学术水平。18世纪英格兰大学的自由导致大学变得死气沉沉和享乐主义泛滥；而19世纪受国家控制的德国大学教授不管洪堡教学自由的理论，却写出了杰出的学术著作）。"[1]和人类社会很多事物的发展一样，在通常情况下，"适度"最好。大学的发展虽然需要对可能侵犯大学自治、学术自由的行为时刻保持警惕，但绝不能时刻将其作为大学的中心工作或工作的中心。就像国防和军队建设对于一个国家的发展至关重要且不可或缺，但一个正常国家发展的中心工作绝不能一直是军事和国防建设。当今世界一个国家高等教育的质量或大学的办学水平，绝不是由该国大学自治、学术自由的程度决定的，而是由这个国家的综合国力和大学的创新创业能力决定的。作为范式转型的一部分，在加大资源投入的同时，"你必须发展创业型的领导能力，和院校的自治齐头并进"[2]。在我们时代，如果大学不能以创新的思维对于现实世界的真实挑战做出创业型的反应，而只是固守传统的大学自治和学术自由，那么大学发展的危机将不可避免。

长期以来，在世界范围内受西方大学范式的影响，以大学自治、学术自由为核心的经典理念始终被视为是影响大学兴衰的主要变量。大学自治、学术自由之于大学发展亦是不证自明的高等教育"真理"。当前在世界一流大学和一流学科建设中以大学自治、学术自由为核心的传统价值观开始面临挑战。当然，所谓"挑战"并非要否定大学自治、学术自由的地位或价值，而只是意味着对于大学自治、学术自由和大学发展之间的关系需要重新检讨和审视。在西方文化中大学自治与学术自由属于一种"常识理性"，有着悠久的传统。从某种表面上是普世主义但实质上是西方中心主义的观点来看，当今世界无论哪个国家的大学基本上都是基于对欧洲大学的模仿。文化逻辑上，既然我们选择了欧洲大学模式，就需要接受欧洲大学的理念或价值观。基于此，一种显而易见的判断就是，"在那些学术自由全无或

---

[1] 伯顿·克拉克.高等教育新论——多学科的研究[M].王承绪,徐辉,等,译.2版.杭州:浙江教育出版社,2001:26.
[2] 伯顿·克拉克.建立创业型大学:组织上转型的途径[M].王承绪,译.北京:人民教育出版社,2003:167.

被严格限制的国家,不管财政支持和资源有多少,研究型大学都不可能建设成功"①。这种判断从形式逻辑上看,或许是没问题的,但它的前提假设无疑过于苛刻,实践中很难被证实或证伪。因为很难找到一个国家全无学术自由或被严格限制,同时又投入巨额资金来建设研究型大学。事实上,这句话本身可能就是自相矛盾的。因为一个国家如果全无学术自由或被严格限制,根本不可能投巨资来建设研究型大学;相反,如果一个国家已经决定投巨资来建设研究型大学,那么通常不太可能全无学术自由或被严格限制。真实的世界上,大学自治和学术自由不是有或无,而是会一直处于一种张力之中。作为一种权利和权力,实践中,学术自治和自由有时空间大,有时空间小,但完全没有学术自治和自由空间的极端情况极少发生。

历史上,在象牙塔的时代,大学自治、学术自由之于大学的发展至关重要。原因在于,那时的大学更接近于一个教化机构,规模小、人员少,与外界的主要冲突和连接点多集中于价值方面而不是利益。我们时代的大学发展的环境发生了巨大变化,科学研究成为代价不菲的国际化"产业",世界一流大学和一流学科更是高不可攀的"奢侈品"。在全球化的背景下,好的大学理念或学术价值观对于大学的发展虽然仍至关重要,但人才与资金的重要性无疑正在显著增加。对于研究密集型的世界一流大学和一流学科建设而言,更是如此。经过近千年的积淀,在理念作为"软件"已经嵌入大学组织和治理结构的前提下,资源的筹集和人才的引进正在成为影响世界一流大学建设成败的关键。在大学自治、学术自由程度大体相当的情况下,通常政府投入的经费越多,这个国家的大学在世界大学的排行榜上的进步就会越快。

近年来,以中国为代表的发展中国家的高等教育发展实践就表明,"学术自由和研究型大学之间好像存在非常微妙的平衡。只要限制不是太厉害,在学术自由不完全的情况下也可能建立相当成功的研究型大学"②。当然,对中国大学在世界

---

① 菲利普·阿特巴赫,乔治·巴兰.世界一流大学:亚洲和拉美国家的实践[M].吴燕,宋吉缮,等,译校.上海:上海交通大学出版社,2008:13.
② 菲利普·阿特巴赫,乔治·巴兰.世界一流大学:亚洲和拉美国家的实践[M].吴燕,宋吉缮,等,译校.上海:上海交通大学出版社,2008:14.

大学排行榜上的优异表现,学界尤其是西方学界有不同看法。一种看法认为,中国大学的迅速崛起为世界一流大学建设提供了一种中国特色的新模式;另一种看法则认为,中国大学的既有的成功恰恰得益于对西方大学的部分模仿,同时,由于缺乏西方学界意义上的大学自治和学术自由,中国的世界一流大学建设很快就会触及"玻璃天花板",很难真正成为世界一流。有学者认为,若不能获得更大的自主权、减少科层制以及享有更多的学术自由,中国高校就难以成为领导者,因为科技和经济的现代化不可能脱离产生这种创新的政治和社会制度。也有学者认为,尽管高等教育主要是为了培养个人的能力和对知识的批判性思考,但这并不意味着必须要在西方自由主义的政治体系下才能实现,也不意味着一个领域的全球模仿和政策借鉴必须应用到另一个领域。①

两种看法基于相同的事实,表面上看,观点左右,但实质上只是"看好"与"看衰"中国的态度的微妙差异,没有实质的区别。未来有太多的不确定性,中国大学在通往世界一流的过程中可能既改变着自己也会改变着世界一流大学本身。"过去30年来,观察者看到了世界是如何影响中国的,而现在有必要了解中国是如何在广泛的维度上影响着世界。在中国和全球化之间,我们不应该选择性地认为中国被国际力量所改造或者中国改造着全球结构。相反,我们应该同时考虑所有的视角。"②最终,通过"双一流"建设,中国能否建设成真正的世界一流大学和一流学科,或者能否开创出世界一流大学建设的中国模式,一种"既有全球竞争力、也有文化相关性的学术模式"③,绝不是理论上可以预测出来的,也不是一种乐观或悲观的态度可以决定的,而是取决于未来我们到底怎么做。

实事求是地讲,对于当前中国高等教育改革与发展的现状,一方面必须承认近年来中国大学在世界一流大学建设中取得了长足进展,另一方面也必须认识到这些成绩的取得主要是靠财政驱动和量化评价而非制度的优势。如果说当前的政策

---

① 刘念才,程莹,王琪.从声誉到绩效:世界一流大学的挑战[M].江小华,译.上海:上海交通大学出版社,2017:126.
② 刘念才,程莹,王琪.从声誉到绩效:世界一流大学的挑战[M].江小华,译.上海:上海交通大学出版社,2017:117.
③ 菲利普·阿特巴赫,乔治·巴兰.世界一流大学:亚洲和拉美国家的实践[M].吴燕,宋吉缮,等,译校.上海:上海交通大学出版社,2008:100.

工具在世界一流大学建设的起步阶段还不失为一种有效的选择,那么随着中国大学在排行榜上的名次逐渐上升,我国世界一流大学和一流学科建设的策略与政策必须有所改变,必须认真考虑学术生产力的成本,以及有效的学术贡献,而不能只是盯着论文数量的增加和大学与学科排名的提升。进一步来说,为建成真正的世界一流大学和一流学科,中国高等教育必须进行全面且根本性的变革,必须从单一的政策驱动改革向政策驱动改革、市场驱动改革和知识驱动改革齐头并进转型;尤其是要通过深化体制改革,改变大学对政府的依附关系,并充分调动大学自身在世界一流大学和一流学科建设中的积极性和主观能动性,扩大高校办学和改革的自主权。"如何在院校自治和中央政府的角色之间做出微妙的平衡,是中等收入国家建设世界一流研究型大学的关键所在。虽然政府应当提供财政和制度支持,但如阿特巴赫所言,院校自治是促进学术自由和创新的知识环境的关键。"[①]就正在推进的"双一流"建设而言,中国在经济实力方面可能远比人才储备方面更有优势。但对于世界一流大学建设而言,资金和人才必须保持同样充裕,仅仅有钱并不能成就真正的世界一流大学,关键还是要能够通过思想解放和制度创新以汇聚全球科学精英。对于"双一流"建设,中国的体制有利于"集中力量办大事",但归根结底,"中国特色、世界一流"大学的兴起仍然要遵循高等教育发展的一般规律,而不可能创造新的高等教育规律。面对未来,中国大学想要在科学与知识共同体中找到自己的定位,想要在世界大学群体中确立自己的地位,就必须保持人才、资源和理念的平衡,必须在遵守学术规则的前提下积极参与国际合作,并对中国文化与知识传统的复兴承担起必要的义务。

---

① 菲利普·阿特巴赫,乔治·巴兰.世界一流大学:亚洲和拉美国家的实践[M].吴燕,宋吉缮,等,译校.上海:上海交通大学出版社,2008:103.

第八章　从优秀到卓越:"双一流"建设的价值澄清

当前"双一流"建设面临大学和学科排名的困扰。在各种排行榜的影响下,排名的一流成为"双一流"建设成果的重要标志。为了摆脱排名对高等教育内涵式发展的困扰,大学需要超越以排名论一流的话语方式和政策取向,重拾古典的卓越传统,澄清大学发展的核心价值。从传统到现代,从理论到实践,真正的"好"大学始终是从理念到行动均朝向卓越的大学,而不是从思维到行为一路追逐排名的大学。

当前在我国"双一流"建设实践中,对于排名的追逐也正在成为不少大学的办学目标。由于激励机制的扭曲,排名高的大学乐于享受高排名带来的荣耀与资源,排名不高的大学则会筹集资源、引进人才,寄希望于下一年度可以有更好的排名。实践中,为了使得绩效评价具有可操作性,很多大学开始围绕排行榜办学,将排行榜的指标作为大学发展的核心要素。由于大学排行榜过于依赖科研成果的可量化数据,高质量的教育不可避免地受到损害。"因为一流教育所作出的贡献很难衡量,也很少获得公众认可,所以一流教育的光芒往往被其他有形的标准所掩盖,如高分、增加新的项目、成功融资等。"[①]"重论文发表轻本科教学"成为我国高等教育改革中难以根治的顽疾。

第一节　警惕排名的误区

近年来,由于各种排行榜的盛行,大学的使命和价值观正在被重塑。"世界大

[①] 德里克·博克.大学的未来:美国高等教育启示录[M].曲强,译.北京:中国人民大学出版社,2017:39.

学排名的兴起和发展导致学者们更重视自身研究工作的地位,而非研究的内容。这样的情形在全世界的学术圈中处处可见,比如学者们越来越关心论文发表期刊的档次,而不是关心科学发现本身的水平。"①其结果是政府、社会和民众对于大学的评价越来越简单、武断和表面化。很多大学将发展的重心转向了排名竞争,资源配置向有利于提升大学排名的指标倾斜,将名次上的提升当成了大学发展的中心工作。实践中,原本复杂的作为学术组织的大学被简化为了一种知识生产和输出的科研系统。"世界一流大学就像致力于知识进步的公司一样。它一方面生产知识,另一方面培养有能力生产、传播、应用知识的人。市场就是已建立的或正在形成的学科,产品就是概念,它是为特定的市场而创造的,但还会在其他的市场中培育出新的领域。"②由于市场逻辑和商业力量的强大,我们时代的大学无论是排行榜上的成功者还是失意者,对于排行榜的顺从远多于反思,反抗者更是寥寥无几。对于大学排名本身或以排名论一流的现象,零星的反对多是口头或姿态上的,而顺从则体现为实实在在的行动或战略选择。"就此而言,批评似乎是无用的,努力提升排名位次只能是应对排名劣势唯一的理性反应。"③

在排名体系中,所谓"一流"主要是比较的概念,是竞争的结果,没有排名竞争无所谓"一流"。所谓"世界一流大学"本应是"竞争性"与"功能性"的统一,但以排名为参照,"竞争性"就要大于"功能性"④。"世界一流大学"作为一个概念的兴起,起源于高等教育边缘国家与中心国家的比较,体现了一种追赶的心态。历史上,那些公认的世界一流大学,其实不会或不愿给自己贴上世界一流的标签。对那些世界公认的一流大学而言,它本身的卓越是独一无二的,无须与其他的大学进行排名上的比较。如有学者所言:"'世界一流大学'一词因为其规范性缺乏客观定义而受到质疑。'什么是世界一流?'这一说法受到一些学者的嘲讽,尤其是美国学者。但是对于追求这一殊荣的大学和国家来说,这个说法是很有意义的。'世界

---

① 刘念才,Jan Sadlak.世界一流大学:战略·创新·改革[M].上海:上海交通大学出版社,2009:98.
② 刘念才,Jan Sadlak.世界一流大学:特征·排名·建设[M].上海:上海交通大学出版社,2007:224.
③ 郑俊新,罗伯特·K.陶克新,乌尔里希·泰希勒.大学排名:理论、方法及其对全球高等教育的影响[M].涂阳军,译.长沙:湖南大学出版社,2018:49.
④ 刘春荣,李红宇."质量"抑或"一流"——从"985工程"透视中国式"世界一流大学"的功能性与竞争性[J].中国高教研究,2012(1):23.

一流大学'是一个令人向往的目标,它反映了大学希望产生全球影响,并得到全世界认同的愿望。"①由于我们时代的大学对于竞争和排名的痴迷,对于"相对地位"的过分敏感,"世界一流大学建设"原本只是部分高等教育边缘国家追赶型大学为自己确立的一个向高等教育中心迈进的"远大目标",却意外成为全世界很多国家高等教育发展政策的战略选择。

由于在排行榜上大学的排名是依据量化评价的得分,大学与大学之间实质上微小的差距都有可能会被放大为彼此相差悬殊的名次。为了在有限的名次区间里获得尽可能好的排位,一个国家的大学与另一个国家的大学以及一个国家内部不同大学之间的排名竞争日益加剧。但事实上,"大学还包括理念、知识、信息、交流等典型的'非竞争性事物',都是不可排名的"②。如果大学的评价故意忽视这些重要的"非竞争性事物",那么由排名带来的竞争所换来的不是大学的更加优秀,而只会导致学术的泡沫化和高等教育质量的浮夸。更重要的是,"大学使命、大学价值、大学生活等均经不起客观的量化测量,它们会因排名和测量而发生变化,这是一种非常危险的境况"③。实践中,在排名的强刺激下,国家与国家之间、大学与大学之间的竞争越来越激烈,学术的产量越来越高,学者的身价亦随之上涨,但真正有价值的学术贡献或科学突破却没有同步的增加,大学对于经济社会的贡献仍然乏善可陈。

我们时代的大学之所以迷恋排名,是因为以排行榜为参照,世界一流大学是可以速成的。根据排行榜上那些可以量化的科研指标,"如果曾经建设一所世界知名的大学需要几个世纪,那么现在这个期限已大大缩短。因为知识的发现和转化周期不断加速,而且产生了新的合作与竞争的游戏规则。因此,在几十年内产生一所世界一流大学是有可能的"④。比如,香港科技大学建校"十年有成",二十年已接近世界一流的水平,再比如,南方科技大学成立刚刚七年,在2019年的泰晤士世界大学排名中已位列中国第八,世界前350名。但事实上,排行榜上的名次并不能反

---

① 王琪,程莹,刘念才.世界一流大学:国家战略与大学实践[M].上海:上海交通大学出版社,2011:19-20.
② 刘念才,Jan Sadlak.世界一流大学:特征·排名·建设[M].上海:上海交通大学出版社,2007:122.
③ 郑俊新,罗伯特·K.陶克新,乌尔里希·泰希勒.大学排名:理论、方法及其对全球高等教育的影响[M].涂阳军,译.长沙:湖南大学出版社,2018:84.
④ 刘念才,Jan Sadlak.世界一流大学:特征·排名·建设[M].上海:上海交通大学出版社,2007:92.

映大学的真实情况。就大学之所以为大学而不只是科学实验室的实质而言,任何一所卓越的大学都不可能在短时间内建成,而必须经过相对漫长的时间,逐渐演化或生长。究其根本,在排名体系下,对于一流的认知更多地取决于市场和商业的逻辑,喜欢量化评价;而对于卓越的理解则更多地取决于学术文化,需要时光的积淀。在市场化的情境下,一流大学强调的是具有可比性的短周期的数据,而在文化的情境下,卓越的大学更多体现的则是一所大学作为一种制度存在和组织机构的软实力,即"这个组织拥有由根深蒂固的核心价值构成的'精神传统'"[1]。当前世界一流大学和一流学科建设重视的是当下的或前一年的数据,这些数据根据相关指标是可以提前规划或计划的,但卓越的大学之所以卓越,强调的是过去的历史传统和传承因素的塑造力量,只能是组织持续演化的结果或未经计划的进步。换言之,在排名体系下,所谓一流大学呈现给我们的只是大学在某一年度的横切面,反映的是当年或前一年的情况,而卓越的大学则从历史的纵深处向我们呈现出一所大学之所以永续发展的根本动力——"一种制度化追求进步的驱动力"[2]。因此,要明确大学未来发展的方向,要了解那些成功的大学之所以成功,卓越的大学之所以卓越,只关注每年一次的排名绝对是不够的,我们必须关注大学成长的历程、自我革新的历程。

当前我国"双一流"建设高校的第一轮遴选透露出的重视第三方评价的信号,使更多的高校把精力转移到了改进大学和学科的排名上。在各种激励政策驱动下,大学忙于为提升大学和学科的排名寻找正确的"答案",而忽视了大学组织自身的生气和活力,忽略了作为根本任务的本科人才培养。如有学者所言:"中国在世界一流大学建设中应该避免向美国高等教育学习的五个方面:一元化的质量观;过分注重学术发表,甚至将其视为唯一的合法形式;以排名的结果界定学校的优秀程度;崇尚规模;注重为大学而不是公共利益进行资助。"[3]不过,现行政策和制度环境下,"双一流"建设高校之所以把更多精力放在了论文发表、人才计划、改进第三方评价、提升大学与学科排名等策略上,也是一种"理性"选择。很多大学绝不

---

[1] 詹姆斯·C.柯林斯,杰里·I.波拉斯.基业长青[M].真如,译.北京:中信出版社,2002:39.
[2] 詹姆斯·C.柯林斯,杰里·I.波拉斯.基业长青[M].真如,译.北京:中信出版社,2002:144.
[3] 刘念才,Jan Sadlak.世界一流大学:战略·创新·改革[M].上海:上海交通大学出版社,2009:56.

是没有意识到人才培养和本科教育的重要性,而是在科研至上、排名盛行的时代,在择优主义和重点建设盛行的政策环境中,没有哪个学校愿意或可以承担因重视本科教育而可能导致大学和学科排名下滑的风险。

在创新驱动发展的新时代,我们是需要建设世界一流大学,但在建设一流大学时我们必须好好思考,到底需要什么样的一流大学以及如何建设一流大学。这个问题如果不解决好,一流大学建设很容易被排行榜引入歧途。"创建世界一流大学的长远规划及其实施情况应密切联系国家的经济社会发展战略,中小学教育正在进行和将要实施的改革,以及发展其他类型高校的计划,从而形成一个完整的包括教学型大学、研究型大学和技术型大学的高等教育系统。"[①]基于此,只有系统思考而不只是围绕各种排行榜实施重点建设,我国的世界一流大学和一流学科建设才能真正促进而不是抑制高等教育系统的优化。

第二节　优秀与卓越的差异

对一流大学建设而言,一流人才的多寡,行政机构是否训练有素,校长品质(包括道德与能力)的高低三个因素至关重要,且彼此高度相关。若一流人才匮乏、行政机构臃肿,大学就会倾向于官僚化,校长的品质也有较大的概率会比较低。只有学术精英汇聚、行政机构训练有素、校长品质高三个条件同时满足,大学才能从优秀走向卓越,成为真正的世界一流。当前以各类排行榜作为参照,我国的世界一流大学建设取得了长足进展,但在上述三个方面仍然存在短板。首先世界级的人才少;其次无论政府对于大学的管理还是大学内部的管理,行政化问题仍然很严重;最后在现有体制下,符合政治要求的教育家型的大学校长仍然有限,大多数校长专业化和职业化程度不高,缺乏创新和创业精神。

尤其需要注意的是,近年来随着我国大学在世界大学排行榜上的"异军突

---

① Jamil Salmi.世界一流大学:挑战与途径[M].孙薇,王琪,译校.上海:上海交通大学出版社,2009:59.

起",一流人才稀缺、缺乏良好管理以及校长的专业化不足等问题被掩盖,以政府主导、政策驱动、资源密集为典型特征的世界一流大学建设被冠以"中国模式"大肆宣传。但事实上,在国家的创新驱动发展战略中,"尽管中国大学在促进前沿技术发展以及新的国家或企业层面创新成果扩散上起到了重要的作用,但它们对于创造突破性创新的贡献依然有限"①。仔细观察,在我国新一轮高等教育竞争中迅速崛起的那些高校,无论是新建的公立高校,如南方科技大学、上海科技大学,还是民办的西湖大学,抑或是像苏州大学这样办学历史相对悠久的原"211"高校,大多依靠巨额的投入在人才引进、科研产出等方面取得了令人瞩目的成就,并通过在国际刊物上发表论文,大幅提升了学校的排名,其体制方面的优越和内涵式发展尚没有完全显现。

世界范围内,就一流大学建设的经验来看,资源依赖无疑是"硬约束"。无论哪个国家,没有雄厚的资金支持不可能建成世界一流大学,但这并不意味着只要有了足够的资金就一定能够建成世界一流大学。就像食物和水,"它们对生命至关重要,但决不是人生的目标所在"②。资源作为一种外因必须通过优秀的高层次人才、专业化的管理等内因,才能真正促进大学的内涵式发展,并实现从优秀走向卓越。如萨尔米所言:"大学的出色表现可以从根本上归因于三组互为补充、缺一不可的因素群:人才汇集(包括教师和学生);教学资源丰富,科研费充裕;管理规范,不仅能够激发出战略愿景、创新和活力,而且能够在进行决策和管理资源时不受官僚作风的影响。"③无论何时,也无论在哪个国家,充足的经费只有配以优秀的校长、一流的人才、训练有素的管理团队,才有可能成就一所真正卓越的大学。

柯林斯曾言:"优秀是卓越的大敌。我们没有卓越的学校,主要是因为我们有优秀的学校。"④对于我们时代的大学而言,排名上的一流正在成为优秀的"标签",而这种优秀也阻碍着大学走向卓越,或者将高排名误以为就是卓越。从表面上看,努力争取更好排名的大学充满了进取性,但实质上,这些大学在精神上是安于现状

---

① 傅晓岚.中国创新之路[M].李纪珍,译.北京:清华大学出版社,2017:230.
② 吉姆·柯林斯.从优秀到卓越[M].俞利军,译.北京:中信出版社,2002:222.
③ Jamil Salmi.世界一流大学:挑战与途径[M].孙薇,王琪,译校.上海:上海交通大学出版社,2009:5-6.
④ 吉姆·柯林斯.从优秀到卓越[M].俞利军,译.北京:中信出版社,2002:2.

的,即安于"排名"的优秀,对于大学自身的存在价值和发展愿景缺乏系统思考,难以实现"自我超越"。如有学者所言:"中国建设世界一流大学的战略愿景基本上也只关注增加在国际刊物上发表论文的数量、建立最先进的实验室、建造更多的大楼、引进更多的学术大师,以及获得额外的经费投入等。就是这种愿景在很大程度上也只是抄来的而非自创的。"① 为了避免追逐排名的误区和盲目模仿的缺点,中央政府和最高领导人对于正在推进的"双一流"建设,明确提出了"中国特色、世界一流"的新理念,将"扎根中国大地办大学"确立为了世界一流大学和一流学科建设的指导思想。但实践中,政府的指导思想和顶层设计要转化为大学的具体行动,还需要好的理念与激励机制来配合。只有在观念上真正确立追求卓越的大学发展观,在体制层面上逐步杜绝短期功利主义的政策取向,大学的发展才会从优秀走向卓越。

当然,由于排名的客观存在和不可避免,那些卓越或伟大的大学也会登上大学排行榜或排在排行榜的前列,但并非排在排行榜前列的就是卓越的大学。同样,真正世界一流的大学也会排在某个大学排行榜的前列,但并非所有排在大学排行榜前列的大学都是真的世界一流。目前,美国是拥有世界一流大学最多的国家,中国的世界一流大学建设也以美国的世界一流大学为追赶目标。由于缺乏正确的发展观,在世界一流大学建设中,以中国最好的大学和美国最好的大学相比,一开始是比较论文的数量,后来是比较有质量的论文的数量,紧接着是比在主要大学排行榜上的最高排名。"大学的许多研究成果都因为不能满足企业的需要或是不能实现商业化而被束之高阁。"② 近年来,随着中国大学在科技论文发表的总数,自然指数以及在各种大学排行榜、学科排行榜上的排名不断取得突破,最终发现这些都不是中美最好大学之间最根本的差别。表面上看,美国的一流大学也高度重视科研活动,也鼓励教师发表论文,也会争取各种奖项,也会主动参与大学的排名,但除此之外,隐藏在这些数据背后的创新创业能力和追求卓越的精神才是美国研究型大学之所以"世界一流"的根本所在。进一步深究,支撑美国一流研究型大学创新创业能力和追求卓越精神的根本,则是植根于美国文化的大学发展观。这种杂糅了欧

---

① Jamil Salmi.世界一流大学:挑战与途径[M].孙薇,王琪,译校.上海:上海交通大学出版社,2009:50-51.
② 傅晓岚.中国创新之路[M].李纪珍,译.北京:清华大学出版社,2017:233.

洲大学精华的大学发展观不是移植于任何国家,而是美国大学自己的"发现"。"有一点很重要,就是你不能'创造'或'制定'核心理念,而是'发现'核心理念。要靠内省找到核心理念。核心理念必须真诚无欺。不能编造假的理念,也不能让理念理性化。必须发自内心地热情拥护核心价值和目的,否则就不是核心理念。"①

如果我们在一流大学建设过程中只是参照大学排行榜而缺乏对于中国大学核心价值观的思考和发现,只关注我们要建设的一流大学和美国的一流大学在各种数据上有什么共同之处或可比之处,而忽视了我们要建设的一流大学和美国的一流大学在本质上有什么不同,那么我们的世界一流大学建设只能是"形似",而很难做到"神似",更不要说"形神兼备"②。尤其是当我们的一流大学在很多排行榜上的排名与美国的一流大学的排名逐渐接近时,我们必须思考是什么东西使美国的一流大学有别于我们的一流大学。他们的大学有哪些东西是我们无法模仿的,我们又有哪些优势没有发挥。"没有反思仅是跟随他人的脚步可能会将我们带入未知的小路,而远离了能将国家的相对优势转化为竞争性优势的潜在知识。这就要求国家制定战略,从而使其沿着预设的方向前进。"③只有认清了那些卓越的大学之所以卓越的根本原因所在,建设中国特色的世界一流大学才有希望。

第三节 从追逐排名到走向卓越

与那些重视排名和短期绩效的一流大学建设不同,那些以卓越为目标的大学会更多地从哲学层面而非数目字层面来思考并寻找大学自身之所以要存在和发展的理由。如沃森所言:"一个组织的基本哲学思想对组织的作用比技术资源、经济资源、组织结构、创新和抓住时机的作用更大。"④从存在主义的视角看,无论教学、

---

① 詹姆斯·C.柯林斯,杰里·I.波拉斯.基业长青[M].真如,译.北京:中信出版社,2002:289.
② 史静寰."形"与"神":兼谈中国特色世界一流大学建设之路[J].中国高教研究,2018(3)8-12,23.
③ 王琪,程莹,刘念才.世界一流大学:国家战略与大学实践[M].上海:上海交通大学出版社,2011:112.
④ 托马斯·彼得斯,罗伯特·沃特曼.追求卓越:美国优秀企业的管理圣经[M].戴春平,等,译.北京:中央编译出版社,2000:14.

科研还是为社会服务都是大学用以证明自身存在合理性的一种手段,而不是大学自身存在的终极目的。过于强烈的功利主义和实用主义会危害大学的发展。"大学好比玫瑰园,那些喜好发表意见的学者就好比玫瑰上的刺,他们常常用很小的借口来指责政府。大学更像是玫瑰园而非丛林,因为它需要人们的时常照料。大学需要高瞻远瞩,需要高水平的审美眼光来提升自身价值。"①卓越的大学永远是充满理念性的而非功利性。"卓越"的管理方法可能失效,"卓越"组织的神话可能破灭,但追求卓越的理念永远不会过时。就像人的存在,在终极意义上,一定是精神性的。如苏格拉底所言:"不经考查的生活是不值得过的。"②一流大学建设也是如此。如果我们无法在哲学的层面上为大学的存在和发展给出合理的解释,那么大学将无法从优秀走向卓越。

大学就其组织性质而言,并不适合激烈的市场化的排名竞争。学术的发展与教育的繁荣有时需要的是"寂寞"与"自由"。大学的历史上,那些声名显赫的卓越的大学,如博洛尼亚大学、巴黎大学、牛津大学、剑桥大学、柏林大学、东京大学、北京大学、清华大学等更多的是靠某种"创造性垄断"而成为伟大的存在,而不是靠排名排出来的。即便是在被视为市场竞争典范的美国高等教育体系中,以"常春藤盟校"为代表的一流研究型大学的形成也并非排名竞争的产物,而是与大学的历史传统和创新能力密切相关。彼得·蒂尔和布莱克·马斯特斯曾以企业为例,对"创造性垄断"进行过解释。如他们所言:"做出 10 倍改进最明确的办法就是创造全新的事物。如果你在一个领域创造了前所未有的有价值的事物,理论上,公司的价值就会无限增长。……或者你可以彻底改进一种已经存在的事物:如果你可以做到 10 倍好,你就可以避开竞争。"③大学虽然不像企业那样可以凭借知识产权严格保护而实现"创造性垄断",但创新能力和创业精神之于大学的发展同样至关重要。某种意义上,世界一流大学和一流学科建设也是一种"创新创业"的过程。只要大学和学科"有目的但不可预见"的"创新"没有停止,大学和学科本身就依然处于

---

① 菲利普·阿特巴赫,乔治·巴兰.世界一流大学:亚洲和拉美国家的实践[M].吴燕,宋吉缮,等,译校.上海:上海交通大学出版社,2008:85.
② 柏拉图.柏拉图对话集[M].王太庆,译.北京:商务印书馆,2004:50.
③ 彼得·蒂尔,布莱克·马斯特斯.从 0 到 1:开启商业与未来的秘密[M].高玉芳,译.北京:中信出版社,2015:66.

"创业"之中。

作为一种强激励,竞争性排名有它自身的好处。"小组与小组之间,乃至组织与组织之间进行竞争,可以增强士气,鼓励创造性。"①高等教育实践中,市场化的竞争性排名可以提高大学的学术生产力,也可以部分抑制大学的保守性;但排名竞争也有排名竞争的劣势。"20世纪80年代和90年代早期的一些排名系统挑动了学院与大学在各个方面的竞争,如学生、职员、设施、捐赠。尽管竞争产生了赢家与输家、促进了教育完善,但也同时造成了整体无能,竞争对于所有参与者均造成了极为深远的影响。而国际排名系统只会加剧这种竞争并导致机构间更深层次的'贫富差距'。随着各机构加入全球争夺资源的行列,竞争导致的不平等会对学术机构及其他机构产生毁灭性的影响。"②此外,"竞争使我们过分重视过去的机会,一味重复过去的模式"③。更为严重的是,排名竞争使我们看待大学的方式发生了变化,使大学在诸多职能之间失去了平衡。不过,"失去平衡"固然不好,但这并不意味着"平衡"本身就是卓越的大学值得追求的目标。

柯林斯和波拉斯在《基业长青》一书中就认为,"'平衡'意味着中庸路线、彼此各半。高瞻远瞩的公司不在短期和长期之间寻求平衡,追求的是短期和长期都有优异表现;高瞻远瞩的公司不光是在理想主义和获利能力之间追求平衡,还追求高度的理想主义和高度的利润;高瞻远瞩的公司不光是在保持严谨形状与刺激勇猛的变革和行动之间追求平衡,而是两方面都做得淋漓尽致。简单地说,高瞻远瞩的公司不希望把阴和阳混合成灰色,成为既非至阴、又非至阳、不清不楚的圆圈,而是同时和随时以阴阳区分目标"④。那些真正卓越的大学也是这样。即便同时坚持两个"相反"的理想,却仍然能够同时获得成功。所谓"创新不忘守恒"⑤。在对立中寻求统一。无论历史上还是现实中,那些追求卓越的大学不但要能在长期与

---

① 戴维·奥斯本,特德·盖布勒.改革政府:企业家精神如何改革着公共部门[M].周敦仁,等,译.上海:上海译文出版社,2006:46.
② 郑俊新,罗伯特·K.陶克新,乌尔里希·泰希勒.大学排名:理论、方法及其对全球高等教育的影响[M].涂阳军,译.长沙:湖南大学出版社,2018:155.
③ 彼得·蒂尔,布莱克·马斯特斯.从0到1:开启商业与未来的秘密[M].高玉芳,译.北京:中信出版社,2015:52.
④ 詹姆斯·C.柯林斯,杰里·I.波拉斯.基业长青[M].真如,译.北京:中信出版社,2002:58.
⑤ 詹姆斯·C.柯林斯,杰里·I.波拉斯.基业长青[M].真如,译.北京:中信出版社,2002:283.

短期的目标中同时表现优异(没有一系列短周期的优秀表现,难以想象突然而至的卓越),而且还要能在大学内部那些可能相互矛盾的活动中同时表现优异。比如,教学与科研要同样卓越,基础研究和应用开发研究要同样优异,人文情怀与创新能力、创业精神要同样突出。唯有如此,大学的理想主义和现实主义才能相得益彰。

  如果一所大学只是在短周期的、可量化的指标上表现优秀,那么它有可能在短时间内成为一所排名意义上的一流大学或优秀大学,但它不可能成为一所真正卓越的大学。"与排名对机构实践的同构效应一样,排名也使许多大学在学生社会经济地位上具有更强的同质性。"①真正卓越的大学一定是独特的而非同质的,世界上不会有第二个哈佛,也不会有第二个耶鲁,哈佛与耶鲁都是独一无二的。北大、清华也一样。他们都深深植根于自己的历史,并努力以不同方式持续开创各自的未来。哈佛与耶鲁之间、北大与清华之间不存在排名意义上的竞争,如果有"创新创业"意义上的竞争的话,也是各美其美、美美与共。

  如果拘泥于排名体系,排名低的大学总是以排名高的大学为标杆,并明确设定要在什么时间达到什么名次,那就违背了大学自身发展的规律。如西蒙·马金森所言:"由于世界500强高校的总数无法增加,就拥有世界一流大学的国家数量和世界一流大学数量的增加情况而言,使用排名来定义世界一流大学会低估科学的发展以及世界一流大学建设的成果。例如,当新增的世界一流大学和已有的世界一流大学同步发展时,排名并不会呈现什么变化,尽管高校整体的表现大幅提升。"②毕竟,无论排行榜的数据多么翔实、指标多么科学合理、结果多么有说服力,那都只是大学的可见的信息的一部分,不可能是大学的全部。特定时间里每所大学的发展都只有一次机会,大学不应将抱负放在争取更高的排名上,而应将全部精力放在自己擅长的事情上。

  总之,就像卓越的公司不应过度追求盈利一样,一流大学建设也需要避免过度追求漂亮的排名或评估数据。"取得高排名应该作为追求全面卓越的结果,而不只

---

  ① 郑俊新,罗伯特·K.陶克新,乌尔里希·泰希勒.大学排名:理论、方法及其对全球高等教育的影响[M].涂阳军,译.长沙:湖南大学出版社,2018:153.
  ② 刘念才,程莹,王琪.从声誉到绩效:世界一流大学的挑战[M].江小华,译.上海:上海交通大学出版社,2017:58.

是在追逐成为'世界一流大学'的过程中一场无趣的审计活动。"①无论何时,真正改变这个世界的绝不是那些排行榜上的名次,而是那些卓越的大学本身作为一种伟大而持久的制度存在,融入社会的结构里。对于那些普通大学而言,最需要的是为社会和个人提供具体的"产品"和"服务",但那些卓越的大学则应成为人类社会的"报时人"而不是制造"时钟"②。正如"沃尔特·迪斯尼最伟大的创造是沃尔特·迪斯尼(公司)"③,"休利特和帕卡德最终的创造品不是声音示波器,也不是袖珍型计算器,而是惠普公司和惠普风范。沃尔顿最大的创造不是沃尔玛的理念,而是沃尔玛公司,是这个能够大规模执行零售业理念、执行成效胜过世界上任何一家公司的组织"④,哈佛大学最伟大的创造也不是某项具体的科研成果或某一个优秀的毕业生,而是哈佛大学本身,其他伟大的大学也一样。随着时间的推移,无论再伟大的科研成果都有可能会被证伪或被淡忘,再优秀的毕业生也都有可能被超越,所有的规划和服务也都会过时,但大学自身的伟大可以经受住漫长的可以吞没一切的时间历程的考验⑤,只要大学的制度安排仍足以给组织提供永续发展的持久动力。因此,一流大学建设要由优秀走向卓越,必须摆脱排名的羁绊,必须立足于无垠的空间和无限的时间,为整个人类的未来,并代表整个人类进行持续的思考和探索。"追求卓越,和追求所有具有永恒价值的事物一样,是一场持久的马拉松,而不是短跑。"⑥这样讲,并不意味着一种大学的理想主义,而是一种现实主义。因为一所卓越的大学实际上就是这个样子,而不是应该是这个样子。

---

① 王琪,程莹,刘念才.世界一流大学:共同的目标[M].上海:上海交通大学出版社,2013:53.
② 詹姆斯·C.柯林斯,杰里·I.波拉斯.基业长青[M].真如,译.北京:中信出版社,2002:9.
③ 詹姆斯·C.柯林斯,杰里·I.波拉斯.基业长青[M].真如,译.北京:中信出版社,2002:27.
④ 詹姆斯·C.柯林斯,杰里·I.波拉斯.基业长青[M].真如,译.北京:中信出版社,2002:38.
⑤ 约翰·布鲁贝克.高等教育哲学[M].王承绪,等,译.杭州:浙江教育出版社,2002:30.
⑥ 刘念才,程莹,王琪.从声誉到绩效:世界一流大学的挑战[M].江小华,译.上海:上海交通大学出版社,2017:37.

第三编

治理的改进

第九章　学院的性质及其治理

随着大学治理的深入推进以及学院规模的不断增大,学院的治理成为必然选择。学院是大学的基本组成部分,兼具行政与学术双重属性。作为行政组织,如何协调大学与学院、学院与学院的关系是学院外部治理的核心命题;作为学术组织,学院内部治理的关键则在于,平衡教授"个人统治"与"学院式统治"的张力。作为大学的二级单位,学院并不具有独立的法人地位,学院治理更多的是象征性的而非实质性的。尽管如此,相较传统的行政管理,学院治理更有利于大学实现"基层变革";有效的学院治理是实现大学治理的必要条件。通过学院治理培育治理文化、调动师生参与治理的积极性,进而才能实现大学治理体系和治理能力的现代化。

一般而言,大学由学院组成,学院是大学的主体结构,二者职责同构。正如大学制度以学院制度为基础,大学的治理也以学院的治理为支撑。"治理也是一种用来估计组织之备择模式效率的实践。其目的在于通过治理机制实现良序。"[①]实践中只有通过学院治理这一手段,大学才能得以实现有序运行。当前伴随高等教育规模的不断扩大,大学的平均规模迅速增加,在那些巨型大学内部,学院不但在结构上而且在规模上越来越接近"小大学"。在此背景下,无论是作为法人实体的大学还是作为大学二级单位的学院,对治理的需要都日益迫切。

---

① 奥利弗·E.威廉姆森.治理机制[M].石烁,译.北京:机械工业出版社,2016:11.

第一节　学院何以存在及治理的必要

大学由行会演化而来,最早多为单科性的,稍后,以巴黎大学为"模板",文、法、神、医成为中世纪大学的主要系科。早期的大学组织与制度层面均较为松散,缺乏必要的建制,不同的系科也就意味着不同的专业,而不同的系科和专业全依赖不同的课程或课本来相互区分。"大学的住宿学院(college)就是13世纪为接待贫穷学生而创建的。最初,住宿学院基本上是施舍机构,其创建者,即世俗的或宗教的富裕人士捐赠一些房屋或经常收入,供一些贫困学生居住和生活。一个通常具有学位的'守护人'或'院长'被选举出来,负责监督纪律和遵守章程。"[①]后来,随着办学地点的相对稳定以及规模的扩大,大学的建制含义与制度性越发明显。原本单纯提供居住功能的学院开始向教学功能转型。刚开始学院还只是提供一些辅助教学或非正式课程,但稍后由于辩论的盛行吸引了大量的外部听众,从而为学院赢得了极大的声誉,从而使学院的教学活动在大学教学中的地位逐渐提升,并最终促使学院从住宿机构转型为了教学机构。

以剑桥大学为例,学院到15世纪已在剑桥生根,并成为强有力的组织。不过,那时候学院还不是剑桥大学"传道、授业、解惑"的地方,而是住宿的地方,教学向来是被大学垄断的职权。到了16世纪以后,特别是18世纪,大学的教学功能逐渐转移到学院手中,大学差不多只剩下颁给学位的权力。在英国,长期以来,由于学院得到皇室教会的眷爱,财源丰富,大学则相形见绌。在18世纪,学院确有"喧宾夺主"之势。到了19世纪,特别是20世纪初叶,这种情形发生了重大的改变。自1882年,特别是1926年的法案之后,教学的职权彻底归还给大学。学院则保留了甄选学生入学权及非形式化的"导修"工作。目前,剑桥的教育设备固为大学所提供,教师薪金亦皆来自大学,学院的独立性为之大大削弱。大学与学院已出现了一

---

① 雅克·韦尔热.中世纪大学[M].王晓辉,译.上海:上海人民出版社,2007:56.

新的关系①。

一、学院何以存在

第二次世界大战后,在世界范围内随着研究型大学的全面崛起,学院亦随之趋向于"研究性"。当前无论在哪种类型的大学里,学院均同时兼有教学与科研的双重职能。从中世纪大学到现代大学,学院从住宿机构向教学机构与学术组织的转型绝不是偶然的,其背后起决定作用的乃是大学的内在逻辑。换言之,大学对作为教学机构与学术组织的学院的需求远胜于对作为住宿机构的学院的需求。现代大学里可以没有作为住宿机构的学院,但不能没有作为教学机构与学术共同体的学院。具体而言,原因有三:

第一,学院的存在是学科制度化的需要。历史上,随着大学的制度化,大学内部的系科不可避免地要制度化。文、法、神、医不可能总是依赖不同的课本来相互区分,而是要有不同的建制来加以标识。早在18世纪末,康德在《系科之争》的开篇中就指出:"当有人最初想到要像在工厂里那样,通过劳动分工来处理学术研究的整体(其实是献身于学术的那些头脑),并将这种想法公开付诸施行时,这并不是一个糟糕的想法。在这种安排下……他们通过各自的系科(即较小的,按照学术的主要专业而加以区分的不同社团,大学的学者分属其中),一方面接收那些通过竞争由低等学校升上来的学生,另一方面也通过其自身的权力,依据考核来把一种公认的级别授予(给他们评级)被称为博士的自由教师(他们不是大学的成员)。"②以中世纪大学为参照,在康德眼中,学院是按专业"加以区分的不同社团",某种意义上,还是无形的(学院)。康德之后,随着欧洲高等教育近代化的基本完成,尤其是在1850年至1945年间,随着学科制度化进程的快速推进,学院成为大学最基本的组成部分,并一举奠定了现代大学内部校、院、系三级建制的基本架构。华勒斯坦在《学科·知识·权力》一书中就指出:"长久以来,知识分子生态系统借持续不断的分门划界,分割成'分离'的建制和专业空间,以便达致目标、方法、能力和实

---

① 金耀基.大学之理念[M].北京:生活·读书·新知三联书店,2001:128-129.
② 伊曼努尔·康德.论教育学[M].赵鹏,何兆武,译.上海:上海人民出版社,2005:61.

质专业技能的表面细分。"①当前世界范围内,没有哪所大学没有学院,也没有哪个学院不是以相关的学科为基础,学院作为大学内部学科的组织建制满足了学科制度化的需要,并为相关学科的知识生产、传播与应用提供了制度性保护,同时也为学者提供了一个学术之"家"。

第二,学院的存在可以节约学术交往和人才培养的成本。大学对于人才的培养不是任何单一学科或单一学院可以完成的。手工艺人可以师傅带徒弟,一个人开店,但大学教师不行。在本质上,大学是一个提供高等教育的机构,而要实现对人的高等的教育大学必须是多科的,且要教学与科研兼备。科斯在《企业的性质》一文中探讨了组织为何存在、企业为何存在,他的结论就是,企业的显著特征是作为价格机制的替代物。换言之,因为交易成本的存在,经济活动或资源的配置不可能完全或总是依靠价格机制来决定;为了节约交易成本,作为协调者的企业家不可或缺,作为组织的企业的存在也就不可避免②。

对于大学而言,学院的存在同样可以节约学术交往和人才培养的成本。就学术研究而言,没有任何一门学科仅靠本学科的知识可以存在并发展,也没有哪个学科的学者可以"闭门造车"。如果没有学院的存在,单靠学者个体的自发交往,高昂的成本会使科学的出现机会渺茫。就大学的人才培养而言,同样如此。没有哪个学科的人才培养不需要其他学科的资源来支撑,也没有哪个学院的人才培养不需要其他学院的相互支持,大学的人才培养永远是多学科性的。没有哪所大学会仅有一所学院,也没有哪所大学可以依靠学院之外的力量来培养人才。

第三,学院的存在是为了应对管理收益递减。除了人才培养、学术交往和学科制度化的需要之外,学院的存在也是有效进行行政管理的需要。"不管多么努力精简管理结构和过程,学校实体机构的增殖和学校边界的扩张会使所有精简的努力变成徒劳。"③在我国,2011年出台的《高等学校章程制定暂行办法》就规定:"章程根据学校实际,可以按照有利于推进教授治学、民主管理,有利于调动基层组织积

---

① 华勒斯坦,等.学科·知识·权力[M].刘健芝,等,编译.北京:生活·读书·新知三联书店,1999:21.
② 奥利弗·E.威廉姆森,西德尼·G.温特.企业的性质——起源、演变和发展[M].姚海鑫,邢源源,译.北京:商务印书馆,2007:1.
③ 弗雷德里克·博德斯顿.管理今日大学:为了活力、变革与卓越之战略[M].王春春,赵炬明,译.桂林:广西师范大学出版社,2006:41.

极性的原则,设置并规范学院(学部、系)、其他内设机构以及教学、科研基层组织的领导体制、管理制度。"高等教育实践中,随着大学规模的不断增大,管理收益递减的约束不可避免地会出现。为了能提高管理收益和管理效率,在大学内部分设不同的学院也成为一种必然选择。在很多国家,受制于管理收益递减规律的约束,大学内部的二级学院若规模过大,还会继续分裂,直至达到规模与收益均衡。在我国,1998年公布的《中华人民共和国高等教育法》(以下简称《高等教育法》)也明确规定:"高等学校根据实际需要和精简、效能的原则,自主确定教学、科学研究、行政职能部门等内部组织机构的设置和人员配备。"20世纪90年代末以来,在高等教育大众化过程中我国大学内部二级学院的数量急剧增多,这种情况的出现除受行政化主导的学院制改革中"由系直接升格为学院"的风气影响外,也与管理收益递减约束密切相关。我国高水平大学学院数量之所以是国外同类大学学院数量的几倍之多[①],客观原因就在于,我国高水平大学师生规模要比国外同类大学师生规模要大得多。

二、学院治理的必要[②]

当前随着大学治理的深入推进,诸多治理问题汇聚于校院之间并被扩大化。大学治理的本质在于权力配置的多中心化和分散化、权力运行的程序化和规则化,大学治理权力的"分"与"放"是实现权力多中心化的基本途径。随着大学外部治理的推进,国家和政府逐步向大学放权、分权,在此之后的要求便是大学内部治理的开启,即大学向学院等基层组织放权和分权。而在当前单一权力中心的高等教育体制下,大学治理权力不仅高度集中于政府层面,而且也高度垄断于学校层面,学院等基层组织明显缺乏必要的治理权力,其独立自主性较差。在这样的情况下,大学治理过程中凡是需要通过校院合作予以解决的问题较难得到有效处理,并会积压在校院之间,进而会激化大学内部矛盾:"一方面学校难以对院系需求做出及时回应,实施有效管理,带来了自身管理的巨大压力;另一方面,院系对学校职能部

---

① 王芳.我国高水平大学学院制研究[D].南京:南京师范大学,2011:37-41.
② 郭书剑,王建华.论学院的治理及其意义[J].江苏高教,2016(5):36-37.

门管得太多太死、过度介入院系具体工作心怀不满。"①大学治理面临失灵的危险。为破解大学治理失灵,必须采用治理理念变革传统的校院管理模式,理顺大学校级组织与院级基层组织之间的权责关系,提高学院主体地位并使其获得更多治理权力。要继续推进大学治理向前发展,不仅要实现大学向学院放权,还应推进学院自身的治理变革以用好治理权力。"有效的治理要求大学必须通过开放的治理结构充分包容利益相关者,在伙伴关系的框架下,通过各利益相关方的积极参与实现大学的共治与善治。"②大学如此,学院亦应如此。学院若仍然依赖于传统的教育行政管理方式,忽视多元利益主体的作用,那么学院所面临的行政权力凌驾于学术权力之上、管理制度日益僵化以及师资和学生培养质量下降等若干困境将难以被打破。基于此,学院治理成为现实的必然要求。

除了大学治理的不断推进之外,学院自身规模的扩张与组织日益复杂的情况也亟须进行学院治理。始源于中世纪巴黎大学的"学院"最初是来自远方贫困学生的住宿之所,后来扩大为师生共同学习、生活的地方。当时的巴黎大学以神学院为核心,设有神学院、文学院、法学院、医学院等四所学院,师生人数较少、学院规模小,管理机构种类单一,日常行政管理手段完全能应对当时比较简单、明了的学院事务。"随着社会的变革、科技的飞跃发展,高等教育变得更加复杂,因此,大学必须设立新的行政人员的职务去研究处理新的专门问题。"③当今,高等教育进入了大众化、普及化阶段,高等学校校均规模呈逐年扩张的态势,学院作为大学内部的二级机构势必受到大学规模扩张的影响。其结果是,一方面大学内部学院数目普遍增加,另一方面学院内部系科、专业数量也在增多,以学院为单位的教师、学生、管理人员数量也相应扩大。当前我国很多大学在校全日制学生超过 50 000 人,校专任教师超过 3 000 人,可谓"巨型大学"。在这些"巨型大学"里,学院也成了"巨型学院"。以吉林大学为例,2016 年,其所属学院规模平均为 2 600 人,更有几所学院的学生、教职人数超过 3 000 人。从学院内部组织机构设置情况来看,发挥实体性组织功能的机构数量众多,包括学院党委系统、行政系统以及最主要的学术系

---

① 王战军,肖红缨.大数据背景下的院系治理现代化[J].高等教育研究,2016(3):21.
② 王建华.重思大学的治理[J].高等教育研究,2015(10):8.
③ 赵曙明.美国高等教育管理研究[M].武汉:湖北教育出版社,1992:62.

统,如北京师范大学教育学部除党委和行政机构外下设 14 个学术机构、17 个综合交叉平台,此外,还设置具有咨询评议功能的 6 个专门委员会。

在美国,"婴儿出生高峰"来临之前、《退伍军人法》等一系列法律政策颁布之前,美国大学和学院长期以来保持缓慢的规模扩张,其传统的学生事务管理方式是控制或服务,而如今负责学生事务的校长或院长成为校院政策的制定者、执行者、评估者和改革者。这些变化增加了学院组织的复杂性、学院活动的多样性、学院成员及其关系的多元性,随之也加大了学院管理的难度。学院职能部门在规模日趋庞大、结构日趋复杂、功能日益多样化的现代学院里越来越力不从心、不堪重负;为此,要改变传统学院管理方式,引入治理机制,开展学院治理。"在精英高等教育向大众高等教育转型过程中,学校师生意识一致性的崩溃使学校内部管理问题大大尖锐化。"[①]面对这样的事实,马丁·特罗认为,民主参与形式应该被引入高等教育管理之中以解决常见的产生于教师之间、管理人员之间以及学生之间在价值观念、利益等方面的冲突。此外,学院规模的扩张使学院的活动范围大大扩展、组织边界日益模糊,学院与校内外组织或群体交往密切。学院需要将这些主体纳入整个治理活动中,走"民主"的途径、采用"治理"的方式处理学院的复杂问题。

最后,在全面深化高等教育综合改革的背景下,学院治理也是构建现代大学制度的切入口,是大学实现"基层变革"的重要路径。我国现代大学制度的建设思路注重政府自上而下的"顶层设计",忽视了来自大学内部基层自生的变革力量。"我国高等教育改革所缺少的不是顶层设计和总体规划,而是基层的活力,重启高等教育改革必须强化大学自身勇于创新的积极性和主动性,而非政府关于高等教育改革的总体方案、路线图和时间表。"[②]学院治理能够激发基层活力,进而推动现代大学制度建设。从大学发展历史来看,中世纪巴黎大学与博洛尼亚大学的制度体系和组织结构是自下而上形成的:首先由教师或学生运动争取而来的大学权力,然后大学学科分化并设置不同的院系,进而为解决不同学科之间师生摩擦而产生隔离各院系的硬性制度,最后逐渐出现联邦主义分权结构的大学组织模式。无论是教师治校还是学生治校,"这两种制度都包含自下而上的治理、代表集会、复杂的

[①] 马丁·特罗.从精英向大众高等教育转变中的问题[J].王香丽,译.外国高等教育资料,1999(1):1.
[②] 王建华.重启高等教育改革的理论思考[J].高等教育研究,2014(5):1.

投票程序，以及解决冲突的制度化规范。"①学院治理符合大学演进的规律。从大学最基本的组织成分明确和梳理各利益相关者的角色与关系、划分多主体之间的权力与责任，通过改革学院落后制度可以重塑大学制度。另外，从大学的组织结构来看，学院是整个大学最重要的基层单元，承担着一线教学、科研等任务，大学传统职能的发挥赖于学院的良性运转，学院发展状况又赖于学院的治理效果。"学科和院校的联系方式都会聚在基层操作单位……组织的基层部门无论在哪里都很重要，因为较大的实体依赖于它们发挥功能。"②大学组织与基层师生在院系层面实现交汇，如果二者关系不能在院系一级得到协调就会在基层产生严重的冲突，进而影响整个组织的运行。学院治理在大学治理结构中处于核心地位，关注学院治理、处理好学院内部复杂的矛盾对于实现大学制度的现代化十分必要。

第二节　学院的外部与内部治理

就像任何一个大型组织都需要"行政管理"一样，任何一个大型组织也都需要"治理"。当然，"寻求更为现代的高等教育体系不能只关注治理"③。实践中，所谓"治理"（governance），一般指在一个大型实体内的各单位之间进行权力与职能划分、各单位之间的沟通与控制方式及其与外部环境之间的关系处理④。以此为基础，大学的治理就是在大学内部进行权力与职能划分，对大学各单位之间的沟通与控制方式及其与外部环境之间的关系进行处理。由于学院与大学间存在"职责同构"，学院的治理与大学的治理也基本同构。简言之，学院的治理就是在学院内部

---

① 罗纳德·埃伦伯格.美国的大学治理[M].沈文钦，等，译.北京：北京大学出版社，2010：56.
② 伯顿·R.克拉克.高等教育系统——学术组织的跨国研究[M].王承绪，徐辉，殷企平，等，译.杭州：杭州大学出版社，1994：37.
③ 乌尔里希·泰希勒.驾驭现代高等教育系统：需要更好地平衡冲突中的需求与期望[J].任增元，贾振楠，译.北京大学教育评论，2018(2)：44.
④ 弗雷德里克·博德斯顿.管理今日大学：为了活力、变革与卓越之战略[M].王春春，赵炬明，译.桂林：广西师范大学出版社，2006：31.

进行权力和职能划分,对学院内部各单位之间的沟通与控制方式及其与大学之间的关系进行处理。一般而言,在学院内部进行权力与职能的划分,对学院内各单位之间的沟通与控制方式进行处理称之为学院的内部治理,而处理学院与外部环境(学院与大学、学院与学院)的关系则属于学院的外部治理。

一、学院的外部治理

当前,无论在理论上还是实践中,大学与学院的关系都既是大学内部治理的重要范畴,也是学院外部治理的核心领域。无论对于大学内部治理还是对于学院外部治理而言,再也没有什么比处理好大学与学院的关系更为关键的了。世界范围内处理大学与学院的关系,不同国家有不同的模式。如有学者所言:"大学不是一个紧密联合的整体,它是一个由不同单位组成的结构松散的学术组织,各单位在运行中的离心程度不同。欧洲大学以'学院'为组织单位,例如法学院、自然科学学院等。每个学院都实行学术自治,以至于当学生决定从一个学院转到另一个学院时,他的学分可能不能转移,因此不得不回到原来的学院。"[1]

与欧洲模式相比,美国大学内部会区分专业学院(school)和分权的学院组织(college)。专业学院,比如教育学院、法学院;分权的学院组织,比如文理学院。相较而言,在美国大学中文理学院的地位更加重要,大学与文理学院的关系也更复杂。因为,在分权的学院组织中"权力下放到学院是对互补原则更为深刻的冲击,因为每个学院都可以找一个教师有选择地提供一组和学院风格、使命一致的课程或研讨课。如果这样的话,每个学院提供的课程都可能与其他学院的课程重复,却完全保持独立。这种由学院开设的课程也会与学科专家为全校开设的课程竞争"[2]。

与欧洲模式和美国模式相比,以牛津和剑桥为代表,英国大学与学院的关系更为特殊。在牛津和剑桥,学院往往既不是专业性的也不是学科性的,而更像是一个"小大学",牛津和剑桥本身则更像是"学院的联邦"。在这种体制下,"大学也有一

---

[1] 弗雷德里克·博德斯顿.管理今日大学:为了活力、变革与卓越之战略[M].王春春,赵炬明,译.桂林:广西师范大学出版社,2006:60.
[2] 弗雷德里克·博德斯顿.管理今日大学:为了活力、变革与卓越之战略[M].王春春,赵炬明,译.桂林:广西师范大学出版社,2006:61.

些讲师,但大学的多数成员是被传统任命为学院的导师。学生是通过学院的导师制来接受正规教育和各方面大量的指导"①。

与欧美各种模式相比,我国大学与学院之间更多是一种行政上的上下级关系,学院院长由学校组织部门任命,学院各项事务均接受大学相关职能部门的"领导"或"管理"。近年来,随着改革的推进,至少在政策层面上,学校向学院放权成为大势所趋。2014年,教育部发布《关于进一步落实和扩大高校办学自主权完善高校内部治理结构的意见》指出,"要理顺校院两级管理体制,进一步向院系放权,调动基层组织积极性"。2017年《国家教育事业发展"十三五"规划》也指出,要"推动高等学校进一步向院系放权"。同年,教育部等五部门《关于深化高等教育领域简政放权放管结合优化服务改革的若干意见》同样指出:"各高校要及时制定实施细则,向院系放权,向研发团队和领军人物放权,确保各项改革措施落到实处。"

除了要处理好大学与学院的关系,学院外部治理的另一项重要课题就是处理好学院与学院之间的关系。由于学科制度规训的存在和学术文化冲突,大学组织明显具有松散结合的特征。长期以来,大学内部各学院之间的关系比较疏远。不同学科的教授即便是学院相邻也有可能互不来往。历史上,康德最早在《系科之争》中阐释了哲学系与法学系、神学系以及医学系的冲突及其原因②。第二次世界大战后,斯诺在《两种文化》一文中,首次揭示了"存在于人文学者和科学家之间的文化割裂"③,也折射出了大学内部由人文知识分子主导的学院与由科学家主导的学院的对立或紧张。20世纪90年代以来,在斯诺的"两种文化"之外,华勒斯坦等人开始尝试探索能否将社会科学看成"介于科学与文学之间"的第三种文化④;近年来,杰罗姆·凯根从九个方面对自然科学家、社会科学家和人文学者的主要特点进行了比较,为"三种文化画像"⑤。某种意义上,今天大学的内部仍然处于学院

---

① 弗雷德里克·博德斯顿.管理今日大学:为了活力、变革与卓越之战略[M].王春春,赵炬明,译.桂林:广西师范大学出版社,2006:61.
② 伊曼努尔·康德.论教育学[M].赵鹏,何兆武,译.上海:上海人民出版社,2005:61-141.
③ 杨东平.大学二十讲[M].天津:天津人民出版社,2009:207-308.
④ 华勒斯坦,等.开放社会科学:重建社会科学报告书[M].刘锋,译.北京:生活·读书·新知三联书店,1997:15.
⑤ 杰罗姆·凯根.三种文化:21世纪的自然科学、社会科学和人文学科[M].王加丰,宋严萍,译.上海:格致出版社,上海人民出版社,2011:1-39.

"割据"状态,学科"封建主义"和"知识孤岛"现象仍然十分严重。

基于分科体制和学院文化,理论上,大学的有组织无政府状态符合学术的内在逻辑,但实践中,学院的文化冲突与制度区隔不利于良好治理的实现,也可能危害学术创新的发生。因为,"治理并不是孤立进行的。治理的各种备择模式的比较绩效,一方面随着制度环境变化,另一方面也随着经济行动者的特性而变化"①。当前大学内部学科已经过度制度化,学科模式面临跨学科模式的挑战,从知识生产模式1向知识产生模式2的转型正在发生。在此背景下,如何通过完善学院的外部治理,协调好学院与学院之间的关系,通过学院的制度重构或组织交叉以促进科际整合是实现学科性大学向跨学科性大学转型的关键所在。

二、学院的内部治理

雅斯贝尔斯说:"大学也是一种学校,但是一种特殊的学校。"②究其根源,即在于院系的特殊性。表面上看,学院作为一个组织与其他行政机关的架构并无不同,但实际上学院的治理或管理方式完全不同于一般社会组织。在一般的社会组织里,权力或权威通常处在组织架构的顶部,权力的运行自上而下;但学院在权力配置上明显是"底部沉重",学院内部的权力或权威往往聚集在组织底部,分散在不同教授手中。"大学在某些方面是一种独特的'逆权威'类型组织,它的'顶层管理部门'通常受一套明确的规定支配,限制其权威干涉教员(他们在某种意义上是'下级')的职权范围。大学强调教员的职务占有制,而且另一个重要方面是实行学术自由的规定,容许在广阔的领域内自由地教学、讨论和写作,而不受干扰。"③即便是在高度行政化的中国大学里,学院的院长或职能部门的处长们所拥有的权力、资源和政府系统的处级干部仍然不可同日而语。

前哈佛文理学院院长亨利·罗索夫斯基在论及学院治理或管理的特殊性(奇怪之处)时,曾不无调侃地指出:"你能想象吗?在商业部门,你能想象某个人一再重申自己不适宜担任高级行政领导人的职位,而暗地里却又希望(也许在竞选)得

---

① 奥利弗·E.威廉姆森.治理机制[M].石烁,译.北京:机械工业出版社,2016:226.
② 雅斯贝尔斯.什么是教育[M].邹进,译.北京:生活·读书·新知三联书店,1991:139.
③ T.帕森斯.现代社会的结构与过程[M].梁向阳,译.北京:光明日报出版社,1988:44.

到这一职位。这种例子可能不多,但在我们看来却是常事。对一位教授来说,承认想搞行政工作,总觉得有失体统。我们有句老生常谈的话说:真正想获得这些职位的人,就是那些不称职的人。管理是一种等级背叛,是从'我们'到'他们'的跳跃,是对我们原来的使命(教学和科研)的叛逆。正因为如此,一旦获得院长或类似的职位时,仍要装腔作势作出很不愿意的样子。同事们会给你种种安慰之词(祝贺是不合适的),对于所发生的事情无论他们是否真正高兴,但他们总是觉得必须当众表示渴望迅速回到实验室、图书馆或教室中去工作。"[1]但事实上,无论是在哪个国家的大学里,由于行政职务不但可以带来额外的经济收益和学术上的荣誉,而且可以满足学者个人对于权力的欲望和施展自身才华的雄心,很少有哪个教授真心地拒绝担任学院院长。

除了心态上的微妙之外,学院的内部治理还受制于学院院长作为行政职务的"临时性"或"非职业化"。与大学校长的职业化不同,学院的院长只是一个"临时性"的行政职务,通常会由学院教授经由选举或聘用轮流担任,院长卸任即自然回归教授岗位,不可能或很少有机会再出任其他大学相同学院的院长。在我国,大学校长虽然不是职业化的,但其行政级别却是终身的,相比之下,学院院长的行政级别则是临时的,一旦卸任即成为普通教授。在此情况之下,再加之任期的限制,学院院长很难全身心投入到学院的治理中,而会在担任院长的同时兼顾个人学术职业发展,甚至会借行政职务的便利为自身的学术职业发展谋取"私利"。

基于上述特殊性,学院的内部治理相较于大学的内部治理显得更为"无序"或"无规律"。在《高等教育系统》一书中,伯顿·克拉克(即伯顿·R.克拉克)围绕"扎根于学科的权力"曾将教授统治区分为"个人统治"和"学院式统治"。如他所言:"所有现代组织通常是以非个人和官僚化为特征的,但也都包含许多上级支配下级的个人化的和任意的统治方式。高等教育系统中的统治就充斥着这种方式。虽然个人化的权力总是具有被滥用的可能性,但是,没有这种权力,高等教育系统显然不能有效地运转,因为它保证个人在研究时的创造自由和个人的教学自由,它

---

[1] 亨利·罗索夫斯基.美国校园文化——学生·教授·管理[M].谢宗仙,周灵芝,马宝兰,译.济南:山东人民出版社,1996:216.

是把个别教学作为高级训练的基本方法的条件。如果个人的权力并不存在,就必须制造出个人的权力。"①在高等教育系统中,尤其是在学院治理中"个人统治"虽然不可或缺,但并非完美的典型。对学院内部学术事务的治理虽然并非民主的适当领域,但对于大学而言,教授治校的传统根深蒂固。学院内部治理如果完全忽视民主参与,彻底沦为某个"学术寡头"的"专制"亦不利于学院的可持续发展。

因此,作为对"个人统治"的某种制衡,大学内部始终存在"学院式统治"的强有力的思想基础。"在学院式统治下,……院长或主任是负责一群人的临时领导,他认识到他的当选是由于同僚的赏识。此外,他的选民就所有重大事务投票。这种一人一票的权力自然鼓励某些公开的和隐蔽的政治活动,因为必须在个人和各派系之间获得多数。礼貌否决和默契也起着维持秩序和做好工作的作用。"②近年来,伴随着治理理论对于利益相关者的强调以及大学内部各种沟通与协调机制(各种委员会或教授会)的建立,"学院式统治"正逐渐超越"个人统治"成为学院内部治理的主流。在我国,2014年公布的《高等学校学术委员会规程》也指出:"应当根据需要,在院系(学部)设置或者按照学科领域设置学术分委员会,也可以委托基层学术组织承担相应职责。"

总之,根据各国高等教育内部管理体制以及学术权力结构的不同,学院的内部治理可以看作一个逐渐变化的谱系。若以学术权力作为学院治理的合法性来源,在谱系的一端,学院的治理完全交由某个学术权威来控制,即教授个人统治。而在谱系的另一端,学院的治理则由学院全体教授共同"统治"。如果以学术化的行政权力和行政化的学术权力作为学院治理的合法性来源,在谱系的一端就是院长"治院",而在谱系的另一端则是院务委员会"治院"。概言之,无论是由行政化的学术权力主导还是由学术化的行政权力主导,学院的内部治理都大致分布于"个人统治式的治理"与"共同统治式的治理"之间。

---

① 伯顿·R.克拉克.高等教育系统——学术组织的跨国研究[M].王承绪,徐辉,殷企平,等,译.杭州:杭州大学出版社,1994:123.
② 伯顿·R.克拉克.高等教育系统——学术组织的跨国研究[M].王承绪,徐辉,殷企平,等,译.杭州:杭州大学出版社,1994:126.

第三节　学院治理的可能及意义

作为大学内部的二级单位,学院不是法人实体,资源配置与权力运行无法实现独立自主。由于独立性相对匮乏,学院对于行政与学术事务的处理通常不具有最终的决定权。其结果是,学院的外部治理有时只能是被大学治理,而学院内部的治理也经常沦为形式上的治理或程序性的治理。在那些西方高等教育发达国家,伴随管理专业化的发展,大学层面已经拥有可以满足治理需要的专业管理人才。相比之下,学院的优势是教授众多,适合于教学和科研,而行政管理方面的专业人才匮乏。某种意义上,当前学院治理更多的是被大学的治理裹挟进去,学院的治理主要是为了满足大学治理的实际需要,很多时候学院自身对于治理可能并无迫切的需要。事实上也没有为内部治理做好制度准备,更没有建立起相应的学院治理准则。

此外,与学校的行政职务可以带来的实际好处相比,学院内部的行政职位吸引力较小,甚至还会遭来同行的异议,很难吸引优秀的人才积极投身于学院的内部治理。既然学院缺乏管理和治理方面的专业人才,那么"为什么不能从专业人员中寻找呢？管理一个事业单位,平衡预算,监督校舍维修,筹集资金,制定人事政策——除了可能同商业管理专业有点关系外,毕竟其中没有一件工作是直接与各学科的科研和教学有关系的。把这些相当不合口味的、普通的任务交给雇来的助手,岂不更合理吗？"[①]对此,答案显然是否定的。实践证明此路不通。如果说在大学治理的层面上,"外行管理内行"有时还具有相对的合理性,那么在学院治理的过程中,"外行管理内行"的结果一定是灾难性的。毕竟,在大学的组织结构上,学院尤其是其内部的系科,位于大学组织的"技术层",是高深知识生产、传播与应用的"一线"。学院的领导(院长和副院长)如果没有对于相关学科的长期钻研和深入了

---

① 亨利·罗索夫斯基.美国校园文化——学生·教授·管理[M].谢宗仙,周灵芝,马宝兰,译.济南:山东人民出版社,1996:218.

解,根本无法获得同行以及同事的承认,也就不具有治理的权威性或合法性,更无法胜任学院的内部治理。

鉴于上述困境,至少目前学院内外治理更多还只能是一种象征性治理而非实质性治理。所谓"象征"具有两面性,一方面"象征"意味着"做做样子"没有什么实质性改变;另一方面"象征"又带有指向性,预示或暗示了事物的可能发展方向。基于此,"象征性治理就是在主客观条件影响下治理与评价主体双方互动而形成的一种趋近于理想治理的方式及状态。其对事务的处理力度较低、成效较差,但因含有初始的治理理念和目标,在一定程度上对增进组织及治理活动的合理性具有积极意义"[1]。对于学院治理而言,只有主客观条件均完全具备才能实现实质性治理。但实践中,要么是学院作为治理的主体缺乏治理的积极性,对于大学的治理需求只能是表面应付;要么是学院作为实体虽然有治理的良好愿望,但大学不愿放权或赋权给学院,让学院自主管理;要么是大学和学院本身都既无治理的主观愿望又缺乏必要的客观条件,只是在治理思潮的裹挟下,在政策文件上喊喊"大学治理"或"学院治理"的口号。

不过,对于学院的象征性治理或学院治理过程中象征性行为的存在亦并非完全是坏事,其积极意义也同样不可忽视或轻视。在社会学的意义上,学院作为学术共同体或学科建制,其本身就具有极大的象征意义。植根于大学的传统,对于学院内部事务的处理,尤其是学术治理,非常需要一些具有象征性的"程序"或"仪式"。当然,着眼于教育和学术发展,学院的治理若只是满足于"做做样子"或热衷于"走走过场",是绝对不够的。象征性治理的存在应是为实质性治理做准备或热身,即学院需要在象征性治理中学习实质性治理。若非如此,学院的象征性治理就极易流于形式主义,从而损害学院和大学的可持续发展。

一、学院治理的可行性[2]

学院治理不仅是必要的,而且还是可行的,这种可行性来自学院制改革以及学院的组织结构属性。其中,旨在突出学院实体性、独立性和自主性的学院制改革为

---

[1] 郭书剑,王建华.大学章程的象征意义及其改进——象征性治理的视角[J].高等理科教育,2016(3):39.
[2] 郭书剑,王建华.论学院的治理及其意义[J].江苏高教,2016(5):37-38.

学院治理奠定制度性基础。我国大学在20世纪80年代中期开启的新一轮院系调整中,将重点放在高校内部组织结构调整和内部管理体制改革上。一个重要举措即是将大学内部管理体制由传统的"校—系"两级机构调整为"校—院—系"三级组织模式,该模式又被称为"学院制"。在现行制度安排下,学院应成为联系校、系(或基层教学科研组织)的中层组织,成为大学行政管理和学术决策的中心点,也自然应成为大学管理的中心[1]。然而由于改革的不彻底性,在学院制内又出现若干问题阻碍着学院基本职能的实现,如学院由于缺乏理财权和人事权而高度依赖于学校管理的体制问题、学院行政权力与学术权力的冲突问题等。

学院制改革的核心是校内决策权力的配置,其中改革的难点和关键点在于权力下放和权力制衡[2]。实践中,学院能够配置权力的前提是自身拥有充足的自治权。学院制改革即是要"转变学校职能部门的管理职能,管理重心下移,建立以学院为中心的管理体制,明确校院职责和权限,以提高学校的办学效益和办学水平"[3]。学院制改革可以将大学权力下放至学院层级,大学为学院"松绑",学院得以摆脱大学的束缚而具有一定自主性。治理的核心要素是权力,学院治理的逻辑就在于,对学院组织内部院系之间、系科之间进行权力与其他资源的优化配置。学院制改革符合学院治理的逻辑,前者为后者提供前提条件使权力资源的进一步分配成为可能。学院制改革不仅在于权力分配,还在于对权力运行加以制度化、常规化。学校、学院与学系组织作为不同权力的掌握者按照科学化、法治化和程序化的原则行使权力,就必须受到完备而明确的制度、规则的约束。学院制改革重在体制的变革,最终还要以某种制度的形式将改革成果落实下来,这既为学院组织内部机构或个人提供行为准则,也为学院治理的开展提供制度保障。

除了学院制改革为学院治理提供必要条件外,学院的学术组织属性与结构也适于治理。首先,学院的学术组织特性与"治理"相契合。作为组织权力分配和运行的两种方式"管理"与"治理"存在较大差异。从权力主体来看,"管理"突出单个行政机构对下属的权威和控制力,"治理"则是多元主体对共同事务的处理与

---

[1] 杨如安.学院制的内涵及其特性分析[J].教育研究,2011(3):41-48.
[2] 郑勇,徐高明.权力配置:高校学院制改革的核心[J].中国高教研究,2010(12):24-26.
[3] 钱建平.新一轮学院制改革的动力与路径探析[J].江苏高教,2010(6):22-24.

调控;从权力向度看,"管理"强调自上而下的单向权力行为路径,"治理"却主张自下而上与自上而下相结合形成互动式权力运作;从实现方式上看,"管理"突出主体以命令等手段对客体干预的权力,而"治理"要求充分体现客体的权利、更多发挥组织调节作用以实现民主参与;管理容易导致"官本位",治理更能体现"以人为本"。

首先,不同的组织特性决定了不同的权力分配与运行方式。大学内部的二级学院具有学术组织的特性,主要体现为结构上的"松散联合"、权力上的"底部沉重"。学院由一些既属于横向学科领域之内的又被纳入纵向行政组织的教师和学生组成。他们的目标相对模糊分散、个性突出且行动难以规范,因而学院不易出现较强的权威中心;学院权力归于基层,出现"底部沉重""金字塔"式的权力分布和运行机制。学院基层的自主程度也影响其组织职能的发挥。基于学术组织的属性,治理相较于管理更适合学院的运行。学院治理使学院内部多元主体通过协商互动、自律与他律相结合协调不同的利益与价值,进而充分发挥培养人才、科学研究与为社会服务的功能。

其次,学院组织具有基层性,这就决定其在推进学院治理时具有较强的动力。伯顿·克拉克认为,大学的转型首先是大学的基层发生变化,"大学工作的重点都在基层,抵抗力总是自下而上,巨头们难以长期控制"[1]。学院所包含的诸多学科和学系单位是整个大学得以建立的"基石",较大数量的教职人员、学生以及行政管理人员处于该层次上,因此也是各种意见、观点或者矛盾、冲突的汇集地。如果关系不能在院系一级得到协调,就会在基层产生严重的冲突,进而影响整个大学的运行。"大学教师和学生思想活跃,追求人格独立,民主意识、批判精神强,大学从来就不是一个滋生强制的权力生态,它只认同权威、平等协商以及民主之下的契约规制。"[2]变革力与创造力往往就产生在这种环境中。学术民主精神与治理本质高度契合。换言之,学院治理离不开"依靠多种进行统治的以及相互发生影响的行为者的互动"[3]。虽然基层院系中存在不可避免的文化和利益冲突,但是在同一所学

---

[1] 伯顿·克拉克.建立创业型大学:组织上转型的途径[M].王承绪,译.北京:人民教育出版社,2003:3.
[2] 杨纳名.大学治理的必要与可能:治理理论的大学实践[J].河南师范大学学报(哲学社会科学版),2009(6):239.
[3] 格里·斯托克.作为理论的治理:五个论点[J].华夏风,译.国际社会科学杂志(中文版),1999(1):19.

院内的成员在总体上能够"求同存异"、致力于共同目标的达成。因此,学院治理才可能从基层单位和若干人开始,使他们志同道合地通过有组织的创新改革学院的结构。

再次,与整个大学相比,学院组织规模较小,便于治理。"惰性随规模的增加而增加。一所大学比一个系更难发生变革。一国的高教系统比一所大学更难发生变革。"[1]若干学院作为大学内部二级机构,将数量庞大的学生与教职工进行分散安排,因此学院规模相对大学来说都比较小。学院下属组织机构不那么复杂,无论是对内事务还是对外事务所涉及的范围都不如大学广泛。学院组织机动灵活,"学院治理结构改革的难度相对也就比较小,改革的成本相对比较低"[2]。正是基于学院组织所具有的优越性,教育部2012年下发了《关于推进试点学院改革的指导意见》,明确在北京大学等17所高校设立试点学院作为改革特别试验区,以期为整个高等教育改革的整体推进积累经验。

二、推进学院治理的意义[3]

学院是大学最主要的组织机构,因而学院治理是大学内部治理的核心内容与关键一环,大学治理与学院治理相互促进、相辅相成。一方面大学治理旨在"校—院—系"之间合理配置权力资源以协调彼此之间权责关系,良好的大学治理有利于增强学院等基层组织的实体性和自主性,是学院治理的前提和基础;另一方面学院治理直接关系到学院组织的运行和发展,为教学、科研、服务社会提供有利条件,进而对整个大学的治理及其发展产生深刻影响。

首先,学院治理有利于培育基层治理文化,营造良好的改革氛围。"文化:一个任何改革都应对此进行考虑的因素,但有时人们很少能够做到这一点。在没有考虑文化时,制度改革或许也能发生,但需要的时间一定很长,或者遭到抵制,可能会出现的结果是变化可能出现在边际上,使改革成为一个令人泄气和只能是部分成

---

[1] 伯顿·克拉克.高等教育新论——多学科的研究[M].王承绪,徐辉,等,译.2版.杭州:浙江教育出版社,2001:136.
[2] 周川."现代大学制度"及其改革路径问题[J].江苏高教,2014(6):22.
[3] 郭书剑,王建华.论学院的治理及其意义[J].江苏高教,2016(5):38-39.

功的行为。"①基层文化与治理改革密切相关,改革的文化来源于改革的实践,反过来改革的实践需要改革文化的推动,良好的改革既说明了改革实践是有效的,也意味着改革文化已经形成并发挥作用。要实现大学治理现代化、构建现代大学制度,就要培育成熟的大学治理文化;要培育并促进大学治理文化走向成熟,就要先从大学学院组织入手。

实践中,随着学院治理的进行,传统的教育行政管理方式逐步被新型的教育治理方式所取代,原来强调行政级别、权力等级的观念将被淘汰,代之而起的是"知识本位"、民主参与的学术治理理念。在学术性组织中,与"知识本位"相对立的是一种"官本位""利益本位"的观念。这些观念之所以如此长期存在于学术组织中,在很大程度上源于组织权力结构的影响。"陡峭型"权力结构向其组织成员昭示了这样的信息:要使自己的权益得到保障或者扩大,最好的方式是晋升到组织"金字塔"的顶端。在这种结构中,组织文化自然是充满官僚气息的。要改造学术组织中的消极文化,就要变革其组织权力结构。

将治理引入学院组织中,不仅要以其作为新型管理方式,还要以其变革学院权力结构,由于治理强调"平权""民主"和"平等",因而有利于推动学院建立"扁平化"组织结构、"平缓型"权力结构。随着学院结构的变化,基层学术人员将不再追求成为"学官",而是回归于对高深学问的本真向往。在学院形成良好的学术文化,促进学术基层组织向高深学问的回归,这是学术权力取代行政权力的基础,也是完善我国大学内部治理结构的关键所在②。由此可见,学院治理不仅能够培育学院师生群体的民主文化,而且也能够动摇和瓦解学院管理者根深蒂固的行政官僚文化,进而为改变行政权力与学术权力关系的异化提供必要条件。

其次,学院治理有利于调动师生积极性,强化"利益相关者"意识。为保持组织的活力,保证成员的参与是关键。为保证组织成员的积极参与,一方面实现权力分配的民主化是必要的,另一方面组织保持其对新设想、新兴趣的接纳能力也至关

---

① 施晓光.文化重塑:大学治理能力现代化之锥[J].探索与争鸣,2015(7):54.
② 胡建华.大学学术组织科层化分析[J].探索与争鸣,2015(7):47.

重要,因为这能够使成员对新问题产生兴趣,从而提高成员参与组织活动的积极性①。同理,对于学院组织而言,基层教职人员和学生对学院事务的关注程度和参与程度与学院的组织生机与活力、学术竞争力等息息相关。然而,长期以来在我国高度计划的高等教育管理体制下,大学行政管理权、学术管理权、人事管理权与财务管理权等都牢牢掌握在大学举办者(国家与政府)手中,大学由于缺乏权力的支撑而变得空洞和虚化,使得"中国的社会力量在参与大学管理方面的公益意识还不成熟,没有意识到大学的治理需要他们的参与,他们也是大学的利益相关人"②。在这种情况下,学院权力高度集中在顶端,使本就松散的学院组织更加趋于分散化,基层人员权利与义务相分离,无论是大学教授还是学生都对学院事务漠不关心。

为激发广大教师和学生参与学院日常事务的积极性和热情,应该在治理理念基础上赋予他们对有关自身利益及学院发展的重大事项的决策权、咨询权、监督权等实际权力。学院治理有利于建立交互式沟通渠道,疏通问题解决路径,使学院重大事务的决策权"下沉"到师生群体之中。学院现有管理者与其他成员共享治理权力使教师得以从一线教学、科研岗位的立场出发对学院事务表达观点和看法,学生能够以学院主人翁的身份对学院教学、管理和服务工作提出建议。学院管理层能够准确把握和了解与师生息息相关的具体问题,能够快速反应、采取措施解决问题,这样也就疏通了学院内部行政管理与教学服务之间的问题解决路径。治理的本质就在于多元主体在平等交流的基础上就共同关心的事务进行民主协商,需要组织与个人、组织与组织、个人与个人之间相互作用并形成较为密切的关系网络。在良好的人际关系和工作环境中,学院成员在共同参与机制下做出有关学院重大事务的决策,不仅有利于决策的科学化,而且有利于强化"利益相关者"意识、充分彰显师生个人在学院中的价值。

最后,学院治理有利于推进大学治理体系和治理能力现代化。与以加强"顶层设计"为核心的国家治理体系和治理能力现代化不同,大学治理体系和治理能力现

---

① 理查德·H.霍尔.组织:结构、过程及结果(第8版)[M].张友星,刘五一,沈勇,译.上海:上海财经大学出版社,2003:138.

② 王洪才.论大学内部治理模式与中位原则[J].江苏高教,2008(1):5.

代化"所指向的绝不仅仅是宏观层面的制度安排以及政府部门,它更需要高校确立一系列相对成熟的内部治理体系,即所谓的现代大学制度"①。推进大学治理体系和治理能力现代化的重点在于构建大学内部治理体系,而其关键的组成部分则是学院治理体系。"学院治理是大学治理的一部分。学院治理现代化也是大学治理现代化的组成部分。"②学院治理是实现大学治理体系现代化和大学治理能力现代化的必要途径。"在高等教育治理现代化进程中,如果政府在明确的指导方针以内给予大学以制定自己的使命和目标的责任,大学将会更富革新精神和更具适切性。"③为实现大学内部治理的现代化,大学应该以远距离驾驭和监督为基本原则,实行"校长治校,教授治学",扩大院系基层组织自主权,确保师生在学校、学院治理中发挥积极作用。

此外,学院治理也是实现大学治理体系与治理能力现代化的可行路径。其一,治理是对传统的"统治"与"管理"的"扬弃",其本身就是一种现代化的产物。"现代化的特征可以概括为理性化、法制化、标准化、制度化和民主性等方面。其中,理性化和民主性是现代化的核心特征。"④学院治理强调多元主义、强调民主参与、强调协商与合作,这些理念与大学治理能力与治理体系现代化的内涵基本一致。

其二,通过构建学院治理体系能促进大学治理体系的完善。大学治理体系是大学的资源(包括权力、物力、人力等资源)在不同主体之间的配置及其规则,学院治理体系属于大学内部治理体系范畴,是在学院的内部规范行政权力与学术权力运行和维护学术组织内部秩序的一系列制度和程序。二者体现为整体与部分的关系,前者是后者的外部框架,而后者是前者的具体细化。学院治理体系与大学治理体系还是一种底层基础和上层建筑的关系,大学治理体系是建立在学院治理体系之上的,二者的理想状态是上下贯通、融合协调。

其三,在学院治理过程中学院管理者能够积累经验、提高基层学术组织的治理能力,从而为大学治理能力的提升奠定基础。"大学治理能力是大学内外相关利益

---

① 阎光才.高等教育治理体系与治理能力的现代化[J].苏州大学学报(教育科学版),2014(3):1.
② 钱颖一.学院治理现代化:以清华大学经济管理学院为例[J].清华大学教育研究,2015(2):1.
③ 潘懋元,左崇良.高等教育治理的规约机制[J].吉首大学学报(社会科学版),2016(3):12.
④ 甘晖.基于大学治理能力现代化的大学治理体系构建[J].高等教育研究,2015(7):36.

主体为了完成共同的使命,运用大学制度和机制管理大学各项事务的整体性能力。"①学院治理能力是大学治理能力的聚焦式体现,大学治理能力是学院治理能力适用领域的扩大化。当前我国大学治理能力不足和治理体系不够现代化成为大学治理的重要问题。"不只是从上到下管理的能力不足,而且是多元、平等、协调的治理能力不足。"②学院治理不但能使管理和决策者增强从下而上的治理能力以弥补传统管理经验的不足,还能增强学院不同个体和群体沟通、协调、合作能力以提高治理参与能力。

---

① 龙献忠,周晶,董树军.制度逻辑下的大学治理能力现代化探析[J].江苏高教,2015(3):32.
② 瞿振元.建设中国特色高等教育治理体系推进治理能力现代化[J].中国高教研究,2014(1):1.

第十章 从正当到胜任：高校学术委员会建设的进路

良好的学术治理是大学实现善治的前提。高校学术委员会作为学术权力组织化的一种具体形态对于学术治理的实现至关重要。伴随《高等学校学术委员会规程》的出台，学术委员会作为一种组织建制在我国高校普遍建立，但实际作用的发挥却存在巨大的差异。作为学术治理的最高机构，学术委员会的建立具有正当性，但其作用的发挥取决于组织本身的胜任力。当前在推进民主管理的制度设计下，学术委员会的人员构成侧重"代表性"，学术决策实行"票决制"。表面上看，"少数服从多数"的决策规则既满足了学术民主的需要，又确保了学术治理的效率。但事实上，学术委员会参与学术治理的根本价值在于提高决策的质量，以促进大学的学术发展。高校学术委员会若要在大学治理中扮演更加重要的角色，必须在民主管理的基础上加强专业化建设，确保参与学术决策的委员及委员会自身的胜任力。

在我国，自改革开放以来，高校学术委员会从无到有，从自发探索到普遍建立，经历了一个漫长的过程。1998年8月29日通过的《高等教育法》明确提出，"高等学校设立学术委员会，审议学科、专业的设置，教学、科学研究计划方案，评定教学、科学研究成果"等有关学术事项。但事实上，高校学术委员会并没有因《高等教育法》的出台而普遍建立。1999年以来，我国高等教育发展首先侧重"量的增长"，高校学术委员会建设并未受到应有的重视。2010年之后，伴随高等教育大众化的快速推进，完善中国特色现代大学制度、建设世界一流大学、实现高等教育内涵式发展逐渐成为高等教育发展的重中之重。2010年发布的《国家中长期教育改革和发展规划纲要（2010—2020年）》（以下简称《纲要》）提出，要"充分发挥学术委员会在学科建设、学术评价、学术发展中的重要作用"。为落实《纲要》精神,教育部于2013年10月研究起草了《高等学校学术委员会规程(征求意见稿)》,并于2014年1月29日正式公布了《高等学校学术委员会规程》(以下简称《规程》)。《规程》在"总则"的第2条明确提出:"高等学校应当依法设立学术委员会,健全以学术委员会为核心的学术管理体系与组织架构;并以学术委员会作为校内最高学术机构,统筹行使学术事务的决策、审议、评定和咨询等职权。"自2014年《规程》发布以来,在行政权力的驱动下,学术委员会在我国各高校中纷纷建立。2016年6月1日起施行的《全国人民代表大会常务委员会关于修改〈中华人民共和国高等教育法〉的决定》也首次在国家法律层面上明晰了学术委员会的若干职能,为《规程》的施行提供了法律基础。目前总体来看,高校学术委员会的数量增长迅速,但作为学术治理的最高机构,学术委员会仍处在制度草创阶段,法律的修订和政策的出台为学术委员会的建立赋予了正当性或合法性;但从长远来看,由政策驱动的改革若要发挥实实在在的作用必须转化为高校自身自觉的行动。高校学术委员会建设绝不能是政策驱动的"面子工程",必须扎根中国高等教育实践,通过高质量的学术决策为大学的善治做出应有贡献。

第一节 何谓正当,何谓胜任

正当与胜任是民主作为一种机制有序运行的两个要件。在公共领域,无论对组织还是对个人而言,正当与胜任都是一个行为的两个方面。正当意味着该行为符合规则和程序的正义,而胜任则意味着该行为不仅符合规则和程序的正义,而且可以满足所在共同体对于实质正义的要求。对于公共事务,正当是胜任的前提,胜任则是正当的归宿。换言之,正当是手段,胜任是目的。若只有正当,没有胜任,会使民主陷入"多数人的暴政";相反,若没有正当,胜任不具有合法性,民主将会变为独裁或寡头统治。亚历山大·米克尔约翰在《表达自由的法律限度》一书中曾指出,民主并不是简单地将选票投入票箱,真正成熟、健康的民主要求在投票前必须对相关议题和信息进行充分了解,并拥有足够的判断力去做出理性的选择。"在政治自治的方式中,最高利益并不在于言者之言,而在于听者之心。会议的最终目的是要投票做出明智的决定。因此,必须使投票者尽可能地明智。"①他认为,公民在投票过程中"作出判断的责任体现在以下三个方面:作为统治者的我们必须理解国家面临的问题;我们必须对政治代理人就这些问题作出的决定进行判断;我们必须共同设计一些方法,俾使这些决定是明智的和有效用的"②。

与米克尔约翰基于"自治理论",以帮助"公民更好地投票"来捍卫"言论自由"不同,波斯特系统阐述了"民主正当"(democratic legitimation)与"民主胜任"(democratic competence)的二元结构。在《民主、专业知识与学术自由》一书中,他围绕言论自由与学术自由的区别,以是否具备专业知识为切入点,深入探讨了民主正当与民主胜任的不同内涵。如他所言:"民主正当要求以平等和宽容来对待所有人的言论。民主胜任却要求言论必须服从于区分好坏的学科性权威。民主胜任与民主正当相冲突却又是民主正当所需要的。"③在波斯特看来,言论自由和学术自由分别服务于民主正当和民主胜任两种完全不同的价值,这两种权利从而有各自完全不同的基础、逻辑和原则。民主正当意味着言论自由可以使政府变得"正当",即言论自由可以帮助政府建立作为一个民主政府的正当性;民主胜任则被定义为公民个人"认知能力的增强"(cognitive empowerment)。学术自由的价值在于它使公民能够"胜任民主"④。由此可见,在民主制度下,正当是民主的底线,胜任则是民主的精华。言论自由的合法性在于民主正当,而学术自由的目的则是为了民主胜任。言论自由和学术自由的区别就在于是否"胜任民主"。享有学术自由的机构或个人,其显著的特征就是拥有专业知识或高深学问,可以胜任学术民主。

---

① 亚历山大·米克尔约翰.表达自由的法律限度[M].侯健,译.贵阳:贵州人民出版社,2003:18.
② 亚历山大·米克尔约翰.表达自由的法律限度[M].侯健,译.贵阳:贵州人民出版社,2003:85.
③ 罗伯特·波斯特.民主、专业知识与学术自由——现代国家的第一修正案理论[M].左亦鲁,译.北京:中国政法大学出版社,2014:37.
④ 罗伯特·波斯特.民主、专业知识与学术自由——现代国家的第一修正案理论[M].左亦鲁,译.北京:中国政法大学出版社,2014:中文版序7.

表 10-1　民主正当下言论自由与民主胜任下学术自由的区别①

言论自由	学术自由
民主正当	民主胜任
公共对话中	公共对话外
意见的领域	知识的领域
平等、宽容	权威性、选择性和"歧视性"
"内容中立"或"观点中立"	"基于内容"
"基于发言者"	"基于听众"

为了"民主胜任",在科学研究中学术自由是首要的原则。"之所以被如此设计,就是为了给实验和推测留出足够空间,哪怕它们'严重偏离被普遍接受的信念,或者违背那些被社会赋予维持大学职责的个人或官员的想法'。"②但学术自由原则的适用也并非无条件的,在有些专业事务中,基于专业知识的专业判断(胜任力)会受到法律的更严格的要求。比如,会计、医生、律师虽然也是拥有专业知识的专业人士,但他们的专业实践并不适用于学术自由原则的保护。对他们自身而言,甚至对于整个社会而言,专业的胜任远比学术自由更加重要。大学的学术治理虽然不同于会计、医生和律师等专业实践,但也明显不同于科学研究意义上的学术工作。对于那些通过学术委员会参与学术治理的教授而言,学术自由的原则也并不是唯一重要的。为了平衡学术自由还需要学术民主。毕竟参与学术治理的目的并非发现真理,而是提供科学的学术决策。学术民主虽然不能确保学术治理过程中科学决策的必然产生,但它是学术自由原则不可或缺的制衡或补充。因为如果严格或完全遵循学术自由的原则,学术治理将有可能陷入无法决策的困境,更不要说是科学决策了。学术民主原则的引入就是为了使在暂时无法达成学术共识的情形下使决策成为可能,使大学的学术治理体系可以正常运转。

综上可见,民主的有效运作除了正当还需要胜任,而要实现民主胜任必须确保

---

①　罗伯特·波斯特.民主、专业知识与学术自由——现代国家的第一修正案理论[M].左亦鲁,译.北京:中国政法大学出版社,2014:中文版序 24.

②　罗伯特·波斯特.民主、专业知识与学术自由——现代国家的第一修正案理论[M].左亦鲁,译.北京:中国政法大学出版社,2014:72.

学术自由,学术自由的价值就在于通过知识理性使更多的人能够胜任民主。但就学术自身的治理而言,仅有学术自由也是不够的。学术自由原则可以保障个人或机构的学术研究免于外界的干涉,但对于那些非研究性的学术事务,尤其是大学学术治理体系的运作,学术自由原则并不充分。对于科学意义上的学术研究而言,首要的原则是学术自由,但对于操作意义上的学术治理而言,首要原则是学术民主而非学术自由。在学术民主的框架下,正当与胜任的冲突不可避免。就像在大众民主中一样,学术民主正当与学术民主胜任也既相互冲突又相互需要。"学术民主正当构成了学术民主决策制度的前提,学术民主胜任构成学术民主决策制度的实质要求。学术民主正当强调学术民主决策的程序优先,学术民主胜任则要求学术民主决策必须坚持严格的知识和学术标准,基于学术事务内容与观点的严格审查。"[①]与政治自治中的大众民主有所不同的是,学术民主更接近于精英民主。理论上,以民主正当程序产生的学术精英在治理实践中理应可以胜任学术民主,但在学术委员会的实际运作中,由于胜任本身缺乏明确的衡量标准,加之对于决策效率的考量,源于民主正当的"少数服从多数"的票决制往往占据压倒性优势,学术治理中的民主胜任问题常常会被忽略。

第二节 学术民主与委员会制

在公共领域,民主是实现治理的一项基本原则。作为公共事务的一种,学术治理同样也离不开学术民主。在学术治理过程中学术民主与学术自由相互支撑。学术自由作为前置条件,可以有效保证学术治理参与者个人的学术权力,而学术民主作为组织决策原则则有助于实现学术权力的组织化,使分散的个人意见统一为学术治理机构的政策共识。那么,什么是学术民主呢?"最简单的说法是:把民主的原则引入到学术活动中。实际上,不管我们从哪个视角出发来理解民主这个概念,

---

[①] 刘小芳,等.中国大学学术民主制度的胜任力反思与制度重构[J].复旦教育论坛,2016(1):62.

都会发现,民主蕴含着投票表决和少数服从多数这一核心的、操作性原则。一旦抽掉这个原则,民主这个术语也就失去了实质性的含义。民主的好处是:在存在着不同意见的情况下,它使决策变得可能;而它的局限性则是:以大多数人的意见为基础的决策也可能是错误的。"①和其他领域一样,学术民主并不完美,但在现有决策条件下,似乎也没有比民主更好的机制。为了在学术治理过程中有效贯彻学术民主的原则,欧洲模式的大学通常设有评议会或教授会,作为学术决策的最高机构,而在那些大学属于后外发生型的国家,成立以学术委员会为代表的各种类型的委员会成为完善学术治理体系的普遍选择。

作为一种制度,委员会制原是政府制度的一种,亦称为合议制,是对科层制的一种补充。由于具有追求平等、民主的内在机制,委员会制适用于因多方利益代表的存在,需要实行集体决策的公共事务。与科层制决策强调权力的高度集中有所不同,委员会制的治理逻辑是以代议的方式实现民主决策。"由于委员会制这种追求平等、民主的特点,该种组织形式较多地运用在对政治、经济及社会事务的决策、评议中。在进行决策、评议时,委员会所有成员的地位一律平等,实行一人一票、少数服从多数的原则。"②以权力分散和地位平等为基础,委员会制的优点是集思广益,对需要决策的问题能有较周全的考虑。"在委员会的运作中,不仅每个委员都有发表意见的权利,而且把充分的表达、商议作为其正确运行的基本要求。在作出决策前,不存在命令和服从的问题。委员会制的最高决策权属于集体,委员会的领导者发挥的是组织指挥作用,而不是行使最终决定权。在形成决策时,每一个委员会成员均享有平等的表决权,票的权重是相同的,不存在特殊的票权。"③同样的,由于权力分散和组织结构扁平化,委员会制的缺点是容易引致行政领导的权责不清,凡事容易议而不决。"过多的商议和讨论无疑会增加成本,贻误时机,将民主变成难以承载的重负,反过来影响民主的推行和传播。"④作为实现法人治理的一种组织形式,委员会制的优缺点都十分明显。对于治理而言,没有哪种组织形式是完美的。在一定局限条件下,委员会仍是实现民主治理一种最不坏的选择。根本原

---

① 俞吾金.也谈学术规范、学术民主与学术自由[J].学术界,2002(3):152.
② 王愉人.集体领导原则与委员会制的内在冲突[J].海南大学学报:人文社会科学版,2003(4):369.
③ 孙力.破解民主运作的难题:委员会制和首长负责制的正确运用[J].浙江学刊,2009(5):120.
④ 孙力.破解民主运作的难题:委员会制和首长负责制的正确运用[J].浙江学刊,2009(5):121.

因在于,现代社会很多的组织均存在大量利益相关者,组织的每一项决策均会影响到多方的利益,以民主决策为核心价值的委员会制绝对要优于"个人独裁"或"寡头统治"。

现代大学作为非营利组织拥有诸多利益相关者,学术更是天下之公器。因此,学术治理必须超越科层制的组织架构,转向利益相关者的"共同治理"。而要实现"共同治理",扩大利益相关方的参与,成立以学术委员会为代表的各种类型的委员会就不可避免。"在理想的情形中,各类公民团体、大众媒介以及非政府组织等机构,加上学术共同体本身、政府(代议制机构以及行政当局)、企业等'利益相关方'都可以在一个'公共领域'中,通过各种渠道,参与诸如'学术研究如何进行资助'以及'知识成果如何应用'等问题的讨论。在这个过程中,普通公民以及社会组织通过制度化的途径表达他们对于认知问题的关切,而学术共同体需要就其研究可能引发的社会后果进行充分预估和汇报,对社会和民众所关心的问题进行解答。"①近年来,在我国为完善中国特色现代大学制度,推进高校学术治理体系的建立,学术委员会建设成为高校内部管理体制改革的热点。作为顶层设计,《规程》充分体现了学术民主的原则,对于学术委员会的人员构成与运作做出了具体规定。比如,"第四条 ……保障教师、科研人员和学生在教学、科研和学术事务管理中充分发挥主体作用,促进学校科学发展。""第六条 学术委员会一般应当由学校不同学科、专业的教授及具有正高级以上专业技术职务的人员组成,并应当有一定比例的青年教师。""第八条 学校应当根据学科、专业构成情况,合理确定院系(学部)的委员名额,保证学术委员会的组成具有广泛的学科代表性和公平性。""第二十一条 学术委员会议事决策实行少数服从多数的原则,重大事项应当以与会委员的2/3以上同意,方可通过。"应该说,在当前高校管理行政化日益严峻的情况下,通过学术委员会建设将学术民主的原则引入大学学术治理,对于提升学术权力在大学治理体系中的地位,缓解行政权力对于学术决策权的侵蚀无疑具有十分积极的意义。

当然,就像大众民主不是万能的一样,学术民主也不是万能的。对于当前学术

---

① 赵超.科研审计、双重失却与中国社会情境中的学术治理[J].科学与社会,2015(3):111.

委员会建设中的民主化原则只能"审慎的乐观"。比如,有学者就对《规程》第四条的规定提出异议,认为民主化原则"看似维护了学术平等,却可能把不合格或不完全合格的主体也引入了学术事务管理的主体范围","本科学生尤其是低年级本科生,往往并不具备开展科学研究的知识基础,让他们参与学术决策,违反了'同行评议'的原则"①。对于第六条的规定,也有学者认为:"这种名额分配方法就导致个别小学院、小学科甚至只有一名委员。来自全校不同学院、不同学科的几十名委员行使着学术决策权,大学院控制小学院、个别'学术权威'操纵决策、'杂家评专家'的现象不同程度存在着。"②而对于整个学术委员会的组织架构,则有学者认为:目前大学里的学术委员会,不啻一个多学科综合代表会议,未必真能解决学术问题。"学术的决策,应尽量以内行为主。由一群外行开会讨论、投票,更多是一种'非学术的手段',也很难期望这样的方式可以解决好学术问题。"③上述的批评都有一定的道理,但问题的关键可能不在于委员会是不是完美的,而在于学术治理为什么只能选择委员会制。从实践出发,任何一种制度选择排在第一位的绝不是这种制度好或不好,而是为什么是这种制度而不是那种制度④。无论何时,无论何地,制度的选择都不可避免地受诸多局限条件的约束,绝不能脱离条件的约束空洞地谈一种制度好或不好。

当前在我国高校学术委员会建设处在起步阶段,《规程》对于学术民主的若干规定对于完善学术治理体系及去行政化具有积极的象征意义。以学术委员会作为最高机构的学术治理,相对于传统的行政管理无疑具有进步性。不过,学术委员会对于高校学术发展的重大价值还需要时间和实践来证明。美国大学的经验表明,"学术评议会能否高质量地履行职权是影响其合法性的关键因素之一。学术评议会只有不断产出高质量的决议与建议,才能获得董事会、以校长为首的行政系统、学生乃至教师群体自身的认可和支持,进而,它在大学'共同治理'中的地位才能

---

① 管华,陈鹏.高校学术委员会权力的性质、来源与界限——兼评《高等学校委员会规程》[J].陕西师范大学学报(哲社版),2015(6):153.
② 魏小琳.我国高校学术委员会运行的有效性研究[J].教育发展研究,2016(19):64.
③ 罗志田.学术怎样以委员会解决[N].南方周末,2011-07-22.
④ 张五常.经济解释(卷四:制度的选择)[M].北京:中信出版社,2014:19.

是稳固的"①。面向未来,我国高校学术委员会建设的方向就是要在民主管理的基础上,通过不断提高决策的专业化水平,以提高学术委员会在学术治理体系中的地位,最终实现学术权力对于大学治理的有效参与,以及学术治理对于大学治理的适度引领。

第三节 从民主管理到专业化

学术治理中的民主化原则可能存在两方面的问题,一是民主管理本身存在程序上的瑕疵,即由于不够民主造成的问题;二是在程序正义或民主正当的前提下,由于学术民主胜任不够造成的问题。当前我国很多高校的学术委员会刚刚建立,民主正当尚处在起步阶段,但同时民主胜任的问题已经暴露。为推进中国特色现代大学制度建设,完善大学学术治理体系,在我国高校学术委员会建设中既需要进一步扩大学术民主,又需要同时强化民主胜任,加强决策的专业化,以提升学术委员会在大学治理体系中的地位。高校学术委员会不同于一般的委员会,学术民主也不同于一般的民主。学术委员会的委员多是来自于各学科的学术精英,与大众民主侧重"代表民意"或"反映舆情"不同,高校委员会更应该也更容易做到决策的专业化。由于学术场域的特殊性,对学术的治理绝不是越民主越好。民主只不过是一个必要的程序,关键还是学术治理过程中学术决策的高质量。

亨利·罗索夫斯基在《美国校园文化》一书中总结了大学管理的七条原则:第一条原则,并不是所有的事都可用更加民主的办法来改进;第二条原则,在一个国家里,公民的权利与参加一个自愿组织所获得的权利之间存在着基本的差别;第三条原则,在大学里,权利与责任要反映对该校承担义务的时间长短;第四条原则,在大学里,只有有知识的人才有资格拥有较大的发言权;第五条原则,在大学中,决定的质量是通过自觉防止利益冲突而得到改善的;第六条原则,大学管理工作应当为

---

① 董向宇.我国大学学术委员会制度研究[D].上海:华东师范大学,2015:92.

增进教学和研究能力服务;第七条原则,要使管理的等级制度运转良好,就需要有明确的协商机制和责任制度①。实践出真知。罗索夫斯基所总结的上述大学管理七原则充分展示了民主管理与专业化的关系。

实践中,由于民主机制自身的局限,在委员会制下无论如何完善民主程序,学术委员会对于学术的治理都会存在困境。毕竟,关于学术问题的决策,不论是研究性的学术活动还是非研究性的学术活动都不能简单地通过"少数服从多数"的票决制完美解决,即使参与投票的全是学术精英,也会经常出错。"决定专业知识不能靠所有人不加歧视地参与。一个科学信念并不因它被广泛接受而变得可信。科学生活中不言明却最重要的一条规定是,在事关科学的问题上不得数人头和诉诸大众。"②列维就曾举下列典型例子以证实这一事实:大多数科学家除了它自己的领域外,在其他所有领域均是一名新手。如他所言,"1811年底,傅里叶(Fourier)把他的关于热传导这一经典问题的最新研究报告提交给巴黎科学院,他的裁决者,拉普拉斯、拉格朗日和勒让德,几乎是所有时代最伟大的数学家三人组合,严厉地批判了这份报告,以致没能在科学院得到发表。十三年后,作为科学院的秘书,傅里叶发表了他的结果,这篇没作任何改动的论文现在成了该科学院备忘录中的一篇经典文献,这件事向人们展示了科学标准的易谬性"③。

与科学标准的易谬性相比,学术委员会在学术治理实践中还会面临权力寻租。与学术自由对于个体科学探究权利的保护不同,学术民主的根本是为了组织决策,无论是最终决策还是决策前的评议,学术委员会都掌握着实实在在的学术权力。"相对于庞大的大学学术人员队伍来说,学术决策权只为少数'学术精英'所拥有,它是一种稀缺资源。大学学术决策是把有形或者无形的学术权利、资源、利益、地位、声誉等在学术人员个体或者群体之间进行配置。学术决策权不仅关系到被决策者的利益,也可以给决策者带来利益。这种利益可能是现实的,也可能是潜在

---

① 亨利·罗索夫斯基.美国校园文化——学生·教授·管理[M].谢宗仙,周灵芝,马宝兰,译.济南:山东人民出版社,1996:234-247.
② 罗伯特·波斯特.民主、专业知识与学术自由——现代国家的第一修正案理论[M].左亦鲁,译.北京:中国政法大学出版社,2014:32.
③ 刘继青,李学勇.教授治校的运行逻辑:学术自由抑或学术民主[J].云南师范大学学报(哲社版),2010(5):139.

的。无论是学术事务的被决策者还是决策者,都存在追求个人利益最大化的倾向。这就可能导致在学术事务决策过程中,决策者与被决策者为了追求个人利益最大化进行交易或者主动寻租。"①作为一种通例,有权力的地方就会有政治,委员会制下的学术治理也不可避免地会滋生出"学术的政治"。就像所有其他类型委员会的成员一样,以学术为业的科学精英也不可能完全做到价值中立或不计私利。相反,根据现有制度设计,学术委员会的每一个委员都不只是代表个人,而是代表相关的学科、相应的学院。在通过学术委员会这个平台为学校的学术治理提供专业服务的同时,这些委员也必然代表着自身及所在学院和学科的利益。其结果是,当委员个人的或其所在学科的、学院的私利与委员会自身理应代表的学校的和学术的公益发生矛盾,并有可能危及更大的公共利益时,民主管理的机制就需要向更高水平的专业化让步。现有条件下,只有专业化才有可能避免利益的冲突。

从政策科学的视角看,也大致如此。在政策制定中民主化与科学化存在冲突。民主化意味着正当,科学化则强调胜任。实践中,"政策问题不同,公民参与的收益和成本之间的权衡也不同。我们很难笼统地说公民参与是适宜或是不适宜的,公民参与更适合于某些政策问题,但对另外一些政策问题却不那么合适。因此,公共管理者的任务就是当政策问题出现时,确定公民参与的适宜范围,然后采取恰当的形式吸引公民参与决策"②。进而言之,"对政策质量期望越高的公共问题对公民参与的需求程度就越小。对政策接受性期望越高的公共问题,对吸纳公民参与的需求程度和分享决策权力的需求程度就越大"③。学术治理的过程或学术委员会的决策也大致如此。教师、学生的广泛参与或委员的代表性,只是学术委员会进行科学决策的一个变量,甚至不能算最重要的变量。在学术治理过程中决策的问题越一般化,委员会的代表性越重要,决策的问题越专门化,委员的专业性就越重要。

对于学术治理而言,民主管理是必要的,但并不充分,真正有效的学术治理主要取决于治理参与者的专业化水平。民主管理之所以是必要的,一方面是民主本身具有正当性,另一方面是民主提供了决策的必要机制;民主管理之所以是不充分

---

① 刘小芳,等.中国大学学术民主制度的胜任力反思与制度重构[J].复旦教育论坛,2016(1):61.
② 刘复兴.国外教育政策研究基本文献讲读[M].北京:北京大学出版社,2013:157.
③ 刘复兴.国外教育政策研究基本文献讲读[M].北京:北京大学出版社,2013:158.

的,则是因为民主制本身无法解决学术决策的专业化问题。为保障学术治理过程中决策的科学化,必须在民主管理的基础上,强化学术委员以及学术委员会自身的学术民主胜任,以确保学术治理既能满足程序性正义又符合实质性正义。基于学术民主胜任的原则,有效的学术治理"不仅把民主视为一种决策原则,更强调决策者自身的资质,只有具有最优秀资质的人才能胜任决策工作。我们可以将这种资质外化为以下关于学术事务决策的客观标准:(1)决策者的学术权威与专业知识水平;(2)基于专业性和排他性的知识领域;(3)必须基于'内容的审查',对内容或者观点进行最严格的、挑剔的和歧视性的审视;(4)学术事务具有公共性,其存在是为了公共利益,因此学术表达必须基于公共利益"①。高校学术委员会建设中民主管理符合程序正义,具有正当性或合法性,但实践中"民主正当"不能遮蔽"民主胜任"。当然,"民主胜任"也不能取代"民主正当"。"学术民主是学术管理制度和决策行为的基本价值原则,学术民主胜任则是学术管理制度设计和学术民主决策的逻辑起点和现实要求。学术事务决策的自由裁量不能保证学术民主的胜任。学术事务的决策不同于公共事务的意见表达,应重视学术民主的胜任力。"②大学治理实践中,以科层的方式替代学术民主是不对的,以学术民主来代替专业化的决策也是不妥的。"大学各个群体在决策中都负有责任,但谁对某项事务负有首要责任,则其具有优先发言权,对事务有更大的决定权。我们在处理学术权力和行政权力关系时,遇到'之间''重叠',则分析谁对处理这一事物更有优势,负有更大的责任,谁就应拥有更大的权力。"③为保障学术决策的高质量,高校学术委员会建设在坚持民主化原则的基础上,具体决策时必须充分尊重专业性,强调优先权,切忌以委员会的名义滥用"票决制"。

在建立大学学术治理体系过程中,若以正当论,民主是一种有效的机制,民主管理一种重要的制度选择;但以胜任论,基于专业知识的专业化是一种同样重要或更加重要的选择。以提高学术决策的科学性为诉求,学术委员会建设从民主管理到专业化大致有两种进路:"机构化进路"(institutional approach)和"个人化进路"

---

① 刘小芳,等. 中国大学学术民主制度的胜任力反思与制度重构[J].复旦教育论坛,2016(1):62.
② 刘小芳,等. 中国大学学术民主制度的胜任力反思与制度重构[J].复旦教育论坛,2016(1):60.
③ 刘献君. 在完善高校内部治理结构中加强学术委员会建设[J].江苏高教,2016(2):4.

(individual approach)。所谓机构化进路,即淡化学术委员会自身的决策、评议与咨询职能,委员会作为常设机构更多发挥统筹的作用。将学术决策权或学术治理权更多赋予各种专业委员会,必要时甚至可考虑引入专业的第三方机构,以协助专业委员会进行决策、评议与咨询。所谓个人化进路,即将高校知识管理与学术治理结合起来,将学术委员的遴选和学术委员会的建设与院校研究中的政策研究结合起来。依托院校研究机构发掘高校自身的人力资源和知识储备,以确保每一项重大决策都能有具备相应专业知识的委员组成专业委员会。校内若无相应专业的委员,必要时可启动"特邀委员"条款,以满足决策专业化和科学决策的需要。

当前在我国高校学术委员会还处于"初创"期,文本建设刚刚起步,制度运行刚刚试水,离形成传统或按规则行事还有相当的距离。"这是由于已有的制度安排通常会破坏人们为引进新的社会技术而做出的各种努力。成功的制度改革依赖大量相关参与者的积极支持,而这一点可能不会马上实现。"[1]加之,高校之间学术水平差异明显,各高校学术委员会实际运行情况也各不相同。就对整个大学学术治理体系的建立而言,当前在我国高校学术委员会的建立象征意义仍大于实质意义。但学术领域的象征性治理并非不重要,它是通往实质性治理的必经阶段[2]。在实现中国大学治理体系和治理能力现代化的过程中,只要方向是对的,总有成功的那一天。

需要注意的是,政治领域象征民主正当的一人一票原则在高校学术委员会运作中是不充分的。我国在建立中国特色现代大学制度过程中将民主正当作为首要价值,倡导以"代表性"为合法性来源的"民主管理"有其现实意义,但难以有效满足高校内部管理事务专业性的要求。"在大学学术治理中,是否具有特定学术领域的专业能力和资格,构成其是否享有参与权力乃至决策权的唯一正当理由。"[3]若以民主正当作为原则或重要的理由,凡重大决策均由学术委员会以投票的形式表决,将无法证明学术委员会具备足够的胜任力。学术委员会的建设应围绕"胜任"做文章,通过民主的程序把最优秀、最适合的人选出来,根据需要组成高水平的专

---

[1] 思拉恩·埃格特森.并非完美的制度:改革的可能性与局限性[M].陈宇峰,译.北京:中国人民大学出版社,2017:27.
[2] 郭书剑,王建华.大学章程的象征意义及其改进——象征性治理的视角[J].高等理科教育,2016(3):38.
[3] 姚荣.公立高等学校专业判断权法律规制的法理证成[J].江苏高教,2017(11):18.

业委员会,以确保学术决策的高质量和学术治理的高效率。

最后,学术的外部治理决定内部治理。政府治理学术事业的方式直接决定或影响大学内部的学术治理方式,包括学术委员会的运行。"学术治理是当代中国社会治理的一个有机组成部分。当前学术体制中所存在的各种问题,实际上是当代中国社会问题的一个缩影。而学术治理的展开,同样有赖于整体社会治理实践的推进。对于学术管理部门来说,也应当根据这样一种总体性原则,来对自身的实践进行反思以及重新定位。"[①]基于此,当前我国高校学术委员会专业化建设所面临的最严峻的问题,可能不在于政策文本如何表达,也不是校领导要不要退出,而在于现有政策和制度环境下,大学的主体性与学术的主体性如何构建。毕竟,"如果各种行为惯例之间的联系是非常重要的,那么精确地模仿个别行为惯例就不会是最理想的做法"[②]。学术委员会作为我国高校的一种外生制度,要想切实发挥作用,需要以大学和学术自身主体性的建立为前提。

[①] 赵超.科研审计、双重失却与中国社会情境中的学术治理[J].科学与社会,2015(3):115.
[②] 奥利弗·E.威廉姆森.治理机制[M].石烁,译.北京:机械工业出版社,2016:120.

第十一章　高校管理事务的专业性与院校研究的制度化

伴随高等教育系统规模的不断增大,其复杂性也在不断增加,高校管理事务的专业化水平对于高等教育改革与发展的重要性日益提升。无论是完善中国特色的现代大学制度还是实现大学治理体系和治理能力的现代化都要以院校内部管理的专业化和科学化为基础。而要实现院校内部管理的专业化和科学化必须依托制度化的院校研究。唯有通过制度化的院校研究才能将管理科学的最新成果与高等教育理论有机结合起来,在遵循高等教育普遍规律的基础上努力探索大学治道变革的具体路径,以最终实现高校的善治和高等教育事业的科学发展。

经过多年"院校研究"研究的启蒙,对于院校研究在完善高校内部管理事务上的重要性,学界已有基本共识,正尝试推动"院校研究中国化"从"学界议题"向"管理实践"转变。但事实上,现有体制下院校研究在我国高校内部生存和发展的制度空间依然有限。院校研究机构和人员在高校内部管理事务中能否发挥作用、可以发挥什么样的作用,在一定程度上取决于学校领导的意愿,制度性保障还不够完善。究其原因,政府主管部门和学校领导对于高等教育事务专业性的认识仍落后于高等教育实践的发展。"在21世纪来临之际,教育费了九牛二虎之劲才被拖入20世纪。曾经在20世纪早期促使医药、农业、交通和技术等领域发生翻天覆地变化的科学革命与教育领域擦肩而过。在教育领域所取得的成果之应用仍然很盲目,只有极少情况下人们才会注重证据,并只有碰巧与当前的教育或政治趋势相符合时才会如此。"[①]当前伴随高等教育系统从精英化向大众化、普及化的转型,高等

[①] 刘复兴.国外教育政策研究基本文献讲读[M].北京:北京大学出版社,2013:115.

教育事务的复杂性和专业性日益凸显。在高等教育规模不断增大、系统复杂性不断增加的背景下，对于高校内部事务的管理仅靠行政部门的旧传统或官僚系统的老办法，已不足以应对层出不穷的新问题。"集体决策通常缺乏效率，也很难避免'最小公分母'式的思维。"① 和精英化高等教育阶段不同，在高等教育从大众化迈向普及化的进程中，建设世界一流大学和一流学科不仅要有一流的师资、一流的生源，更需要有一流的管理。在高校内部，"一流的管理"就意味着"管理基于科学的证据"，而非"基于个人的经验"。一流的管理就是要尊重高校管理事务的专业性和高等教育的规律，在做任何重要决策时都要确保政策研究先行，而非在会议讨论时"由某个领导说了算"或简单的"少数服从多数"。作为高校决策的智力支持系统，为支持高校管理部门实现"研究高校，管好高校"，院校研究机构需要制度化，院校研究人员需要专业化。

第一节 高校管理事务的专业性及其问题

一般而言，高等教育事务涉及三个方面，即教育事务、研究事务和管理事务。教育事务主要关注高校的人才如何培养、高深知识如何传播，即如何通过教育让人成为人；研究事务则关注知识如何分类、学科如何设置，高深专门知识如何生产与应用；管理事务涉及高校的组织结构、权力运行机制、治理体系等。沿袭学科的传统与知识生产的惯习，当前在高等教育学的名义下，高校的教育事务、研究事务与管理事务都得到了相对专门的研究，并初步形成了知识体系，但一直无法导向成功的管理行为。究其根本，学科模式的研究多倾向于探索某种普遍的理论或规律，对于高校内部具体的管理事务通常无法直接触及。"有价值的理论既不可能完美无缺（因此貌似天衣无缝、不容置疑），也不会仅仅事后聪明或用途寥寥。相反，它不仅为了衔接社会宏大结构和日常生活而接纳精密复杂的描述，也力图用理论来衔

---

① 威廉·G.鲍恩.数字时代的大学[M].欧阳淑铭,石雨晴,译.北京：中信出版社,2014:81.

接局部行为和普遍的社会制约。有价值的理论另一个特征是,它提出的理论建议必须能够付诸实施。此外,这些理论的立场还应当体现理论的价值观和终极目标。最后,对社会发展有益的理论应当能够阐明哪些措施是可以直接被采取的。有用的理论首要目的不是对概念精雕细琢,而是导向成功的政治作为。"①从20世纪80年代开始,为满足高校内部管理事务的专业性的需要,致力于探究对高校发展有益的理论,并弥补高等教育研究学科范式的不足,源于美国的院校研究范式被引入我国高校,并逐渐从非制度化向制度化转变。

美国不同时代院校研究的重点不同,学者们关于院校研究的定义也略有不同。1978年,诺尔斯认为,"院校研究是对高等学校的运行、环境及进程所作的研究与分析"。1985年,阿特巴赫认为,"院校研究是指那些院校收集自己的数据、对自己的运行状态和工作措施进行分析的研究"。1990年,萨柏认为,"院校研究是在一个高等院校内部进行的研究,旨在为该校的规划、政策与决策提供信息"。1994年,马弗认为,"院校研究就是对高等教育组织或大学的研究。其宗旨是:为高等学校提供有益的信息咨询,以改善学校的管理,为高校政策的制定出谋划策"。1996年,麦森认为,"院校研究是基于以下环节的研究活动:收集一所高校的内部状况的资料;收集该校的环境资料;分析整理这些资料使之转换为有用的信息;根据这些信息对学校的计划、政策、决策进行论证"②。马文·彼得森和阿特巴赫认为:"在21世纪,院校研究将以其有组织地收集、分析和报告高校管理与决策所必需的数据及信息的能力,满足高等教育不断变革的需要,逐渐成为高等教育研究的一个分支领域,并日益成为其主流的一部分。"③综上,不同学者在不同时期对于院校研究的定义略有不同。不过,根据上述不同的定义也可以看出,与高等教育学追求基本理论研究和学科理论体系的完备不同。院校研究的使命和目的主要是为高校的管理决策服务;院校研究主要致力于高等教育理论研究的实践化以及高校管理实践的科学化。

经过学术共同体多年的努力,当前院校研究在我国高校已经逐步扎下了根,并

---

① 理查德·埃尔莫尔.二十位教育先行者对教育改革的反思[M].张建惠,译.北京:商务印书馆,2017:3-4.
② 程星,周川.院校研究与美国高校管理[M].长沙:湖南人民出版社,2003:4.
③ 代蕊华,王斌林,戚业国.院校研究:理论、方法与机制[J].高等教育研究,2005(11):40.

蓬勃发展。基于对院校研究现状的不同判断,在我国有学者认为,"院校研究是高等教育研究的一个新领域"①;也有学者认为,院校研究是高等教育研究的"新范式"②;还有学者认为,"院校研究是高等教育管理学学科建设的新路径"③。整体上看,当前院校研究在我国高等教育理论与实践界得到了普遍的承认和重视。长远来看,伴随我国高等教育规模的不断增大和高等教育战略地位的不断提升,院校研究在我国的前景是光明的,但就眼前来说,现状却并不容乐观。究其原因,现有体制下,高校管理事务的专业性仍被忽视,至少是重视不够。

现代社会的一个重要特征就是专业化。所谓专业化就意味着相关事务的处理已超越个人日常经验的范畴,需要以高深专门的知识为基础,通过相当长时间的专业训练方能胜任。适应现代社会专业分工的需要,现代大学中专业教育十分繁荣。有趣的是,现代大学以知识分化为基础,为社会各行各业培养了大量专业人才,促进了整个社会的现代化进程;但高等教育事务,尤其是高校内部管理事务的专业性却长期遭到忽视。"人们常常指责大学对一切都进行研究,但就是不研究它们自己;同时人们公开地指责它们准备对一切进行改革,而不去准备改革它们自己。"④二次世界大战以后,美国为了适应高等教育管理专业化的需要,其大学开始"研究它们自己",并"准备改革它们自己",院校研究作为高等教育研究的一个特殊范式随之蓬勃发展。在我国,20世纪80年代高等教育学以满足高校师资培训而非高校管理专业化的需要为契机获得了最初的合法性。尽管中美高等教育研究的滥觞,其缘由略有不同,但初心无疑是一样的,即高等教育事务具有专业性,需要科学研究,不能任其自然发展。

波斯特为深入探讨"民主、专业知识与学术自由"的关系曾详细区分过民主正当和民主胜任。"民主正当要求以平等和宽容来对待所有人的言论。民主胜任却要求言论必须服从于区分好坏的学科性权威。"⑤基于民主胜任的原则,高校内部管理不是一个适合实施简单民主管理的地方,政治领域象征民主的一人一票原则在高校

---

① 周川,等.院校研究:高等教育研究的新领域[J].高等教育研究,2003,(3):46.
② 程星,周川.院校研究与美国高校管理[M].长沙:湖南人民出版社,2003:3.
③ 康宏.院校研究——高等教育管理学学科建设的新路径[J].现代大学教育.2005,(5):21.
④ 德拉高尔朱布·纳伊曼.世界高等教育的探讨[M].令华,严南德,译.北京:教育科学出版社,1982:13.
⑤ 罗伯特·波斯特.民主、专业知识与学术自由——现代国家的第一修正案理论[M].左亦鲁,译.北京:中国政法大学出版社,2014:37.

管理事务上可能是一种灾难。当前我国在建立中国特色现代大学制度过程中将民主正当而非民主胜任作为首要价值,倡导以少数服从多数为特征的"民主管理",有违大学的本质和管理的专业性。现代大学里,无论学术事务还是行政事务的管理都应将"胜任力"作为首要价值,学术管理强调专业精神,行政管理则力求职业化。如果以民主正当作为理由或原则,凡重大决策均以委员会形式投票,少数服从多数,那只能表明大学的管理层不具备足够的胜任力。大学是专业性组织,重大决策需要成立委员会以备咨询是惯例,但委员会一定要是专业委员会,不能是"大杂烩"。只有委员会的每一位委员在专业上都足以胜任委员会肩负的决策任务时,委员会的决策才有可能是成功的。专业性的委员会无须常设,可以根据需要由相应学科的专家或权威临时组建,事毕即可宣告解散。近年来,伴随大学章程和《规程》的出台,我国很多大学成立了各种形式的学术委员会和专门委员会,但委员会的设立往往强调代表性,忽视专业性。其结果是,在少数服从多数的议事原则下,各种委员会不过是为学校政策或领导决策"背书"的一个象征性工具,对于高校管理实现科学决策的帮助不大。

当前在我国由于大学校长没有职业化,高校职能部门的管理人员也没有专业化,高校的管理事务仍停留在"人治"阶段。凡遇改革各高校之间会通过调研的方式相互学习并模仿;最终高校内部管理长期在低水平徘徊,乃至"一流的学生,二流的师资,三流的管理"一句经常成为很多学生对自己母校的公开调侃。这种状况的出现并非是因为对高校管理事务专业性的认识不够,也并非学校管理部门与相关研究者的信息不对称,而主要是因为体制的原因。"各种治理制度被嵌入其中的整个制度环境(法律、规则、惯例、准则等)都是历史的产物。"①现有制度环境下,当事人习惯于因循守旧,唯政府之命是从,基于经验进行管理。高校管理中许多明显不合理的制度,依然长期存在。

究其原因,大学的特殊性和管理事务的专业性没有得到尊重,行政化的思维和行为导致高校官场化,学校领导的个人意志或行政经验而非高校管理的专业知识一直主导着高校的运行与发展;学校办得好坏有时全靠运气或只能交给命运(看能否遇到一位好校长或好书记)。高校领导(校长、书记)的官员身份、行政级别使得教育家的成长空间过于狭窄;以校长、书记的行政级别为参照,高校内部的管理机构和人员同样受制于行政级别的控制,专业发展的空间受限。"专业人员在各种政治教化的礼仪性活动

---

① 奥利弗·E.威廉姆森.治理机制[M].石烁,译.北京:机械工业出版社,2016:243.

中也必须放弃或变通他们的专业化观念。当一个专业人员(如教授)必须按照政治动员的需要来参加各种教化活动时,他(她)必须把自己的专业价值判断束之高阁,去扮演这一仪式化过程的司仪角色。如此这般,专业化过程不断被打断、被虚化,成为象征性符号,而不是塑造专业化的基本价值和共享观念。"①其结果是,我们虽然拥有世界上最大规模的高等教育系统,但真正意义上的教育家或高等教育管理专家却寥寥无几。

在现有体制下,"稳定压倒一切",主动变革的成本和代价过高。在组织技术层面上,政府优先考虑的是如何控制大学的办学方向,立什么德,树什么人,而不是如何办好大学。"不需要集权化管理的事情却常常被集权化管理,而真正需要集权化管理的事情反而丢给某个员工自行处理。"②实践中,以政府的政策或国家的意志为指挥棒,大学越符合某种预期可能就越远离大学自身的理想。尤其严重的是,在计划体制下,政府越强势,大学越逢迎;大学越逢迎,政府越自信。最终,根据政府文件而非高等教育科学和管理科学的研究成果办学成了大学理性的选择。未来如果高等教育发展中的计划思维和行政化体制不改,如果仍旧完全由政府以计划的方式主导高校的改革,那么高校管理事务就没有专业性可言,所谓高校管理不过就是根据文件精神,完成政府主管部门或学校领导布置的任务而已。

第二节 院校研究的制度化及其问题

院校研究的真正意义在于管理实践科学化。我国院校研究的唯一出路就在于制度化,即通过制度化将院校研究纳入我国大学管理体制之中,成为大学管理科学化、高等教育理论研究实践化的重要中介。目前院校研究制度化在我国还存在着很多的困难。这些困难既有宏观层面的,也有微观层面的;既有观念层面上的,也有制度层面上的;既有高等教育外部环境方面的,也有大学内部的;既有高校管理者的认识问题,也

---

① 周雪光.中国国家治理的制度逻辑:一个组织学研究[M].北京:生活·读书·新知三联书店,2017:438.
② 拉里·法雷尔.创业新时代:个人、企业与国家的企业家精神[M].沈漪文,杨瑛,等,译.北京:机械工业出版社,2014:201.

有具体的操作步骤问题;既有研究者的能力问题,也有数据资源的获得问题①。对于院校研究得以实施的内外部条件以及我国的具体情况,周川教授曾经做过比较详细的分析。如他所言,院校研究在大学中得以存在的内外部条件可以归纳为以下几个方面:第一,高等学校面向健全的资源市场自主办学;第二,对高等学校广泛的、制度的监督与问责;第三,高校决策权力的多重制约;第四,高校领导对"有限理性"的清醒认识;第五,可便利获得的学校业务数据;第六,院校研究者自身的专业素养。参照以上六点,周川对我国院校研究的内外部条件进行了如下评估:第一,市场在高校办学资源配置方面已发挥重要作用,但政府依然是高等学校运行的主导力量;第二,高等学校的办学行为已开始引起社会的广泛关注,但基本的社会问责和评价制度尚未建立;第三,高校内部各利益阶层和群体已若隐若现,但他们对学校的管理与决策尚不起制约作用;第四,高校领导者的"有限理性"已是不争的事实,但高校的许多领导者还意识不到这一事实,着意扮演着"掌权"的"英雄"角色;第五,高校的基本业务数据工作已受到重视,但数据基本不公开,许多数据欠系统、欠真实;第六,高教研究机构和发展规划机构已普遍在高校设立,但研究者的专业素质与能力距院校研究的要求尚有很大差距②。近年来,我国高等教育在许多方面发生了重大变化,但我国院校研究制度化面临的内外部条件依然没有根本变化。

科学研究是学者的事情,但科学研究的成果要发挥作用则需要制度保障。近代科学革命的一个重要标志就是科学研究不再是个人的"闲逸好奇",而是成了一种高度制度化的社会建制。19世纪以来,人类在知识的各个领域之所以能够突飞猛进,主要得益于学科制度的建立,即将不同知识分支以学科的名义固定下来,并加以制度化。就学科的发展而言,其制度化主要包括,设立讲座、建立系科、开设课程、培养人才、发行期刊、成立学会等一系列要件。概言之,所谓学科制度化,即一门知识性的学科在大学内部获得固定的系科建制和经费支持,并成为高深知识生产、传播与应用的制度性场所③。通常来说,与制度化的学科不同,院校研究不是一门学科,甚至也不是科学意义上的科学研究,院校研究的目的不是要探索院校发展的普遍规律或建构宏大的院校发展理论,院校研究的使命接近于智库的政策研究,它的使命和目的只是为所在高校的

---

① 王建华.论我国院校研究的现状、问题与出路[J].高教探索,2007(3):8.
② 周川.院校研究的职能、功能及其条件分析[J].高等教育研究.2005(1):43-46.
③ 王建华.高等教育学的建构[M].广州:广东高等教育出版社,2009:89.

管理事务提供切实可行的操作性方案。换言之,院校研究关注的是院校的特殊性而非普遍性。如有学者所言:"大学和学院应当利用各种培训机会或者在校内建立自己的小规模的'兰德公司'(Rand Corporation),研究什么是学校最好的组织方式,什么是学术发展的最优途径以及如何管理非营利组织。"①

在院校研究的发源地美国,院校研究是制度化的,即在组织架构上将院校研究机构作为高校管理事务决策的重要组成部分,配有专职的研究人员和明确的角色定位。相比之下,我国院校研究的发展尚处在学习或模仿阶段,距离真正意义上的制度化尚有不小差距。经过理论与实践界十多年的共同努力,在我国高等教育研究中关于"院校研究"的研究已积累了丰富成果,院校研究组织也成功地将"院校研究"的理念和机构引入我国高校,并在部分高校管理实践中引起了较大反响②。值得注意的是,在"院校研究"研究的路径形成之后,由于受到高等教育管理体制以及学科制度两方面的影响,我国院校研究的制度化似乎走向了"歧途"。

一方面由于我国选择以学科模式来建构高等教育研究,高等教育学成为高等教育研究者主要的身份认同。在此背景下,院校研究迅速被吸纳为了高等教育学的一个新领域,院校研究人员大多接受的是高等教育学的学科规训,对于高校管理的具体事务缺乏深入了解,对于院校研究的方法与技术也不熟悉,难以胜任院校政策研究。另一方面虽然在我国部分高校建立了专门的院校研究机构,但由于高校现有的决策机制没有为院校研究人员的参与决策预留相应的制度空间,院校研究机构和人员与所在高校管理事务的联系并不紧密。相反,在职称晋升和专业发展的压力下,院校研究机构和人员仍大多倾向于从事传统的高等教育研究,即以院校研究作为专业领域来发表高等教育研究方面的学术论文,而非为所在高校提供具有针对性的政策研究成果。

当前在建设和完善中国特色现代大学制度以及实现大学治理体系与治理能力现代化的进程中,从政府到高校对于院校研究的重要性都还缺乏清晰的认识,对高校管理事务的专业性也缺乏必要的尊重。围绕着大学治理,很多改革为改革而改革,既不符合高等教育的规律,也不符合改革自身的逻辑。"作为一个系列,这些改革议程被一

---

① 乔治·凯勒.大学战略与规划:美国高等教育管理革命[M].别敦荣,主译.青岛:中国海洋大学出版社,2005:228.
② 刘献君,魏署光.院校研究中国化:问题、理论与实践——刘献君教授专访[J].苏州大学学报(教育科学版),2015(1):78.

种或许可以称作'管理主义的焦虑'的东西所驱动,这是这样一种信念,即认为教育的核心问题可以通过改变教育系统的组织和管理,从而使之与一整套放之四海而皆准的理论原则相一致的办法来加以解决。"①但事实上,每一所高校都是不一样的。绝没有"包治百病"的改革"万灵药"。真正有效的改革必须基于院校的实际情况,而改革要做到从院校实际出发就必须重视院校研究工作。现有管理体制下,我国高校院校研究及其成果更多的是一种装饰性存在,其作用的发挥效果如何取决于领导者个人的开明与否,甚至是私人关系,制度性保障是否完善。实践中由于院校研究机构和人员缺乏独立性,对于行政权力的人身依附和部门依附较为明显,院校研究的象征性远大于实用性。

当然,若换一个角度来看,作为一种"舶来品",院校研究在我国高等教育领域,在如此短的时间内,凭借理论与实践界自身的不懈努力,能有现在这样的成就已经不易。展望未来,在推进"院校研究中国化"的进程中加强院校研究顶层设计和制度建设当是重中之重。院校研究机构唯有作为院校的政策研究机构参与决策,院校研究人员只有成为院校政策研究的专业研究者,才能真正提升我国高校管理事务的专业化水平。

第三节 院校研究制度化的路径选择

现代社会教育地位的提升既给高等教育的发展提供了难得的机遇,也使高等教育的发展面临严峻的挑战。当前无论是政府还是非政府部门都倾向于要求大学及其他高等教育机构去解决那些个人、家庭和其他机构不会解决或解决不了的社会的、政治的或经济的问题。关于高等教育的改革也被视为达成经济复苏、文化转型与国家稳定的机制②。由于高等教育自身的重要性日益凸显,高等教育事务的专业性必须得到尊重。只有充分尊重高等教育事务的专业性,高校内部管理的科学化和高等教育自身的科学发展才能有所保障。实践中,高等教育事务的专业性决定了高校管理事务的专业

---

① 莱文.教育改革——从启动到成果[M].项贤明,洪成文,译.北京:教育科学出版社,2004:18.
② Thomas S.Popkewitz.教育改革的政治社会学:教学、师资培育及研究的权力/知识[M].薛晓华,译.台北:巨流图书股份有限公司,2007:19.

性,高校管理事务的专业性又奠定了院校研究的合法性,而制度化的院校研究可以为高校的专业化管理提供科学证据。

历史和现实告诉我们,无论办好大学还是管好大学,除了重视,还需要"懂得"。实践中,领导者重视高等教育相对容易,真正"懂得"高等教育及其管理却比较难。戴明就曾指出:"大多数组织只有15%的问题是由其有关的工作人员和管理人员引起的。其余85%的问题的根源在于这些人工作所涉及的范围更广泛的制度,如教育制度、预算制度、人事制度等等。"[1]历史上,洪堡的成功就在于,他不仅重视"教育",关键是他懂得"教育";后世的行政官僚以及大学校长"重视"高等教育的可能不乏其人,但真正"懂得"的却凤毛麟角。高等教育实践中,如果"不懂"而又"重视"有时可能比"不重视"还要糟糕[2]。那么,谁会懂得以及如何才能懂得高等教育以及高校内部管理呢?若说高校管理层懂得或不懂高等教育事务,不尽然;若说高等教育研究者或院校研究者懂得或不懂得高等教育事务,也不尽然。

目前的麻烦在于,管理者先入为主地认为,研究者的研究大多理论脱离实践;研究者则"反唇相讥",管理者的管理是实践脱离理论。但事实上,如马克思所言:"理论在一个国家的实现的程度,总是取决于理论满足这个国家的需要的程度。理论需要是否会直接成为实践的需要呢?光是思想力求成为现实是不够的,现实本身应当力求趋向思想。"[3]实事求是地讲,对于高等教育事务,包括高校内部管理事务,没有谁全懂,也没有谁全不懂。管理者和研究者可能都会掌握部分真理。在追求和实现高校管理决策科学化、民主化的过程中,行政部门与学术人员需要共同创造而非相互孤立。如果我们抱着一种简单化的线性思维,想当然地以为,"因为我从事高等教育管理实践或因为我从事高等教育研究或院校研究,所以我就理所当然地懂得高等教育事务",那可能就大错特错了。

无论理论研究者还是实践管理者,在高校内部管理事务上,意识到自己的无知可能远比强调自己专业更加重要。实践中,只有首先承认自己的无知,事情才有可以改进的空间,研究才有趋于科学的可能。如果管理者认为自己掌握了全部真理,那么独

---

[1] 戴维·奥斯本,特德·盖布勒.改革政府:企业家精神如何改革着公共部门[M].周敦仁,等,译.上海:上海译文出版社,2006:113.
[2] 王建华.重温"教学与科研相统一"[J].教育学报,2015(3):9.
[3] 刘献君,魏署光.院校研究中国化:问题、理论与实践——刘献君教授专访[J].苏州大学学报(教育科学版),2015(1):77.

断专行与肆意蛮干将在所难免。如果研究者认为自己掌握了全部真理,那么"乌托邦"将成为大学的一种理想。事实上,无论理论研究者还是实践管理者,失意佗傺与崇拜成功、权力都是一枚硬币的两面。[①] 无论何时,无论何事,都需要警惕两种心态:对于高校领导层,要切忌权力遮眼,失去科学理性,总觉得自己无所不知,无所不能;对于院校研究者,切忌以上帝的视角审视一切,俯视众生,觉得自己怀才不遇、牢骚满腹。对于高校内部的管理事务,管理层和院校研究者都要勇于承认自己可能的"无知"。

科学决策的一个基本原则就是,凡事都应遵循科学理性进行"研究",而不是基于权力的勾兑、私下里的"研究研究"。作为院校研究的组织者,对于院校研究的真谛要有科学的把握,对于院校研究的应用取向以及发展阶段与趋势应有着清醒的认识,并能够审时度势,在相关基础研究完成以后,在"院校研究"研究的启蒙目的实现以后,大力推进院校研究的制度化建设以保障院校研究成果在我国高校管理实践中的应用。当然,院校研究制度化的实现并非院校研究者或院校研究的组织者自己可以决定,而是取决于诸多外部条件。

第一,政府决策的民主化、科学化。现行体制下高校与政府间存在高度的同构性(职能同构、利益同构、结构同构)。政府的决策是否科学、民主直接决定了高校内部的决策是否科学、民主。如果高校内部缺乏科学决策、民主决策的需求,院校研究的制度化将失去驱动力。"在现代社会中,专业化过程成为培育专业精神、产生共享观念的一个重要渊源。专业化发展需要有其各自的专业化过程,从教育、培训、职业自律到专业协会和杂志等一系列制度。然而这些专业化过程有相对独立性,形成各自领域中的专业权威,难以纳入一统体制的逻辑之中,甚至形成对一统体制的挑战,因此产生了制度逻辑的不兼容性。在实际生活中,我们看到一统体制的种种实践在削弱、阻碍专业化过程的展开。一统观念制度实际上阻碍或否认了各个领域中建立共享观念的专业化过程,专业组织和活动常常被看作是对一统体制的威胁,从而受到极大限制。"[②]长期以来,在科层模式下,我国政府的决策多是"一把手"说了算,科学决策、民主决策的意识不强。在加快推进国家治理体系与治理能力现代化进程中,随着各种新型智库的建立,政府决策的科学化、民主化逐渐从理性诉求转为实践。伴随政府决策的改革,高校

---

① 陆建德.自我的风景[M].广州:花城出版社,2015:代序6.
② 周雪光.中国国家治理的制度逻辑:一个组织学研究[M].北京:生活·读书·新知三联书店,2017:437-438.

内部的决策体制也在发生变化。近年随着《规程》的施行,在很多高校以民主管理为核心的学术治理体系逐渐建立。在此背景下,高校行政管理如何以院校研究为基础加快推进科学决策就成为当务之急。

第二,在高校内部决策趋于科学化、民主化的背景下,积极推进大学校长的职业化或去官员化。实践表明,只有校长以教育家为奋斗目标而不是以行政级别为努力方向,高校管理事务的专业性才会受到尊重,院校研究才大有可为。在现有体制下,公立大学是事业单位,校长属于"官员"身份,任期有明确的规定,但随时也有可能更换。在官场逻辑下,对于大学校长而言,显性的政绩激励往往占据主导地位,基于院校研究的科学决策不被重视。相反,"大学校长"若不只是一个岗位而是一份职业,大学校长势必更加重视自己的职业发展,而非位置更换;而要实现自身的职业发展,校长自然而然会重视作为科学决策基础的院校研究。某种意义上,院校研究的制度化与我国大学校长群体的职业化是一个共生的过程。

第三,作为制度化的关键环节,在建设中国特色现代大学制度的框架下,应努力使院校研究嵌入大学治理体系,成为大学内部治理结构和治理组织的"关键一环"。由于缺乏传统,对于中国特色的现代大学制度建设而言,院校研究是一个外生的制度。作为外生制度院校研究机构若要发挥作用必须"嵌入"现行大学治理体系,而不能一直像个"装饰物"一样"挂"在治理体系之外。如威廉姆森所言:"制度就是治理机制。"[①]在现有大学治理体系中,院校研究要切实服务于行政管理决策的科学化,首先要与高校内部相关职能部门"无缝"衔接,与职能部门共同创造和经营高校内部行政管理科学决策的供需市场和制度市场。院校研究机构要主动为学校及相关职能部门行政管理的科学化出谋划策,而不能只是被动地进行任务式研究。在实现大学法人治理的过程中,院校研究机构应以独立的、批判的、建设性的政策研究为高校管理事务的持续改进提供专业支持。

[①] 奥利弗·E.威廉姆森.治理机制[M].石烁,译.北京:机械工业出版社,2016:3.

第四编

话语的转向

第十二章 作为"方法"的大学

无论作为一个领域还是学科,当前高等教育研究中对于大学的认识,大多凭借其他学科的学术资源或研究视角来探究大学的问题,即以认识大学为目的,以其他相关学科的知识和理论框架为手段。但事实上,大学作为人类社会最为成功的组织形式和制度安排之一,相关研究绝不能限于或止于以其他学科的知识和视角来解读,而应从大学本身的理念、组织与制度特性出发,通过"元研究"来激活大学自身的历史与实践经验,即以大学为"方法"——通过"大学"为其他组织以及社会本身的创新寻找可能的出路。

当前高等教育研究中关于大学的很多概念和理论,大多源于其他学科对于大学的研究或高等教育研究者借助于其他学科的资源对于大学问题的研究,相关概念和理论明显带有母学科的"烙印"。比如,非营利组织(理论)、非政府组织(理论)、利益相关者理论、有组织的无政府状态、松散结合的系统,等等。某种意义上,这些理论都是"他者"中心的,即以其他组织的标准或范式为参照,给予大学某种质的规定性。比如,以政府为参照,大学就是非政府组织;以企业为参照,大学就是非营利组织;以制度化组织为参照,大学就是"有组织的无政府状态"或"松散结合的系统"。但反过来,很少会有人将政府或企业等正式组织称为"非学术组织""非学院组织"或"非大学组织"。事实上,大学有其自身的理念、组织和制度特性,对于大学的研究应从大学的事实本身出发,而不是从其他学科的理论立场或价值设定出发。"大学应与政府、企业一样代表了一类典型的社会组织,而不仅仅是属于政府、企业之外的第三部门。无论是作为国家机构、产业系统,还是第三部门,都只是道出了大学组织的一个方面。在今天,我们从大学身上随时可以隐隐约约地看到这三种组织的影子,而且不排除不同历史阶段,在不同大学身上,某一种组织的影子有时会更清晰一些。但毫无疑问,理想状态下,大学应是大学自己,大学绝不应是上述组织中任何一种,更不是它们的混合物。"①因此,关于大学以及大学问题的研究应是基于大学理念、组织和制度特性的"固有的展开",而非凭借其他理论或假设对于大学理念、组织和制度等事实进行任意的"裁剪"。"所谓固有的展开,就是指以基体自身的内因为契机的辩证法式的展开。"②基于此,高等教育研究不能只是以其他学科的知识和理论为手段,以对大学和大学问题的认识为目的;同时,也应以大学为"方法",以其他学科和整个世界为目的,通过"大学"为其他组织以及社会本身的创新寻找可能的路径。具体而言,对于大学及其问题的研究,我们的目的不能止于要知道大学是什么、为什么,而要进一步追问通过大学以及关于大学的研究,我们可以实现什么;要追究大学作为一类组织到底具有什么样的理念、组织与制度特性,和其他社会组织间通过怎样的机制可以形成什么样的关系,不同组织如何相互理解、协同治理,共同促进社会的进步和创新。

第一节 "抵抗"还是"适应"

从历史上看,古典大学曾影响世界,现代大学主要被世界所影响。古典大学的组织与制度设计对于欧洲国家的民主体制,尤其是议会制度有直接的影响,以教授会为核心的管理制度更是现代社会治理理论和实践的先驱。在中世纪时,"国家与教会间的争执,每取决于大学,大学俨然形成排难解纷的权力,并得参与国家地方的政权",中世纪大学"不但成为纯粹的民主组织的楷模,且为裁决政教纷争的超然力量"③。相比之下,现代大学在理念、组织与制度层面上,均缺乏原创性,其精华部分依然是对于古典大学的粗略展开。究其原因,现代大学在理念、组织与制度层面上的所有的变化,主要是接受政府和企业的影响,而非根据大学内在的逻辑自

---

① 王建华.作为大学的大学[J].教育发展研究,2007(3A):14.
② 沟口雄三.作为方法的中国[M].孙军悦,译.北京:生活·读书·新知三联书店,2011:55.
③ 卢增绪.高等教育问题初探[M].台北:南宏图书有限公司,1992:109.

主演化。比如,参照政府的管理模式,大学内部的行政管理实现了高度科层化,参照企业的管理模式和治理结构,大学实现了基于利益相关者的多元治理,在学术管理方面则趋向了学术管理"资本"主义。再比如,为了突显大学理念、组织与制度的特殊性,有时参照政府,大学称自己为非政府组织,有时又参照企业,称自己为非营利组织,有时根据排除法将自己归类为政府、企业之外的第三部门。无论以非政府组织还是以非营利组织抑或第三部门称呼大学都不能算谬误,但大学自身学术组织的属性却在有意无意之间被忽视或无视了。

当然,古典大学不是不受外界的影响,古典大学同样受教会和城邦的影响。中世纪大学之所以为大学仍然需要来自国王或教皇颁发的"特许状"。所不同的是,古典大学对于外来的影响会基于自身的组织特性进行适当"抵抗"。所谓"象牙塔"并非天然就是如此,而是大学在与教会和城邦斗争的过程中所赢得的组织特权和制度尊严。"无论是世俗皇帝还是教皇,都不可能充当'大学的规划者',描绘基督教大学的理想蓝图,并在每一个细节方面加以实施!"[1]在中世纪的几百年里,"象牙塔"既带来了大学理念、组织与制度的保守,同时也守护了大学之所以为大学的精神。现代以降,大学走出了"象牙塔",也超越了"象牙塔",对于外界的反应,现代大学与古典大学截然不同。与古典大学的抵抗策略相比,现代大学更强调"适应"和"转向",即适应现代社会的需要,并向其他先进的组织转向。某种意义上,现代大学忘记了自己的初心和常识,以"后进"组织自居,不再强调保持自我,而是主动地放弃自我。实践中不断通过模仿将政府和企业以及其他社会组织需要的东西叠加在自己身上,以至于现代大学越来越接近于一个全能的机构(omniversity)[2]。其结果是现代大学什么都像就是不像它自己。

对于现代大学的发展与变化有三种不同的理论解释。一种是"遗传论"。其认为现代大学虽然大多建立在第二次世界大战之后的现代,但由于大学自身的"基因"十分强大,现代大学仍然是以欧洲中世纪大学为基体进行发展的。今天全世界

---

[1] 希尔德·德·里德-西蒙斯.欧洲大学史(第一卷 中世纪大学)[M].张斌贤,等,译.保定:河北大学出版社,2007:33.
[2] 王建华.大学组织分析[J].浙江树人大学学报,2006(6):85.

的大学仍然是欧洲大学的"凯旋"①。巴黎大学之所以被称为世界大学之母,"不仅是因为它有助于我们了解,在那个相隔久远的时期究竟是什么构成了大学,而且也因为它有助于我们了解,大学的典范形式是什么,乃至今天的大学应该是什么"②。另一种是"环境论"。其认为现代大学主要是适应现代化和工业化需要而新建立起的高等教育机构,与中世纪的欧洲大学传统之间没有直接的继承关系。"大学从来都不是一成不变的。相反,大学一直在改变并适应新环境。""无论世俗对大学的印象多么根深蒂固,大学机构从来就不曾有过统一的模式。"③以英国为例,"当提到大学时,人们想到的一定是具有悠久历史和传统的教育机构,但事实上,现在的大学中历史悠久的为数很少:超过四分之三是在20世纪60年代以后成立的,非常具有戏剧性的是,其中30所是在1992年一年间被冠以大学之名的"④。某种意义上,现代大学主要是因高等教育大众化和普及化的需要而产生的新机构,和中世纪的欧洲大学只不过是共享"大学"的名字而已,实质上二者在理念、组织与制度等各个方面截然不同。以上两种观点虽然各执一端,但基于特定的案例或特定的情境都能自圆其说。第三种是"折中论"。阿什比从生态学出发,强调大学是遗产与环境的产物⑤。这一观点表面上看,强调了遗传与环境对于大学的塑造同样重要,但事实上仍然主要是强调环境的重要性。因为阿什比高等教育生态学的核心思想仍然是"适应"而不是"抵抗"。

　　历史演化进程中,以"适应"还是"抵抗"作为塑造大学的媒介,结果迥然不同。以"适应"为媒介,相当于没有媒介。在环境的左右下,大学的现代化过程也就是一个不断"变形"的过程。相反,以"抵抗"为媒介,大学会不断"蜕变",但绝不会"异化"为别的东西。因为,"抵抗"只是一种组织变迁的策略,并非拒绝自我革新,否则所谓的"抵抗"只有死路一条。对于大学而言,"抵抗"在某种意义上主要是一

---

① 许美德.中国大学1895—1995:一个文化冲突的世纪[M].许洁英,主译.北京:教育科学出版社,2000:32.
② 爱弥尔·涂尔干.教育思想的演进[M].李康,译.上海:上海人民出版社,2003:119.
③ 安东尼·史密斯,弗兰克·韦伯斯特.后现代大学来临?[M].侯定凯,赵叶珠,译.北京:北京大学出版社,2010:168.
④ 安东尼·史密斯,弗兰克·韦伯斯特.后现代大学来临?[M].侯定凯,赵叶珠,译.北京:北京大学出版社,2010:3.
⑤ 阿什比.科技发达时代的大学教育[M].滕大春,滕大生,译.北京:人民教育出版社,1983:7.

种坚守的姿态,即朝向对于大学底线(大学之所以为大学)的坚守。现代社会中由于以政府和企业为代表的现代性力量的异常强大,大学的坚守不可避免地遭遇挫折。面对挫折,基于"抵抗"的组织策略,大学会越挫越勇,屡败屡战,直至现代社会承认并尊重大学的独特性。相反,若基于"适应"的组织策略,大学的最佳选择就是适应新环境、放弃自我,积极主动地根据政府和企业的要求改造自己、重塑自己,以便能够成为由政府和企业主导的现代性的一部分。

在某种意义上,现代大学放弃"抵抗"而选择"适应"是理性的,但代价也是高昂的。基于适应的策略,现代大学得到的是政府和企业的"宠爱"(大规模资助),失去的却是自身组织与文化的独特性。因为独特性的逐渐丧失,现代大学在现代社会中不可避免地面临身份危机,需要为承认而斗争①。像很多生物体一样,大学首先要保持"基因"的完整,"变异"只能在适度的范围之内。外部环境的介入应以不影响机体的"遗传"为前提。如果环境的变化超过"遗传"主导了大学组织的变迁,那么现代大学随时都有可能变成为另一个"物种"。当然,由于"变异"的普遍存在,且不可避免,当前的世界上现代大学本身已经是一个极其多样化的系统。面对多样化的现代大学,我们不能因为某些大学抛弃了传统的桎梏,在结构和职能上迅速实现了转型,因而在排名系统中迅速崛起而对其抱有特别的好感,也不能因为某些大学坚守所谓的传统、拒绝自我革新,而随意地赞美。

对于大学而言,在"变"与"不变"之间,唯一正确的做法是,该"变"的要"与时俱进",不该"变"的要"据理力争"。我们时代的大学转型面临的困境是,该"变"的、不该"变"的混在一起,没有边界意识、缺乏底线思维。对于外界的各种要求,大学基本放弃了"抵抗",只一味"适应",该"变"的、不该"变"的都在迅速地"变异"。无原则、无底线的求新、求变正在毁掉现代大学或使现代大学变成另一种机构——"科研公司"。说到底,大学真正的现代化,与其说是一种改造或重建的过程,不如说是一种基体的展开或蜕化的过程。"蜕化是一种再生,换个角度,也可视为新生,但蛇不会因为蜕了皮就不再是蛇。"②大学也是一样。现代大学需要转型,可以转型,也必须转型,但不能因为转了型就不再是大学了。转型过程中,大学要

---

① 阿克塞尔·霍耐特.为承认而斗争[M].胡继华,译.上海:上海人民出版社,2005:1.
② 沟口雄三.作为方法的中国[M].孙军悦,译.北京:生活·读书·新知三联书店,2011:55.

回归初心,回归常识,不能仅仅把自己看成和作为政府或企业的跟随者、社会需要的满足者,一味地通过适应求生存。为了自身的复兴,为了社会的繁荣,除必要的适应之外,现代大学还必须从自身的传统中汲取力量。

第二节 "借用"抑或"内生"

以理论任意"裁剪"事实是不对的,但是对于事实的研究若无视理论的存在也是不对的。事实上,事实无法解释事实,解释事实的只能是理论。离开理论无法理解事实。对于结果的原因分析只能存在于人类的思维里[①]。理论既是人们认识事实的媒介,也是某种先验的存在。无论愿意或是不愿意,有意或是无意,我们总是需要经由某种理论才能达成对于客观事物的认识。对于大学的认识也同样如此。大学存在本身无法解释大学何以基业长青,也无法阐明大学自治、学术自由何以必要和重要。要理解大学理念、组织与制度的种种特性,要么借鉴其他学科的普遍性理论,要么就需要发展出一套独特的专门理论。现在我们面临的问题是,借用的理论多而基于大学发展出的理论少。理论的借用本不是什么坏事情而是学术的常态,尤其是那些具有普遍性的宏大叙事,可以给高等教育研究以启发,甚至启蒙。需要警惕的是,把借用来的普遍理论当成了高等教育的专门理论,进而以为大学理念、组织与制度的事实就是如此或本应如此。比如,非营利组织理论和非政府组织理论,还有第三部门理论原本不是关于大学的理论,但可以被用来解释大学的很多现象和问题,遂被引入高等教育研究领域。时间久了,大学是非营利组织或非政府组织或第三部门逐渐就成为一种普遍的"主观事实"。再比如,利益相关者理论原本也只是一种公司理论,后来进入非营利组织研究领域,再后来进入了高等教育研究领域。最终关于大学是一个利益相关者组织的说法几乎成为某种定论。但事实上,"利益相关"绝非是理解大学本质的关键词。相比之下,"知识相关"可能更准

---

① 孙歌.历史与人:重新思考普遍性问题[M].北京:生活·读书·新知三联书店,2018:99.

确。但由于我们没有发展出"知识相关者"理论,大学就只能被理解为"利益相关者"组织,并以利益相关者理论为基础寻求并达成某种多元治理。

高等教育研究中之所以会出现上述现象,根源在于,第二次世界大战之后,随着民族国家和现代企业在现代社会中崛起,并取得了巨大成功。大学先是抛弃了经典的理念,继而丢掉了神圣的仪式,甚至还中断了某些悠久的传统,最后只剩下一个制度的"外壳"。当前在以政府和企业为中心的社会制度框架下,现代大学因其"非政府""非营利"的定位,在无形之中被置于某种相对"次等"地位。毕竟,在这种否定性表达下,现代社会对于大学的本质或大学组织的"事实"并不感兴趣;只是根据情境把"非营利"和"非政府"当成关于大学的既定事实。换言之,现代社会对于大学的认知,可能只是从企业或政府的组织范式出发,所看到或所期待看到的结果,和大学本身的组织特性关系不大。本质上,大学并非注定就是"非营利"和"非政府"的,而只是在政府和企业的制度示范下,依据既定的社会分工原则,逐渐被形塑而成。表面上看,以"非营利"和"非政府"为说辞,现代社会似乎足够尊重大学理念、组织与制度的特殊性,但实质上,现代社会仍然主要以能否满足政府和企业的需求为参照,来评判大学的好坏与优劣,而非以"非营利"和"非政府"作为评价大学组织、制度优异的基本原则。相反,在当前的高等教育实践中,大学与政府、企业的关系正日益密切,在多重螺旋的复杂制度逻辑关系中,"非营利"与"非政府"的价值设定早已形同虚设。那些朝向社会中心迈向的世界一流的研究型大学,大多会同时兼有政府和企业的某种特性,并在相应的情境中临时或长久地扮演政府和企业的角色。

由此可见,以"非营利"或"非政府"的概念框架来肯定大学的组织特性,表面上看起来是对大学与政府、企业之间差异的一种正面确认,但实际上只不过是换了一种方式在强化大学相对于政府、企业的弱势地位。因为"非营利"和"非政府"这一否定性表达方式本身就是以企业和政府为中心的,即以政府或企业为标准的组织范式来理解大学。在当前的社会和制度环境下,我们能够想象以大学作为组织标准或制度范式,以"非大学""非学术"或"非学院"之类的表达方式来理解政府或企业吗?答案多半是否定的。因为没有人会认为,"非大学""非学术"或"非学院"可以反映政府、企业的组织特性以及制度安排所面临的约束。但"非政府"和"非营利"的说法就能够反映大学的组织特性与制度安排吗？恐怕同样也是不能的。可是我们却逐渐接受了这种说法。事实上，"非"作为一种表达方式，是一种否定性描述，在定义方式上属于"排除法"，本身就很难反映事物的本质。现实中，我们不用"非大学""非学术"或"非学院"来形容政府和企业，一方面是因为政府和企业的组织特性一直处于学术共同体的"聚光灯"下，通过大量科学研究已经成为公认的事实或常识，用不着通过"排除法"来定义；另一方面可能还在于大学自身的组织特性尚未彰显，不足以成为定义或判断其他组织的标准或参照物。大学本身理念、组织与制度特性的未彰显，既和现代大学在现代社会中的地位有关，也和长期以来学界对于大学的研究习惯于以政府和企业为参考系密不可分。"事实经常被按照假说削足适履地随意剪裁，而且往往让人觉得并没有什么不自然的地方。"[①] 现代大学一直试图通过政府和企业的视角来反观自身，且经常反省自己是否符合"非政府"或"非营利"的定义。其结果是，以政府和企业为中心的价值观已经深深嵌入大学组织制度结构和价值体系的内部，乃至于成为一种有组织的无意识。

客观来看，当前大量运用其他学科的知识和理论来研究大学的问题，既反映了高等教育问题本身的跨学科性，也凸显了高等教育研究本身的不成熟性。为了让其他学科以及整个的学术共同体熟悉大学的特性，某些时候借助其他学科成熟的分析框架有其必要，但必须意识到这些其他学科的理论或方法之于大学仍然是"他者"，是一种"学术资源"，而非大学自身的一部分。基于其他学科的方法和理论对于大学组织的判断，更多应视为一种特定情境下的"偶然"，而不能被当作逻辑上的"必然"。成熟的学科与不成熟的学科之间，虽然可能存在学术水平的"势差"，但绝不应先入为主地归入"先进—落后"的序列，它们彼此间应是一种并列的关系。若转换一下看问题的视角，也可以说，"大学是最卓越的'信息与学术组织'，是社会主要的系统知识库，也是未来科学与人文知识的主要贡献者，大学就是为这些使命而设计的。在发达国家和转型社会中，我们将会看到信息和学术组织占主导地位。其他类型企业和机构需要特别重视大学，把大学作为它们的基本组织原

[①] 沟口雄三.作为方法的中国[M].孙军悦,译.北京:生活·读书·新知三联书店,2011:37.

型,因为探索和传播知识是大学存在的理由,也是大学能够长期令人满意的原因"①。由此可见,对于大学的研究同样也可以成为照亮其他学科的"光源"。作为一种反思,以大学为"方法",以大学之外的世界为目的,就是要创造关于大学的基本原理,以服务于对世界的认识,同时也是对世界本身的一种创造。"以世界为目的就是要在被相对化了的多元性的原理之上,创造出更高层次的世界图景。"②事实上,在学术世界中每一个研究对象都应葆有成为方法的可能,唯如此才能通过主体间的相互理解以达成对于世界的多元性认识。

总之,社会由不同的组织构成,不同组织有不同的制度选择。不同组织与制度选择相互嵌入共同构成"社会"。社会的创新需要不同组织通过分工与合作相互理解相互协同。现代社会中由于政府和企业的过度强势,其他组织的优势与特性无形之中被遮蔽。最终在"模仿""规范"和"强制"等各种合法性机制的作用下,以政府与企业为"模板"的制度安排与治理结构成为几乎所有组织的共同选择。大学也不例外。事实上,大学的制度选择与政府、企业所面临的局限条件有根本的不同。彼此之间所面临的约束上的差异绝非线性意义上的"是"与"非"可以概括。"高等教育持有调节自己命运的杠杆,因为我们的大学有社会迫切需要的东西——服务于人类发展的能力以及创造经济增长所需要的知识和创新。换句话说,因为高等教育既是人类发展的源泉,也是推动经济富庶的新知识和创新的主要来源,它有促进人类发展的力量,并且为了社会能从学术成果和共有知识中获利创造新知识。"③今天整个学术界对于大学的认识,忽视了大学的主体性和本体论,强化了大学的依附性和制度趋同性。

大学的组织结构和制度安排往往以政府和企业为中心,要么直接模仿政府或企业的制度安排,要么直接走向政府与企业制度安排的对立面。这种过于简单化的处置方法,使得大学的组织结构和制度选择容易陷入某种"二律背反"。一方面大学认为自己是与政府完全不同的组织,具有非政府性,但另一方面大学的有些制

---

① 弗雷德里克·博德斯顿.管理今日大学:为了活力、变革与卓越之战略[M].王春春,赵炬明,译.桂林:广西师范大学出版社,2006,前言 4.
② 沟口雄三.作为方法的中国[M].孙军悦,译.北京:生活·读书·新知三联书店,2011:132.
③ 克利夫顿·康拉德,劳拉·达内克.培养探究驱动型学习者:21 世纪的大学教育[M].卓泽林,译.上海:上海科技教育出版社,2017:49.

度安排又完全是通过模仿政府而建立起来的;同样的,一方面大学认为自己是与企业完全不同的组织,具有非营利性,但另一方面大学的有些制度安排又完全是通过模仿企业而建立起来的。事实上,大学就是大学,它既不是政府组织也不是非政府组织,既不是营利组织也不是非营利组织。大学的理念、组织特性与制度选择面临生产"高深的知识"与提供"高等的教育"的局限或约束,绝非"非政府"和"非营利"这两个原则可以概括的。

第三节 从"目的"到"方法"

以"非营利"和"非政府"作为切入点指出长期以来高等教育研究对于大学认识的误区,并不等于我们马上可以改变这个现实,更不等于已经揭示了大学的理念、组织与制度特性。对于大学理念、组织与制度特性的认识是一个漫长的、动态的、多维的过程,但前提应是从大学的实际出发,转变旧有的研究范式和立场,以使将来的研究者能够正确地看待大学的特殊性,批判性地继承已有的理论或学说。在《作为方法的中国》一书中,沟口雄三曾谈及"没有中国的中国学"[1],在高等教育研究中我们也要避免"没有大学的大学研究"。关于大学的研究,必须基于大学的真实情境,不能只是以其他学科的理论为手段,以解决大学的问题为目的,而是要从大学这个事实本身出发,并超越大学这个组织与制度实体,即以大学为"方法"。

强调以大学为"方法",并不意味着反对在大学的研究中引入其他学科的资源或理论。恰恰相反,高等教育研究本就是一个跨学科的领域,而现代学术的一个显著特征也是跨学科研究。大学作为"方法"绝不是以大学为中心的故步自封,而是要更加开放。高等教育研究中,无论采取何种研究方法或组织形式,都决不能因为大学与政府和企业存在组织事实上的差异,而在价值上将其特殊化或趋向某种本质主义。大学的理念、组织结构和制度安排不能以政府或企业为标准,同样的,政

---

[1] 沟口雄三.作为方法的中国[M].孙军悦,译.北京:生活·读书·新知三联书店,2011:127.

府或企业也不可能以大学为标准。"没有接受基体就不会有引进,反过来说,引进要受到接受基体的条件制约。"①组织理论的研究必须以组织各自的事实和独特性为基础和出发点,分别来探究其发展和变化的具体样态。因此,以大学为"方法"只是意味着大学绝不只是供其他学科研究的对象,也是可以用来理解其他组织或学科的一种"路径"和"方法"。换言之,我们既可以通过对其他组织的研究来认识大学,也可以通过对大学的研究来认识其他组织。如果说在过去,高等教育的相关研究总是以大学为对象,以其他学科为"方法",那么在将来,我们必须尝试以大学为"方法",以世界为目的,通过"大学"为认识世界提供富有启发性的知识或视角。

以大学为方法也绝不能"为方法而方法"。从将大学作为研究对象到将大学作为认识世界的"方法",意味着关于大学的研究要超越大学自身,不能将关于大学研究的成果局限于高等教育的内部,而应成为高等教育研究通往更大世界的一种路径。强调以大学为"方法",也并非宣扬大学中心主义或大学特殊主义。这是不现实的,也是不可取的。公平地讲,每一种组织都是相对特殊的,都可以成为认识其他组织的方法,而不只是被认识的目标或对象。理想的情境下,无论政府、企业还是大学作为一类组织都具有自身的独特性,彼此应将对方的独特性相对化,而不能以某种组织的特性为标准,通过否定性表达强制性地将某种价值赋予另一种完全不同的组织。

现代社会以政府和企业为中心,通过某种"镜像化",大学被置于"非政府"或"非营利"的地位。在这种策略下,表面上看,政府属于第一部门,企业属于第二部门,非政府、非企业的大学属于第三部门,彼此之间似乎是平等的并列关系。但事实上,无论"非政府"还是"非营利"主要是政府和企业对于大学的价值期待,而非大学作为一类组织的"本质属性"或"既定事实"。大学作为历史悠久、极其复杂的社会组织,绝非"非政府"或"非营利"所设定的那么简单。当然,这样讲丝毫不意味着"非营利"和"非政府"的价值设定对于大学作为一类组织不重要或不适合,更不意味着大学作为非营利或非政府组织在逻辑上存在错误;而只是意味着政府或企业的价值设定绝不能以相反的形态直接移植到大学身上;大学作为一类专业性

---

① 沟口雄三.作为方法的中国[M].孙军悦,译.北京:生活·读书·新知三联书店,2011:51-52.

的社会组织,其价值设定绝不能只是站在企业和政府的"反面"。"很多问题不能只借助于它的对立面来确认,它的特质很可能借助于对立项无法准确呈现,或者在对立关系里它只能呈现比较粗糙的轮廓。"①无论在事实还是在价值的层面上,大学的理念、组织与制度必然是多主体、多维度、多层面、多用途的,其价值体系、组织结构和制度设计也必然是复杂的、多样的,而不会恰好是政府和企业的"对立项"。

此外,强调将大学作为一种"方法",即将对大学的研究作为认识世界的一种路径,也需要避免一种倾向,即排斥以大学作为研究的目的。事实上,对于大学的研究不能是"目的论"的,但也不能是"无目的论"的。"目的论"的研究容易陷入"为研究而研究";但"无目的论"的研究也容易陷入"为方法而方法"。实践中无论是"目的论"的大学研究还是"无目的论"的大学研究都会导致"没有大学的大学研究"。真正适当的大学研究,既要关注大学组织的特殊性,也要关注为什么要关注这些组织的特殊性,更要关注运用何种方法或方法论来研究这些组织的特殊性。以对大学组织非政府性和非营利性的认识为例,我们既不能否认大学作为一类组织具有非政府性与非营利性的属性,也不能认为大学组织的本质属性就是"非政府"和"非营利"。如果否认了前者,大学的研究将在认识论的层面上失去目的,如果承认了后者,那就等于承认可以从政府和企业的视角出发,达成对于大学的理解。

基于此,一方面必须承认对于大学的认识需要多学科的"光源",另一方面也必须意识到,无论是来自哪个方向的"光源"都不能遮蔽大学作为一类组织的独立存在。"对过去的各种原理的反思和再审必须和新的原理的摸索与创造直接相关。"②竹内好在《作为方法的亚洲》的讲演中也曾提及,一方面要对抗来自西方的思想霸权,另一方面又要警惕"亚洲本质主义"。他认为,亚洲只是主体形成的"方法"③。同样的,强调"大学作为方法"目的是形成大学的主体性,而非通过某种"本质主义"来谋求大学在组织范式上的普遍性或"霸权"。

总之,如果说过去"以大学为目的"关注的是"什么决定大学",那么将来"以大

---

① 孙歌.历史与人:重新思考普遍性问题[M].北京:生活·读书·新知三联书店,2018:61.
② 沟口雄三.作为方法的中国[M].孙军悦,译.北京:生活·读书·新知三联书店,2011:133.
③ 孙歌.历史与人:重新思考普遍性问题[M].北京:生活·读书·新知三联书店,2018:41.

学为方法"关注的则是"大学决定什么"。所谓"什么决定大学"主要探究大学之外的世界对于大学会产生什么样的影响,大学是被解释的对象,是"因变量",呈现的是大学的依赖性或依附性;所谓"大学决定什么"主要关注大学作为一类组织可以对大学之外的世界产生什么样的影响,大学是用来解释其他事物的原因,是"自变量",凸显的是大学的影响和重要性。如张五常所言,在经济世界"价格决定什么比什么决定价格重要"[①]。此外,价格决定什么也比价格是怎样决定的重要:通过竞争的胜负选择,资源使用与收入分配就被市场决定了[②]。同样的道理,在高等教育研究领域中,大学决定什么也比什么决定大学和大学怎样决定重要。大学的理念、组织与制度的特性不应是高等教育研究所要到达的"目的地",而应是"出发点"。如果关注点始终放在"什么决定大学"上,我们能够得到的只不过是一些不一样的"学说"或"假说",而无法通过大学改变世界;只有从"以大学为目的"转向"以大学为方法",关注"大学决定什么"而不是"什么决定大学"或"大学怎样决定",才能真正在实践中彰显大学理念、组织与制度的比较优势,为大学之外的世界以及人类的美好生活贡献大学的智慧。

---

① 张五常.经济解释(卷一:科学说需求)[M].北京:中信出版社,2010:197.
② 张五常.经济解释(卷四:制度的选择)[M].北京:中信出版社,2014:42.

第十三章　学科建设话语的反思与批判

学科建设是以"建设"为中心的政治话语经由政策转换在高等教育领域中的投射。作为一种政策话语,表面上学科建设反映了政府对于大学科研工作的重视,但实质上学科建设话语背后所体现的则是政治和行政权力对于大学学科发展的控制。经过30多年的不断重复和滥用,当前学科建设作为一种政策话语已经"破旧不堪",越来越沦为一种"罐头思维",难以应对科学研究和学科发展的新问题。基于此,我们对于学科建设的话语体系以及隐藏在其背后的思维方式必须有所反思和批判,力争在高等教育理论和实践中逐渐抛弃这种"过时"的话语方式,并树立符合学科发展时代精神的新思维。

古汉语中"建设"主要有两个含义:一是建立、设置。《墨子·尚同中》有"古者上帝鬼神之建设国都、立正长也,非高其爵,厚其禄,富贵游佚而错之也"。《魏书·高祖孝文帝纪上》有"昔之哲王,莫不博采下情,勤求箴谏,建设旌鼓,询纳刍荛"。明唐顺之《条陈海防经略事疏》亦有"沿海建设卫所,联络险要"。二是陈设布置。《礼记·祭义》有"建设朝事,燔燎膻芗"①。在我国20世纪以来,"建设"的词义及语义场发生了微妙的变化,"建立、设置"和"陈设布置"的原义被弃用,在现代汉语中主要用来指"创立新事业;增加新设施;充实新精神"②。1905年,梁启超在《申论种族革命与政治革命之得失》一文中,就有"中国之建设事业非可如美国"③。1919年,孙中山领导创办了《建设》杂志,用来"鼓吹建设之思潮,展明建设之原理,冀广传吾党建设之主义,成为国民之常识,使人人知建设为今日之需要,使

---

① 罗竹风.汉语大词典缩印本·上卷[Z].北京:汉语大词典出版社,2003:1123.
② 中国社会科学院语言研究所词典编辑室.现代汉语词典[Z].第5版.北京:商务印书馆,2008:671.
③ 梁启超.申论种族革命与政治革命之得失[N].新民丛报,1906年2月第76号.

人人知建设为易行之事功,由是万众一心以赴之",以"建设一世界最富强最快乐之国家"①。整个20世纪,虽然在中国革命的浪潮风起云涌,但"建设"从未停止。

20世纪80年代以来,伴随国家的改革开放和政治话语体系的转型,"建设"取代"革命"成为全社会主流的话语方式。作为强势政治话语,伴随以"建设"为中心的语义场的不断拓展,所谓"创立新事业;增加新设施;充实新精神"的语义边界很快被突破,"建设"本身的内涵越来越模糊,可以主观解释的空间越来越大。其结果是,以"建设"为中心的词句,经由政治话语转换为政策文本,然后直接进入学界,成为诸社会科学学科的理论范畴,诸如"政治建设""经济建设""社会建设""文化建设"在社会各领域、大学各学科中逐渐成为非常热门的话题。高等教育领域也不例外。以20世纪80年代重点大学建设与重点学科建设为契机,品牌专业建设、精品课程建设、重点实验室建设、文科基地建设、现代大学制度建设、世界一流大学和一流学科建设("双一流"建设)、高等教育强国建设等政策话语层出不穷,让人应接不暇。其结果是,以建设为主题的话语方式在我国高等教育理论和实践中泛滥成灾,似乎所有的高等教育活动都需要而且也可以进行"建设"。但事实上,以建设为中心的诸多政策话语很多时候忽视了高等教育自身的特殊性,缺乏清晰的理论、实践与政策内涵,难以有效指导高等教育改革和发展的实践。面向未来,无论着眼于高等教育研究理论化水平的提升,还是为了更好地发挥高等教育理论话语对于实践的引领,都有必要对以"建设"为中心的话语方式进行反思。

第一节 学科建设话语的源起

自古以来,中国就是一个官本位的国家,政治话语对于社会其他领域有着广泛的影响,所谓"上行下效"。新中国建立以后,基于意识形态需要,"革命"曾经是主流的政治话语,甚至一度所有社会活动都要冠以"革命"的称号。其结果是,以"革

---

① 孙中山.发刊词[J].建设,1919(1):1.

命"为中心的语义场波及人们生活的方方面面,"革命"本身的真正内涵反倒被丢弃了。"革命的"就相当于"正确的"。改革开放以来,"极左"意识形态被纠正,以革命为中心的政治话语逐渐式微,相关词句也逐渐退出公共领域。在"以经济建设中心"的基本路线指引下,我国政治话语开始向"建设"转型。伴随以"建设"为中心的话语体系不断从国家建设向经济建设、制度建设、文化建设扩散,与"建设"相关的词句逐渐取代过去的革命话语体系,形成了新的语义场。比如,革命话语体系中称之为"运动"的在建设话语体系中被称之为"工程"[①]。随着建设话语体系的不断扩张,"建设"本身作为一个概念也逐渐失去了确切的含义,成了一种"语言习惯"和"惯性思维"。所谓的"建设",不再限于创立"新"事业,增加"新"设施,充实"新"精神。话语实践中基于政治正确,一切社会活动或政策行动都可以称之为"建设"。政府的各种政策话语也被拴牢在"建设"这个动词上,以至于除了"建设"之外,我们已想不出更好的表达。我们知道,语言的背后隐藏的是思维,话语的背后塑造的是行动,日常语言以及学术话语中对于"建设"一词的机械重复和滥用反映了我们思维的懒惰或"不思"。

作为一种政策话语,"学科建设"始于20世纪80年代,是我们时代以"建设"为中心的政治话语体系的组成部分。某种程度上,学科建设也反映了政治话语对高等教育话语实践的形塑。受益于政治的正确性,学科建设本身的正当性在高等教育领域从来不曾受到理论上的质疑和批判,似乎事情原本就是如此。也正是因为缺乏理论层面的反思,从作为政治话语和经济话语的"建设"到作为高等教育政策话语的"学科建设",显得顺理成章。改革开放以来,从最早的重点学科建设再到当前的世界一流学科建设,学科建设始终是我国高等教育改革与发展中的主流政策话语方式。其结果是,经过了几十年不断地重复和言说,学科建设在我国高等教育界几乎成了一种集体无意识或所谓的行话。

客观上,由于"文革"期间我国高校的很多学科被强行废除,改革开放后伴随高等教育的恢复重建,的确存在学科的"建立、设置"问题,即逐步恢复很多被撤学科的学科建制。实践中,从1978年开始,我国高校里学科的建立和设置工作已经

---

① 王小宁.从革命话语到建设话语的转变——中国政治话语的语义分析[J].北京化工大学学报(社会科学版),2002:42.

逐步展开,尽管当时官方尚无"学科建设"的说法。1980年教育部在天津召开全国教育工作座谈会,首次提出"重点学科"的概念,1981年公布了《教育部直属高等院校重点学科规划表》,1983年教育部在武汉召开全国高等教育工作会议,第一次明确提出了"重点学科建设"的概念。"尽管'学科建设'的概念在刚开始提出时仅仅针对的是重点学科,但其意义却远远超出了'重点学科'的范畴而具有普适性,更重要的是,凸显了政府在学科建设中的主导地位,从而大大加速了中国高等学校学科建设的步伐。"①

根据目前可以检索到的文献,1980年在我国开始有了第一篇题目中含有"学科建设"的论文②,1981年有2篇,1982年有3篇,1983有10篇,1984年有20篇,此后迅速增多。关于"重点学科建设"的研究,在1984年有第一篇论文③,一直到1994年每年的相关论文数都在个位,1995年以后才开始明显增多。值得注意的是,在20世纪80年代和90年代,学界对于学科建设的探讨多指向具体的学科的"建设",即学科的建立和设置。比如,"建筑经济学学科建设""科学学学科建设""科学社会主义学科建设""自然辩证法学科建设""施工企业管理学学科建设""政治学的学科建设""电化教育的学科建设""立法心理学学科建设""情报学学科建设""财政学学科建设""会计学科建设""少数民族文学学科建设""城市科学的学科建设""古典文学学科建设""历史科学的学科建设"等等。进入20世纪末,继80年代后期启动国家重点学科评选后,政府又先后启动了"211工程"和"985工程"建设,高校学科建设的话语开始逐渐泛化,学科"建设"的内涵逐渐转移,几乎成为"科学研究"或"论文发表"的同义词。

回顾历史,20世纪80年代,我国高等教育领域百废待举,学科的恢复重建是当务之急,当时要进行学科的"建立和设置"的确有其合理之处。但20世纪90年代以后,随着学科的恢复重建工作逐渐完成,增加新的学科建制的时代任务已经基本结束,接下来的工作更准确地说应是"发展",即开展科学研究、繁荣学术,而不是继续"建立、设置"学科。几十年来,我国高校高度重视科学研究,为加强管理,大

---

① 谢桂华.高等学校学科建设论[M].北京:高等教育出版社,2011:19.
② 张达.对建筑经济学学科建设的几个问题的探讨[J].建筑经济研究,1980(2).
③ 陕西省高等教育局.我们是怎样加强重点学科建设的[J].高教战线,1984(6):29-30.

学内部纷纷设立"科技处""社科处"等机构,但"学科建设"作为一种似是而非的说法仍然是我国高等教育改革与发展中的主流话语实践,为有效回应政府的相关改革,很多大学都设有"学科建设办公室"或"学科建设处",专门来负责学科建设工作。究其原因,主要是由于我国高等教育领域的话语权力由行政部门垄断,政府文件往往决定着高等教育研究中的概念供给以及大学内部的机构设置。只要政府的相关政策或官方的文件中还在坚持使用"学科建设"这个概念,还在继续发布关于学科建设的政策文件和改革举措,学术界的相关研究就会层出不穷,大学的改革也会亦步亦趋,极少有人去深究这种政策话语有何不妥,专门设立"学科建设办公室"这种机构有何不对。

这种状况的出现一方面反映了高等教育学(研究)的不成熟,即学科本身缺乏有解释力的概念与理论,学科的理论范畴往往被政府的政策话语所替代或取代。学科设置的合法性不是来自于学术生产,而是来自于行政授权或社会需要。另一方面也反映了我国高等教育发展中政府的过度干预,即高等教育的改革和发展主要不是受理论的引领,而是被政府的政策或权力所左右。在我国高等教育实践中,政府为了便于控制大学的办学,有效干预大学的内部事务,相关政策话语要么是抽象的,要么是模糊的,忽视概念的可理解性或话语的可通约性。"学科建设"作为一种高等教育改革的政策话语,独具中国特色,其词句的不确定性赋予了政府巨大的自由裁量空间,政府主导大学学科建设成为一种惯例或常态。

第二节　学科建设背后的权力逻辑

学科在大学里虽然一直普遍存在,但在高等教育研究史上从未有过"学科建设"的说法。不但国外的大学里没有"学科建设"的话语方式,我国民国时期的大学里也没有,甚至在 1949 年至 1979 年间我国的大学里也没有"学科建设"这个说法。"学科建设"这一政策话语是一个地地道道当代中国特色的"表达",是近几十年来中国大学里所特有的一种政策话语实践,是特定时空背景下的特定表达。不可否认,改革开放以来作为一种政策话语,"学科建设"与其他诸多"建设"一起推动了我国高等教育改革与发展。但同样也不可否认,学科建设作为一种话语实践具有明显的时代局限性与观念滞后性,不利于当前我国高等教育转型发展。

作为特定时期政治话语的一种延伸,"学科建设"本身并不是一个学术概念,缺乏清晰的理论内涵。因此,经过几十年的积累,在高等教育研究中与学科建设相关的文献成千上万,但始终无法发展出有价值的理论。直到今天,查遍国内出版的各类教育大百科全书以及辞典,甚至都找不到"学科建设"的词条。仅仅在《教育学名词》一书中查到简单的描述性定义。根据《教育学名词》中的解释:学科建设(disciplinary development)"为中国高等教育界提出的概念。根据科学发展、社会需要和大学自身发展的需要,对学科发展方向进行选择和规划,整合相关科研与教学队伍,提升科研水平和培养高水平人才的相关活动"[1]。此定义基本上是对政府学科建设文件的简单重复,没有理论性可言。

事实上,在我国"学科建设"就是一种政策话语或政府部门的工作语言,它的合法性源于政府的文件,可以看作是政府所发明的专门用来控制大学的政策工具,如果希望以此为基础发展出有价值的理论是不现实的。由于缺乏明确的定义和清晰的内涵,高等教育研究中不同的研究者基于不同的研究目的,对于"学科建设"往往有不同的理解或解释。高等教育改革与发展中根据政府不同的政策文件对于学科建设同样也可以有不同的理解或解释。最终,"学科建设"逐渐沦为一种口号,成为"听见别人说也就是跟着说的字眼"[2]。"学科建设"中"建设"内涵的不清晰导致了语言与现实的脱节,而高校学科建设理论研究与制度实践的混乱又助长了这种倾向。其结果是,伴随相关研究文献的不断增多以及诸多学科建设制度实践的叠床架屋,我们对于"学科建设"的理解不是更丰富而是更贫乏,从而导致了我国大学学科发展缺乏想象力。"这就像我隔着一块混浊的玻璃所看到的景色一样,尽管我能看见外面的景色,但当我盯着这块玻璃自身时,却什么也不存在了。"[3]当前我国高等教育理论和实践中由政府主导的"学科建设"话语体系正像

---

[1] 教育学名词审定委员会.教育学名词:2013[Z].北京:高等教育出版社,2013:138.
[2] 斯泰宾.有效思维[M].吕叔湘,李广荣,译.北京:商务印书馆,2015:68.
[3] 雅斯贝尔斯.什么是教育[M].邹进,译.北京:生活·读书·新知三联书店,1991:119.

"一块混浊的玻璃",阻隔着我们对于学科本质的理解以及对于学科发展的想象。无论理论研究还是制度实践都只能就"学科建设"谈"学科建设",有意无意放弃了对于学科以及学术发展本质的思考。

改革开放40多年来,在我国经济领域虽然还有"经济建设"的说法,但当前在经济研究当中"经济建设"早已不是关键词,社会学研究领域虽然偶尔也有"社会建设"的提法,但主流社会学的研究者同样也较少论及"社会建设",更未见有"社会建设"理论。其他学科的情况亦大致如此。只有在计划思维盛行的高等教育领域,以"建设"为中心的话语方式仍在频繁地被使用。当前在我国各种各样的"建设""工程""计划"仍主导着高等教育的改革和发展,而无论研究者还是政策制定者对于隐藏在这些话语背后的危险,要么熟视无睹,要么视而不见,似乎觉得事情本来就该如此,就应如此。某种意义上,由于"学科建设"话语被反复言说,我们的思想或心灵已经被建设话语体系所控制,但我们反倒会觉得好像是我们在控制着建设话语本身而不是被它所控制。

当然,就像"革命"话语一样,"建设"作为一种话语方式也不是绝对不可以使用,而是不适合长期作为一个高等教育政策或理论研究的话语来使用。高等教育的改革和发展涉及方方面面,但无论是学科、课程、专业,还是人才培养、科学研究与社会服务,很多时候都不太适合于用"建设"的话语来表达。当前在国际学术界对于高等教育研究的专业术语虽然还没有统一的规范,但以"建设"为中心的话语方式至少在高等教育的经典著作中很难发现。事实上,即便在现代汉语中"建设"原本也不是一个高频词,近几十年来建设话语的普及完全是因为该词符合了当下政治话语和意识形态的需要,相关表述更容易获得诸种合法性和政治正确性,而并非因为该词有什么独特的含义或理论解释力。就像在改革开放以前,我国社会各领域对于"革命""社会主义""阶级斗争"之类的话语的使用一样,人们使用这种话语主要是为了表达的方便和政治上的安全,而根本不会在乎其真正的含义到底是什么,更不会考虑某个学科或社会领域的特殊性。其结果是,随着"建设"作为一种政治话语的语义场不断向外扩散,"建设"自身的内涵逐渐被稀释,乃至于成为一个近乎万能的词。改革开放几十年来,我国高等教育理论界和实践中,一直是机械地使用"建设"这个词句,很多时候并不清楚,似乎也不需要清楚"学科建设"究竟是什么意思,到底为什么要"建设","建设"什么,怎么"建设",由谁来"建设","建设"有无止境等一系列实际问题。

从历史上看,学科建设话语的普及与20世纪80年代以来我国大学的重点建设政策,尤其是国家重点学科建设政策密切相关。在国家相关重点建设政策的导向下,周期性、工程式的学科建设项目被启动并一直持续下来,最终成为我国大学各项工作的龙头。就像经济建设会受到"项目""工程"的制约和政府行政规划的主导一样,学科建设的兴起也深刻地反映了在学科专业目录制度影响下我国大学学术发展过程中政府行政权力的绝对主导。以国家重点学科建设为例,根据《国家重点学科建设与管理暂行办法》,我国大学的学科建设主要包括了凝练学科方向、师资队伍建设、基础设施、经费筹措、人才培养和成效评估等各要素。在我国大学里国家重点学科建设的广泛推行及其制度化既体现了由政府部门行政力量主导的学科专业制度对于大学学术活动的强有力的规制(国家重点学科一般按照一级学科和二级学科分设,其口径以现行的《授予博士、硕士学位和培养研究生的学科、专业目录》为依据);也反映了大学里行政权力对于学术权力的控制[国家重点学科建设实行国家、主管部门(单位)或省(自治区、直辖市)和所在单位三级建设与管理体制,逐步加大地方教育行政部门对其行政区域内国家重点学科建设与管理的统筹力度]。

从表面上看,我国大学里学科建设的主体是大学本身以及相关学科的学者,但实质上则是政府的相关部门。虽然大学从本校、本学科的实际情况出发,可以经由专家、学者对于各学科的建设方案进行理性的规划和精心的设计,并凝练出具体的学科方向,但实质上,任何个别的规划和设计均难以逃脱国家层面的宏观知识规划以及学科专业目录制度的约束。政府通过一种"不在场的在场"控制了大学的学科建设和学术进展。在学科专业目录和国家重点学科评选等一系列制度和政策的约束下,大学的学科建设活动只不过是在为国家的重点大学和重点学科建设政策"背书"。当然,这种"背书"无须政府的强迫,由于评价体系的导向和利益杠杆的作用,大学的学科建设会主动甚至积极地纳入国家给定的知识规划体系,并顺理成章地成为国家对于高深学问治理或管治工程的一部分。

其结果是伴随国家各种学科建设工程的不断推进,双重吊诡的局面经常出现。

一方面,原本应有其内在逻辑的大学学科(学术)发展,成为国家意志和政府政策规划的产物;在这种体制下,"'党'可以占据'大学'的位置"①,行政权力可以占据学术权力的位置。另一方面,作为国家知识生产机器(制度)的一部分,根据政府的意图,原本应致力于为经济社会发展服务的大学学科建设,却经常在建设实践中为了迎合评估指标的导向或学科排名的诱惑而越来越多地沦为为建设而建设的"面子工程"或"政绩工程",知识的积累和科学的进步一直乏善可陈。造成这种局面的根源,就是计划体制下,行政权力和政治权力以"建设"之名,对于学科发展的肆意控制和全面干预。

第三节 抛弃学科建设的罐头思维

每一个时代都会有一些标志性的话语,每一个时代也都会有一些话语方式成为一种霸权,垄断了人们的表达,但时代会变,话语方式也必须变迁。改革开放之初,整个社会百废待兴,"建设"成为标志性的话语,各行各业都需要"建设"。其结果是"建设话语"从政治领域、经济领域蔓延到整个社会领域。伴随"建设"话语方式的广泛流行,"建设"的思维方式也在高等教育领域里扎下了根。高等教育理论研究以及实践领域的"学科建设"就源自于那个特殊的时代,特殊的话语方式。然而,遗憾的是,时代精神早已发生变化,外面的世界也早已天翻地覆,高等教育领域还在继续沿用计划经济时代的用语和思维方式,还在试图通过学科建设来"建设"学科。如斯泰宾所言:"一种罐装的信念是方便的:说起来简单明了……情况有了变化,出现了新的因素,这个信念就不应该坚持。我们不应该让我们的思想习惯堵塞我们的心灵,不应该依靠一些口头禅来解除我们思考的痛苦。"②

---

① 让-弗朗索瓦·利奥塔尔.后现代状态:关于知识的报告[M].车槿山,译.北京:生活·读书·新知三联书店,1997:127.
② 斯泰宾.有效思维[M].吕叔湘,李广荣,译.北京:商务印书馆,2015:68.

诚然,高等教育实践者和理论研究者可以通过政策解释拓宽"建设"的内涵,也可以重新定义"学科建设"的含义,但就像制度变迁中必然存在路径依赖一样,话语方式背后隐藏的思维习惯具有巨大的惯性和杀伤力,只要我们还在用计划经济时代的概念,我们的行动,甚至我们整个人就不可避免地带有旧时代的影子。"就是说,我们怎样思维是跟我们是什么样的人分不开的。"①在人类的历史上,虽然也有旧瓶装新酒的例子,但更多的时候,新酒还是要装在新的瓶子里。毕竟,话语表达影响着人的思维,话语实践也关乎着制度的实践。"我们不能让罐头牛肉'非罐头化',但是我们能够时不时把我们据以得出罐头结论的道理拿出来检查检查。而且,我们能够提醒自己注意新的情况以及承认我们也可能搞错。"②当前"重点大学"和"重点学科"已经逐渐成为历史的名词,世界一流大学和世界一流学科正在成为新的话语方式。在此大背景下,对于"建设"的话语方式必须有所反思。世界一流大学不是昔日全国重点大学的翻版,世界一流学科也不是国家重点学科的延伸,"双一流"建设不应也不能试图在"重点大学"和"重点学科"建设的延长线上去做创新。"双一流"建设需要突破的不仅是"主语"还必须包括"谓语"。"双一流"建设要成为下一个时代我国高等教育改革和发展的战略突破口,就不能只是以"世界一流"取代"国家重点",而是要从根本上抛弃"建设"的思路,而着眼于"发展"。要学会用"发展"的思维看问题,而不能一直拘泥于"建设"的话语体系。

当前我国大学里学科发展中的很多问题都是经由"学科建设"而制造出来的。长期以来,政府所推行的学科建设政策虽然取得了一些成效,但也遗留下了很多负面的"遗产"。这些负面的"遗产"对于我国大学的学术繁荣或学科发展不可避免地产生阻碍。比如,为推行学科建设,政府部门制定了统一的学科专业目录,设置了学科门类、一级学科、二级学科等配套制度,并以此为基础评选"国家重点学科""一级学科国家重点学科""二级学科国家重点学科",甚至还衍生出"省级重点学科""市级重点学科"以及"校级重点学科"等。其结果是,虽然学科建设的花样不断翻新,但建设的成果寥寥。2014年2月国务院正式撤销了"国家重点学科"的审批事项。但值得注意的是,国家重点学科虽然不再评选,但几

---

① 斯泰宾.有效思维[M].吕叔湘,李广荣,译.北京:商务印书馆,2015:74.
② 斯泰宾.有效思维[M].吕叔湘,李广荣,译.北京:商务印书馆,2015:68.

十年来国家重点学科建设所形成的路径依赖依然存在。现有制度环境下,只要学科建设的话语方式依旧,正在推进的世界一流学科建设能否超越前期的国家重点学科建设,仍未可知。

  当然,我国大学和学科发展的问题绝不是政策话语的用词不当那么简单,要解决大学和学科发展中存在的诸多问题自然也不是将"学科建设"换成"学科发展"就能解决的。诚如维特根斯坦所言:"洞见或透识隐藏于深处的棘手问题是艰难的,因为如果只是把握这一棘手问题的表层,它就会维持原状,仍然得不到解决。因此,必须把它'连根拔起',以使它彻底地暴露出来;这就是要求我们开始以一种新的方式来思考。……难以确立的正是这种新的思维方式。一旦新的思维方式得以确立,旧的问题就会消失;……因为这些问题是与我们的表达方式相伴随的,一旦我们用一种新的形式来表达自己的观点,旧的问题就会连同旧的语言外套一起被抛弃。"① 当前,我国大学和学科发展的困境,从根源上讲,是"学科建设"的"罐头思维"和"僵化体制"造成的,即大学对于学科发展基本处于"无思"状态,机械地重复政府的政策话语,根据政府与学科建设相关的文件进行办学。在权力的规训下,"罐头思维"可以避免思考的痛苦,但也放弃了学科发展的可能空间。要恢复学科发展生机,激活学科的想象力,必须在抛弃旧的学科建设话语方式的同时,确立一种"新的思维",即政府逐步退出大学的学科建设,将学术研究的自由和学科发展的权利交给大学自己。

---

① 邓正来.市民社会理论的研究[M].北京:中国政法大学出版社,2002:155.

第十四章　当我们谈高等教育质量时，
　　　　　　我们在谈什么

随着高等教育发展中质量问题的凸显，谈论高等教育的质量逐渐成为高等教育研究中的一种"时尚"。在质量话语强势冲击下，高等教育研究深陷质量的漩涡。关于高等教育质量标准和质量保障的看法与说法甚嚣尘上，但鲜见卓有成效的质量行动。当前在以发表为导向的学术范式下，当我们谈论高等教育质量时，我们谈论得更多的还是高等教育的价值或大学的排名，而忽视了高等教育自身的意义。高等教育质量标准或保障体系关注的也只是指标体系的设计或质量管理制度的实施，而并非人的形塑与启蒙。为澄清什么是高等教育质量及其背后的真相，反思"当我们谈论高等教育质量时，我们在谈什么"至关重要。

近年来，高等教育的质量问题受到全社会的普遍关注主要有两个方面的原因，一是因为高等教育在从精英化向大众化、普及化转变过程中引发的优秀与平等的冲突；二是因为我们的时代是一个质量的时代（按朱兰的说法，20世纪是生产率的世纪，21世纪是质量的世纪①），在规模扩张后高等教育的质量极易被"问题化"，即将高等教育质量等同于高等教育质量问题。我们知道，无论何时高等教育质量都是一种客观的存在，无论有没有高等教育质量这个专门概念，但这并不意味着高等教育的质量是一种客观实在。相反，高等教育质量在很大程度上是被建构出来的。在高等教育的历史上，质量的说法很晚才出现。作为一种话语实践，高等教育质量是一种现代性的建构，是现代社会质量话语体系的一部分，同时也是现代社会应对高等教育危机的一种策略选择。与经济或企业领域不同，高等教育中影响质

---

① 约瑟夫·M.朱兰,A.布兰顿·戈弗雷.朱兰质量手册(第五版)[M].焦叔斌,等,译.北京：中国人民大学出版社,2003:1.

量的因素更加多样,评价质量的标准和保障质量的方法也更加多元。在具体的高等教育实践中也并不存在孤立的质量问题,高等教育的质量总是与整个高等教育系统,甚至是整个社会系统密切相关。

表面上看,高等教育质量是高等教育的一个问题,实质上,高等教育的质量问题也意味着高等教育的所有问题。如果单独将高等教育质量加以对象化,就质量谈质量极容易破坏高等教育质量问题的整体性。在系统论的角度上,要想解决高等教育的质量问题,就必须解决高等教育的所有问题,而要一起解决高等教育的所有问题,在实践中又是一个不可能的问题。面对"一个或所有问题"[①]的吊诡,现有的高等教育质量研究的局限性显而易见。为了提高高等教育质量,我们在解决一些问题的同时也在改变着问题本身,甚至还制造了新的问题。当然,这样讲并不是要否认高等教育质量研究的价值,而是提醒我们对于高等教育质量这个概念以及当前的高等教育质量研究必须要有所省思和批判,要深刻反思当我们谈论高等教育质量时,我们在谈什么。

第一节 什么是高等教育质量

在逻辑上,讨论"什么是高等教育质量"的前提应该是理解"高等教育质量是什么"。"高等教育质量是什么"追问的是本体,而"什么是高等教育质量"描述的则是现象。通常情况下,只有弄清楚了"高等教育质量是什么"才能推论出"什么是高等教育质量"。但事实上,如果我们不拥有"什么是高等教育质量"的经验,很难归纳出"高等教育质量是什么"的本质或本体。基于"什么是高等教育质量"和"高等教育质量是什么"这两个问题的相互性,在很多语境中,我们一般不对"什么是高等教育质量"和"高等教育质量是什么"做严格的区分,而是将二者作为关于"高等教育质量"的不同定义方式或不同的话语模式。比如,在中文语境中我们比

---

① 赵汀阳.一个或所有问题[J].社会科学战线,1997(1):70.

较习惯"什么是高等教育质量"的表达,而在英语语境中则更多的探讨"高等教育质量是什么"(what is the quality in higher education?)

现有文献中尚无法确切地知道,高等教育质量作为一个概念最早在什么时候出现。根据检索,在1966年,卡特就出版了一本名为《研究生教育质量评估》(An Assessment of Quality in Graduate Education)的专著。20世纪70、80年代关于高等教育质量的论著逐渐增多,进入20世纪90年代以后,关于高等教育质量的研究像火山一样爆发。无论在国外还是国内,伴随着高等教育质量研究的兴起,当我们谈论高等教育质量时,"什么是高等教育质量"都是一个绕不过去的话题。虽然其间很多学者和各种学术组织都发表过对于什么是高等教育质量的看法或说法,但并没什么权威的定义被普遍接受。联合国教科文组织于1998年10月5日至9日在巴黎召开了首届世界高等教育大会,会后发布了《21世纪的高等教育:展望和行动世界宣言》(以下简称《宣言》)。《宣言》指出:"高等教育的质量是一个多层面的概念,包括高等教育的所有功能和活动;教学与学术计划、研究与学术成就、教学人员、学生、校舍、设施设备、社会服务和学术环境等,还包括国际交往工作;知识交流、相互联网、教师和学生流动、国际研究项目等,并且要注意本民族的文化价值和本国的情况。"《宣言》发布后,其中关于高等教育质量的表述在很多谈论高等教育质量的文献中被广为引用,但事实上《宣言》作为联合国教科文组织的政策性文件并非是学术性的文本,相关表述也许反映了各国政府的某种共识,但对从学理上认识什么是高等教育质量几乎没有任何帮助。

那么,什么是高等教育质量这一问题在学理上为什么难以回答呢?进一步,既然在学术层面上对于什么是高等教育质量没有明确的说法,当我们谈论高等教育质量时,我们在谈论什么呢?作为人类生活世界的一部分,一方面教育生活在本质上是实践性的,另一方面教育活动本身又是精神性的。教育本身兼具实践性与精神性双重属性。由于人的自然的多样性,教育本身以及个人对教育的感受都是多样的。影响教育效果的诸多因素中人的主体性或主观能动性往往起着决定性的作用。因此,在人类漫长的历史上,关于教育的问题虽然有很多,但很少有关于质量的讨论,大多是关于人的卓越的期待。作为一个普适性的概念,质量话语是现代性的一部分,教育质量完全是外部力量建构的结果。教育实践中并不存在孤立的或确定的教育质量,更不存在判断教育质量高低的客观标准。比如,由于个体的差异,接受同样的教育内容不同的人会有不同的教育结果。再比如,同一个大学里毕业的学生有优秀的也有平庸的。抽象地谈论教育质量没有实质的意义。因此长期以来,教育学对于人类的教育更关注教育的意义与目的,而不是所谓的质量。高等教育也不例外。

在理论上,高等教育本身即意味着一项教育的"成就"[1],或者说"高等"本身即表明了教育的某种"质量"。长期以来,以大学为主体的高等教育机构一直秉承精英主义取向,而精英本身就是品质的代名词。高等教育质量概念的诞生和高等教育领域质量问题的爆发可能既有时代必然性,也有历史偶然性。具体而言,20世纪80年代以来,现代企业在质量领域的巨大成功极大地刺激了政府和大学,全面质量管理思潮迅速在全社会蔓延,加之在世界范围内高等教育从精英向大众化和普及化的过渡,质量自然而然地成为高等教育研究的一个热门话题。高等教育质量也就自然而然地成为政府和其他社会组织评价高等教育的一个重要维度。

由于高等教育研究领域缺乏质量话语的传统,当前对于什么是高等教育质量的回答多是规定性定义或描述性定义。"高等教育中并不存在一个放之四海而皆准的关于质量的定义。即便我们选定一种关于质量的定义,在把这一概念应用于高等教育时也会得出不同的结论。"[2]在经济或企业领域,无论是在共时性还是在历时性的维度上,关于质量都有着相对确定的定义和明确的测量或评价方法,其共识远多于分歧。但在高等教育领域,由于涉及人才培养以及人性培养,质量的含义无论是在共时性还是在历时性的维度上,都非常模糊,分歧远多于共识。没有人可以确切地指出,高等教育质量是什么或什么是高等教育质量。因为无论如何界定或言说,一旦尝试着给高等教育质量下定义就立即会落入定义的陷阱或价值观的对立,即一说就错。因为当你试图通过某种定义来说明高等教育质量是什么时,除了符合定义的之外,其他的一切都消失了。其结果是当我们谈论高等教育质量时,将没什么可谈。由于什么是高等教育质量在定义上存在困难,测量或评价高等教

---

[1] 罗纳德·巴尼特.高等教育理念[M].蓝劲松,译.北京:北京大学出版社,2012:12.
[2] Diana M.Green. What is Quality in Higher Education?. Buckingham:SRHE and Open University Press,1994:27.

育质量更像是在浪费时间。当前在科学性与可操作性的矛盾冲突中,高等教育质量评估或测量往往选择那些可以测量或评估的进行测量与评估,而忽视了那些不可测量的部分。但就高等教育的本质而言,事关质量的那些不可测量的部分可能恰恰才是至关重要的。现有质量评估或许揭示了高等教育质量的某些重要方面,但那些被忽视的部分往往也掩盖了高等教育发展中可能存在的致命的风险。

当然,指出高等教育质量这个概念的难以定义以及高等教育质量评价的困难并不意味着否认改进高等教育质量的必要性和紧迫性。作为生活世界的一部分,高等教育领域中很多的概念都存在着言说上的困难。高等教育质量的难以言说虽然很容易使关于高等教育质量的讨论趋于无意义,但这并不能否认高等教育质量本身作为一个学术概念仍有存在的价值。如果高等教育的质量难以言说就不言说,那么高等教育的质量甚至整个高等教育将失去存在的合法性基础。相反,当我们感受到了高等教育质量的重要性时,我们便会有表达的冲动。这些表达若孤立地看也许都没有揭示出高等教育质量背后的真相,但诸多的表达综合在一起却可以丰富我们对于高等教育质量的理解,并建构和凸显出高等教育质量研究的价值。

第二节 高等教育质量背后的真相

虽然作为一个概念,高等教育质量的内涵与外延均不确定,虽然高等教育质量评估与保障的科学性仍然存疑,但这并不能成为削弱或加强高等教育质量研究的理由。当前要削弱高等教育质量研究固然不对,但若只是一味地呼吁不断加强高等教育质量研究恐怕也未必高明。高等教育无疑需要质量,但并非越高越好,使所有大学都达到哈佛大学的水平,既不现实也没必要;高等教育质量问题需要研究,但也并非越多越好,对于高等教育质量问题我们需要的是有价值、有意义的真研究,而不是无价值、无意义的文字游戏。面对每年不断增加的成千上万篇的关于高等教育质量的文献,我们有理由怀疑关于高等教育质量的研究是不是存在很大的"水分"。当前关于高等教育质量的研究非常多,但有些成果的研究者本人可能并不清楚自己在研究什么或想要的是什么。面对当前这种大量出现的"象征性研究"(看起来像是研究,其实不是研究),深究下去会发现主要是高等教育质量问题的复杂性远超过了很多研究者所能了解的程度。如戴明所言:即便我们知道了质量差,也未必知道差的原因①。当我们无法把握高等教育质量问题背后的真相而又要对此问题发表看法时,就只能顺应主流话语方式,说些似是而非的话。

哈里·法兰克福指出:"当形势需要人们去讲他们自己都不知所云的话的时候,扯淡即不可避免。当一个人有责任或有机会,针对某些话题去发表超过了他对该话题的了解时,他就开始扯淡。"②当前我们在谈论高等教育质量时,很多的专家学者或政府官员高谈阔论,但事实上他们根本不了解,甚至也不关心高等教育质量问题背后的真相,而只是不断地发表各种看似自圆其说的看法或说法。当然,对于真相的忽视或反真相并非我们谈论高等教育质量时的特殊现象,也并非高等教育研究中才有的现象,而是我们时代的普遍问题。我们时代由于各种后现代主义哲学观大行其道,真实本身遭到肆意贬斥或拒绝。"个人不再把追求'对共同世界的准确表述'当成首要目标,转而试图提出忠于他自己的表述。也就是说,'忠于真实'已经不再有意义,于是他以'忠于自己'来代替。"③

在西方,从古希腊开始,学术之所以为学术其根本就在于对真理的探究,在哲学层面上无论认识论还是本体论皆致力于追逐事物的本质。但在整个20世纪里,随着语言哲学的兴起,反本质主义者与语言解构主义者盛行。布迪厄、德里达或德勒兹等思想家经常将可靠性(authenticity)观念贬低为一种价值观④。"他们把语言描述成人的根本存在,甚至不是人去掌握语言而是语言掌握人,用语言的功能问题取代了人自身的意义问题,这就陷入了谬误。"⑤但事实上,人是历史的人,语言也是人的语言。谈论问题"忠于自己"是首要的。所谓修辞立其诚,如果学者自己都不相信自己所说的话,那么"忠于真实"绝不可能。但修辞立其诚并不意味着人

---

① 戴维·奥斯本,特德·盖布勒.改革政府:企业家精神如何改革着公共部门[M].周敦仁,等,译.上海:上海译文出版社,2006:113.
② 哈里·法兰克福.论扯淡[M].南方朔,译.南京:译林出版社,2008:77.
③ 哈里·法兰克福.论扯淡[M].南方朔,译.南京:译林出版社,2008:79-80.
④ 塞巴斯蒂安·巴杰安.新"资本主义精神"[J].杨松,编译.马克思主义与现实,2000(5):25.
⑤ 李泽厚,刘再复.关于教育的两次对话[J].东吴学术,2010(3):18.

只要有诚意就一定能说出真相。且不说诚意本身在很多时候无法证实,即便承认有诚意存在,"忠于自己"也只是"忠于真实"的第一步,是其必要条件而非充分条件。追求真实者未必能够得到真实,但反之,若否认真实的存在或放弃对真实本身的追求则必将导致虚无。无论何时,真实的价值与重要性都不证自明。我们谈论任何事物,"忠于真实"都是最重要的,但这并不是说只要我们在主观上想要"忠于真实"就一定可以在客观上求得真实,而是指我们对于真实本身必须认真对待。遗憾的是,由于真实本身总是难以求得,我们时代的学术研究,包括高等教育质量研究中很多的看法和说法更多的是"忠于自己"而非"忠于真实"。以"忠于自己"为首要目标,很多研究看似自圆其说,其实只是我们个人感觉能够自圆其说。真相总是隐藏在概念的背后,如果我们总是用作为一个概念的高等教育质量来谈论作为一个事实的高等教育质量,那么我们不可能发现高等教育质量背后的真相,而只能得到关于高等教育质量的话语。

那么,什么是高等教育质量背后的真相呢?从高等教育的历史和传统来看,即高等教育本身的优秀与卓越。当前由于质量话语在主导着高等教育质量的讨论,隐藏在高等教育质量背后的真相被忽视,离开了"质量"这种话语方式我们似乎就不知道该怎么谈论"高等教育"了。长期以来,在哲学层面上,认识论和政治论居于主流,高等教育的本体论被忽视。在大众化和普及化的背景下,对于优秀和卓越的追求被视为精英主义价值观的残留。高等教育中理性主义和理想主义逐渐被工具主义和功利主义所取代。当前在高等教育质量研究中,质量本身被工具化和问题化。我们谈论高等教育质量不再是为了追求卓越,而是为了符合标准。所谓质量标准和质量保障体系不过是现代企业的质量管理逻辑在大学里的简单复制或延伸。由于高等教育质量研究无法洞悉高等教育质量背后的真相,虽经反复研究,高等教育质量本身仍像一个"黑洞"一样神秘。没有人知道高等教育质量的原理,高等教育的质量标准和质量保障体系仍然是政策的产物,而不是理论的结果。在高等教育质量保障实践中,"我们拥护的理论(我们所说的)与我们使用的理论(在我们行为背后的理论)之间存在很大的差距,就是一个明证"[①]。要使我们拥护的理

---

① 王建华.多视角的高等教育质量管理[M].广州:广东高等教育出版社,2010:22.

论与我们使用的理论相一致,就要直面高等教育质量本身,而不是作为一个概念或话语的高等教育质量。

总之,当我们谈论高等教育质量时,需要从高等教育实践出发,而不是从质量话语出发;当我们谈论高等教育质量时,最重要的不是观点,而是思想和行动。观点不过是个人的看法或说法,高等教育质量改进的关键是有思想的行动。在高等教育质量标准制定和质量保障体系建立的过程中,只有通过那些有思想的行动者而不是某些官方媒体或学术权威的话语才有可能触及隐藏在高等教育质量背后的真相,才能延续高等教育追求卓越的传统。但遗憾的是,由于缺乏一个自由的思想市场,当前在我国高等教育质量研究中有思想者往往不能行动,而行动者往往又缺乏思想。思想者不能行动,所谓的研究便逐渐滑向语言的游戏;同样的,行动者不能思想,所谓的改革便不过是例行公事。其结果是,当我们谈论高等教育质量时,我们谈论的根本不是高等教育质量,而只是高等教育的功用或大学的排名。实践中一旦高等教育的质量标准异化为大学的排名,一旦高等教育的质量保障落实为科层化的制度安排,那么我们就将越来越远离高等教育质量背后的真相,越来越远离真正的卓越。

第三节　从高等教育质量到高质量的高等教育

当前高等教育质量作为一个概念或专有名词已经在高等教育的理论、实践与政策领域"扎根",成为一种约定俗成的说法。也许我们可以质疑这种说法的正确性或概念的严谨性,但可能无法从根本上清除这种话语方式,可行的做法就是通过自由的思想赋予这一概念新的内涵或对此概念进行创造性的转化。

长期以来,由于质量话语的强势,高等教育质量作为一个概念极少会受到质疑或批判。现代社会一切皆有质量,既然人的生活质量、环境质量皆可以被定义并监测,高等教育质量自然也不例外。但事实上,如果仔细推敲,高等教育质量的说法并不严谨。在高等教育中,"质量,如同'自由'或'公平'一样,是一个难以捉摸的概念。我们对'质量'的含义有直觉性的理解，但是很难用语言来描述"[1]。就像长期以来在"哲学"前面任意加一个名词就可以构成"某某哲学"一样，现在"质量"也成了这样一个万能的词汇。只要在"质量"前面任意加一个名词也就构成了"某某质量"。但就像"某某哲学"并不真的意味着"哲学"而有时只是对"哲学"这一名词的滥用一样，"某某质量"可能也并不真的就意味着"质量"，有时也只不过是对于"质量"这一名词的滥用。在语法上或形式逻辑上作为一个概念"高等教育质量"或许没有任何问题，但若从语用学的角度考察，在很多语境中"高等教育质量"作为一个专有名词并没有多少实质性的意义，而是具有很高的可替代性。由于语境的不同或立场的不同，"高等教育质量"既可以很宽泛地指整个高等教育的质量，包括教学的质量、科研的质量和为社会服务的质量，也可以很狭窄地仅指学生在学校里所取得的学业上的成就，甚至只是某一门具体课程的成绩。作为一个在危机时刻由外力强加给高等教育领域的现代性话语方式，高等教育质量研究对于高等教育的影响喜忧参半。对质量问题的关注有效促使政府增加了对高等教育的投入，但也导致了高等教育领域价值观的混乱。以"世界一流"为代表的"优质"话语正在成为越来越多的大学的口号。受到各类排行榜的刺激，高等教育质量日益市场化，大学不再是英才教育的场所，而是成了"烧钱"的机器。对于品质的过度追求正使很多大学失去个性。全球范围内排名最好的大学与最富有的大学越来越趋于一致。质量话语的巨大影响由此可见一斑。

由于明显受现代社会质量话语体系的主导，高等教育质量绝不是一个中立的概念，而是一个根据价值判断可以采用或舍弃的"说法"[2]。当然，说高等教育质量不是一个中立的概念并不意味着以后我们在高等教育研究中不能讨论质量问题，而是说我们在谈论高等教育质量时要弄清楚其局限性，以便寻找或建构更加合适的概念工具。历史上，与高等教育质量这一概念几乎相伴而生的另一个概念是"高质量的高等教育"。1984年10月美国高质量高等教育研究小组发布了《投身学习：发挥美国高等教育的潜力》的研究报告，要求美国公民不但要有知识，而且要富

---

[1] Diana M. Green. What is Quality in Higher Education?. Buckingham: SRHE and Open University Press, 1994:22.
[2] 冈尼拉·达尔伯格,等.超越早期教育保育质量——后现代视角[M].朱家雄,译.上海：华东师范大学出版社,2006:118.

于创造、思想开放,认为美国高等教育"为未来的最好的准备,不是为某一具体而进行的面窄的训练,而是使学生能够适应不断变化的世界"。遗憾的是,在稍后的质量研究热潮中,"高质量的高等教育"基本上被忽视,高等教育质量作为一个概念被专门化。与"高等教育质量"这种表述相比,"高质量的高等教育"虽然也强调"质量"的重要性,但后者把问题的焦点落在了"高等教育"上,强调高等教育的发展目标。与高等教育质量作为高等教育发展的一个维度或一个方面不同,高质量的高等教育指向的是作为整体的高等教育,更能揭示高等教育质量背后的真相,符合高等教育的传统。从高等教育的本体或人的形塑与启蒙出发,我们真正需要的也是高质量的高等教育,而不只是高等教育的质量。

虽然实践中对于什么是"高质量的高等教育"也会存有争议,但总体上高等教育研究对于"高等教育"的理解总要强于对于"质量"的把握。对于高等教育而言,质量作为一个概念是外来的,像"谜"一样;而"高等教育"作为一个概念则是内生的,其背后有丰富的思想资源。当我们谈论"高质量的高等教育"时不仅意味着提高高等教育质量,而且意味着要践行高等教育理想。高等教育质量作为一个概念主要从局部问题着眼,以量化的排名、质量图表、证书、分数或等级来满足社会对于质量膨胀的幻想;而高质量的高等教育则是从整体来考虑,以理性方式系统思考高等教育的发展目标以及高等教育的未来图景。与高等教育质量评估和保障中的证据取向不同,高质量的高等教育强调有意义的高等教育而不只是有价值的高等教育。

总之,作为一个概念,"高质量的高等教育"较之"高等教育质量"更能反映高等教育的理想,也更符合高等教育的传统。当我们谈论高等教育质量时,绝不能就高等教育质量谈高等教育质量,质量问题必须系统思考。无论如何,提高高等教育质量只是高等教育发展的一部分,而高质量的高等教育才是高等教育发展的终极目标。

终章　政策驱动高等教育改革背后

改革开放40多年来，我国高等教育改革的显著特征就是"政策驱动"。虽然不是每一项政策都会驱动改革，但每一次改革背后无疑都会有政策来驱动。政策驱动改革的背后既反映了高等教育改革自身的路径依赖，也凸显了国家治理"政令出于中央"的一贯逻辑。政策驱动高等教育改革的成功得益于行政权力的强制性、锦标赛体制以及对顺从的激励。但随着这种改革模式日益常规化，政策实施过程中"顾此失彼""制度区隔""目标替换""拼凑应对"等现象层出不穷。为走出政策贫乏与过剩并存的危机，应以治理的现代化和改革的法治化为契机，通过重构政治（国家权力）与行政（官僚权力）的关系，以高质量的政策和创新的知识驱动高质量的改革，进而以高质量的改革为高质量的发展服务。

不同国家、不同时期，不同国家的不同时期，驱动高等教育改革的工具各不相同。比如，在美国，由于联邦政府缺乏明示的教育权，驱动高等教育改革的主要是市场；而在自治力量强大的欧洲，驱动高等教育改革的主要是大学的内在逻辑。再比如，在我国民国时期，尤其是抗日战争时期，驱动高等教育改革的主要是"战争"。相比之下，中华人民共和国成立70年来，尤其是改革开放40多年来，驱动高等教育改革的则主要是政策。政策驱动改革既促进了高等教育的大发展与大提高，也为我国高等教育从大国走向强国埋下了隐患。全面深化高等教育综合改革既要汲取改革开放40多年来政策驱动高等教育改革的有益经验，也要注意走出"唯政策驱动高等教育改革"的误区。未来伴随传统的集中于依靠出口和大量固定资产投资的经济发展模式向由创新驱动的高质量的知识密集型经济增长模式的转变[①],由规模和资源驱动的高等教育发展模式也必将被由知识和创新驱动的高等教育发展模式取代。

第一节 我们为何选择政策驱动改革

40多年来,在改革开放的时代背景下,我国高等教育改革和发展取得了巨大成就。面对中国高等教育的迅速崛起,学术界和舆论场中有两种不同的声音。一种是鼓吹高等教育改革发展的"中国模式",另一种声音则是质疑这种模式的有效性和可持续性。实事求是地讲,中国高等教育改革和发展的成就与问题都客观存在。一味地质疑或盲目地鼓吹,都会有失偏颇。改革开放40多年来,我国高等教育改革和发展所取得的成就,既不像那些鼓吹"中国模式"者描述得那么伟大,也不会像质疑"中国模式"者想象得那么"不堪"。学理上,谈论成就不能忽略问题,探究问题亦不能抹杀成就。要弄清楚40多年来我国高等教育改革和发展过程中所取得的成就与所存在的问题的共同原因——政策驱动改革,既需要从历史的维度审视中国作为一个国家的治理逻辑,也需要考虑改革开放的特殊历史背景所造成的对既有路径选择的依赖;既需要从现实出发对我国高等教育改革和发展的制度安排有足够的自信,也需要着眼于未来有对我国高等教育改革和发展模式本身进行改革的智慧和勇气。

40多年来,我国高等教育发展成就的取得和国家政策密不可分。在政府主导下,高等教育改革和发展的进程对国家政策的出台十分敏感。从新中国成立初期的"院系调整""取缔私立大学""高等教育大跃进""高校停止招生"到改革开放后的"恢复高考""国家重点学科建设""211工程""985工程""高校合并与扩招""双一流"建设等等,我国高等教育的体制、规模、结构、类型、学科、专业、课程,甚至一

---

① 傅晓岚.中国创新之路[M].李纪珍,译.北京:清华大学出版社,2017:16.

所大学的兴衰或存亡,都受国家政策的左右。国家政策对于高等教育改革和发展的深度介入,既促进了高等教育的繁荣,也曾给高等教育带来灾难。但无论繁荣还是灾难,高等教育本身或大学都没有自主选择的权利。究其根本,在高等教育改革背后有一股更强大的体制的力量在控制着高等教育改革路径的选择和发展的方向。大多数情况下,高等教育系统或机构只能被动接受改革而不能或不被允许成为改革的直接发起者。那么,是哪些原因导致我们的高等教育改革只能经由国家政策来驱动呢?

一、一统体制要求"政令出于中央"

"大一统"是历史中国的制度传统,也是中华文明的核心价值观所在。"中国这个'国',相比起西方历史上的各种国,一直很特别。她从一开始就不是城邦,也并非欧洲中世纪的封建邦国,也不像马其顿或罗马或蒙古那样没有多少内在政治经济文化制度整合的帝国。"①从历史上多元一体的有效政治体到今天"统一的多民族国家",统一治理和持久同一性始终是中国国家制度创新的努力方向。作为历史中国的制度延伸,中华人民共和国是全国各族人民共同缔造的统一的多民族国家。《中华人民共和国宪法》(下称《宪法》)第一条规定:"社会主义制度是中华人民共和国的根本制度。中国共产党领导是中国特色社会主义最本质的特征。"《中国共产党章程》"总纲"进一步阐明:"中国共产党的领导是中国特色社会主义最本质的特征,是中国特色社会主义制度的最大优势。党政军民学,东西南北中,党是领导一切的。"在这种一统体制下,"政令出于中央"是实现国家良好治理的必然要求。作为公共事业和公益事业的重要组成部分,高等教育的改革和发展不可能独立于国家之外。《高等教育法》规定:"国家根据经济建设和社会发展的需要,制定高等教育发展规划,举办高等学校。""高等教育必须贯彻国家的教育方针,为社会主义现代化建设服务、为人民服务"。"国务院统一领导和管理全国高等教育事业。省、自治区、直辖市人民政府统筹协调本行政区域内的高等教育事业,管理主要为地方培养人才和国务院授权管理的高等学校。""国务院教育行政部门主管全

---

① 苏力.大国宪制:历史中国的制度构成[M].北京:北京大学出版社,2017:7.

国高等教育工作,管理由国务院确定的主要为全国培养人才的高等学校。国务院其他有关部门在国务院规定的职责范围内,负责有关的高等教育工作。"由此可见,根据《宪法》与《高等教育法》的相关规定,中央政府拥有"统一领导和管理全国高等教育事业"的最高权力。作为政治系统的"输出",政策是"政治通向实践的必由之路"①。基于此,由国家根据经济社会发展需要出台相关政策以驱动高等教育改革,并经由持续的改革驱动高等教育发展,完全符合我们国家治理的制度逻辑。

二、从政治动员到官僚体制的转型

除一统体制要求政令出于中央之外,政策驱动改革的盛行还与我国高等教育改革启动之时初始条件的敏感有关。高等教育改革的宏观背景是国家的改革开放,面对的现实是由"文化大革命"所造成的文化和知识的"废墟"中的大学。1949年以来,尤其是"文革"十年,我国高等教育的发展不断地被政治运动所"绑架";"革命"话语始终左右着高等教育政策,也驱动高等教育从运动走向运动,从革命走向革命。随着十年"文革"的结束,国家政策的取向发生了根本变化,经济建设成为中心工作,频繁的政治运动逐渐向常规的官僚体制转型,"改革"也取代"革命"成为政策话语的关键词。高等教育领域也不例外。改革开放以来,过去屡试不爽的"运动式治理"(教育革命)开始向"政策驱动改革"转变。根据对《中国高等教育政策史(1949—2009)》附录的"中华人民共和国高等教育重要法规政策一览表(1949—2009)"的统计,在1949年至1976年的28年间,政府出台的各类高等教育重要法规政策总计130项,年均不足5项;而1977年至2009年的33年间,政府出台的各类高等教育重要法规政策总计331项,年均超过10项②。

在我国,改革开放前权力的运作以政治运动为主,改革开放后行政权力逐渐占据主导。长时间、频繁的政治动员极大地侵蚀了国家权力和官僚权力的合法性。改革开放就是要通过官僚权力的有序运作使国家权力重新合法化。党的十一届三中全会拉开了"对内改革、对外开放"的序幕。作为改革开放的总设计师,1978年邓小平同志也警告:"再不实行改革,我们的现代化事业和社会主义事业就会被葬

---

① 李均.中国高等教育政策史(1949—2009)[M].广州:广东高等教育出版社,2014:7.
② 李均.中国高等教育政策史(1949—2009)[M].广州:广东高等教育出版社,2014:354-381.

送。"正是在从"革命"走向"建设"的时代背景下,"改革"成为我国独特的政治话语和政策关键词。在国家权力和官僚权力的双重驱动下,由政策驱动改革几乎成了所有社会组织的常规活动。高等教育也不例外。1985年《中共中央关于教育体制改革的决定》指出:"从五十年代后期开始,由于全党工作重点一直没有转移到经济建设上来,由于'阶级斗争为纲'的'左'的思想的影响,教育事业不但长期没有放到应有的重要地位,而且受到'左'的政治运动的频繁冲击。'文化大革命'更使这种'左'的错误走到否定知识、取消教育的极端,从而使教育事业遭到严重破坏,广大教育工作者遭受严重摧残,耽误了整整一代青少年的成长,并且使我国教育事业同世界发达国家之间在许多方面本来已经缩小的差距又拉大起来。……中央认为,要从根本上改变这种状况,必须从教育体制入手,有系统地进行改革。改革管理体制,在加强宏观管理的同时,坚决实行简政放权,扩大学校的办学自主权;调整教育结构,相应地改革劳动人事制度。还要改革同社会主义现代化不相适应的教育思想、教育内容、教育方法。经过改革,要开创教育工作的新局面……"以《中共中央关于教育体制改革的决定》为起点,中央政府和教育部开始不断出台各种冠以"决定""纲要""办法""规定""方案""意见""通知"等名称的政策文件,持续驱动高等教育改革。40多年来,经过官僚系统的反复运作,"政策驱动改革"已逐渐制度化和常规化。其结果是它便成为改革的一种路径依赖,其他可能的改革模式不再被考虑。

三、改革话语的创造性转化

在西方,根据雷蒙·威廉斯的梳理:"reform"在早期大部分用法中,要区别它所包含的下述两种含义是很难的:(1)恢复原来的形状;(2)制造一个新的形状。在许多语脉里,这两种概念——"将某事物变得更好"与"恢复较早,较不腐败的状态"——息息相关。reform的词义可以是"恢复",也可以是"革新";可以是"对之前和忽略的纪律重新建立或恢复",也可以是"对现存的弊病加以纠正"[①]。在我国,《现代汉语词典》中"改革"作为动词是指"把事物中旧的不合理的部分改成新

---

① 雷蒙·威廉斯.关键词:文化与社会的词汇[M].刘建基,译.北京:生活·读书·新知三联书店,2005:399-401.

的、能适应客观情况的",和政府或政策并没有必然的直接关系。"改革"一词在1977年之前的中国政治、经济、社会生活中也并不常见,更不常用。从1956年到1976年,"大跃进"和"文化大革命"使中国陷入了"维持现状"和"深化改革"之间的两难选择。"文革"结束之后,中央政府开始意识到最优的选择就是使改革合法化。中国的改革大体上开始于1979年,包括农民、工人、管理者与地方党政领导人在内的几乎所有人都采取了大胆的改革措施[①]。

20世纪80年代以后,在现代化和全球化语境中,"改革"一词常常含有一种积极的标准化的特质,暗示某种值得做的事情[②]。这一点在中国尤其明显。"中国的政治文化中,自上而下的政治过程是其主要线索。在这个图画中,自下而上的制度创新时常发生,但只有得到了上面的认可和褒扬才能具有合法性,否则只能以非正式形式半隐蔽形态生存下去。"[③]其结果是,词性上原本接近中性的"改革"一词被赋予了积极的价值色彩,镶嵌于政府的政策系统中,并具有天然的政治正确性。改革开放40多年来,政策驱动改革逐渐成为政府解决或试图解决问题的标准模式。乃至于呈现出,凡改革就是好的,不改革就是坏的。

总之,40多年来,政策驱动改革既是政府基于国家治理经验的理性选择,也反映了特定时期改革开放对于特定路径的敏感,更体现了话语转型对于社会实践的深刻影响。从过去的"改革驱动发展"到现在的"改革驱动创新,创新驱动发展",政策驱动改革、改革驱动发展始终是政府赢得统治合法性的重要工具。与西方国家的三权分立不同,在我国行政体制下,政策不仅是政府关于改革任务和目标的阐述,而且要实实在在驱动改革。高等教育实践中,为了能够驱动改革,并实现改革驱动发展,政府会出台各种各样相互配套的政策,从改革目标的制定到实施办法,从检查验收到奖罚激励,政策背后还有配套政策,直到实现改革目标。以"双一流"建设为例,2015年国务院印发了《统筹推进世界一流大学和一流学科建设总体方案》(下称《总体方案》),2017年教育部、财政部、国家发展改革委印发了《统筹推进世界一流大学和一流学科建设实施办法(暂行)》(下称《实施办法(暂行)》),

---

① 思拉恩·埃格特森.并非完美的制度:改革的可能性与局限性[M].陈宇峰,译.北京:中国人民大学出版社,2017:165.
② 莱文.教育改革——从启动到成果[M].项贤明,洪成文,译.北京:教育科学出版社,2004:20.
③ 周雪光.中国国家治理的制度逻辑:一个组织学研究[M].北京:生活·读书·新知三联书店,2017:46.

2018年8月27日国务院三部委又出台了《关于高等学校加快"双一流"建设的指导意见》(下称《指导意见》)。从《总体方案》到《实施办法(暂行)》再到《指导意见》,"坚持以改革为动力"或"坚持改革驱动"都是政策实施的"基本原则"。

第二节 政策何以能够驱动改革

无论在哪个国家,政策作为权力意志的表达和对价值的权威性分配,都天然蕴含有改革的因子。有时政策与改革就像是一枚硬币的两面。政策的酝酿期就是改革的准备期。政策的出台就意味着改革的启动。在我国,政策驱动高等教育改革的独特之处不在于改革背后有政策为其背书,而在于政府的政策始终主导着高等教育改革的进程,决定着高等教育的"命脉"。整个高等教育改革对国家政策高度敏感,每一次高等教育改革的推动都离不开政府"精心的政策设计和有效的政策执行"[1]。从宏观的高等教育体制机制到微观的高校教学内容和方法,政府的政策影响无所不在。如马金森所言:"后儒家传统与美国典型的反政府政治文化迥异,因为在后儒家世界,大权在握的是政治和政府而不是市场。……在后儒家体制中,政府对于社会的重要性以及政府的支配地位都是理所当然的。事实上,抛开政府去想象后儒家国家的高等教育和研究(以及社会)是不可能的。如果没有政府的驱动和干涉,高等教育可能还没有开始发展。"[2]正是基于国家体制与政治文化的独特性,在我国高等教育是否需要改革,何时改革,改革如何推进,以及是否终止等都完全取决于政府的政策。那么,何以会形成如此局面呢?高校作为办学主体为何完全服膺于政府的政策呢?

一、强制性权力

政策由政府部门制定,体现了行政权力对于具体事务的最终决断。政策出台

---

[1] 周黎安.转型中的地方政府:官员激励与治理(第二版)[M].上海:格致出版社,上海三联书店,上海人民出版社,2017:2.
[2] 王琪,程莹,刘念才.世界一流大学:共同的目标[M].上海:上海交通大学出版社,2013:31.

后,首先在官僚系统内部流转,并进行改革任务的"发包"。待政策分工明确之后,从中央政府到地方政府再到基层政府,源于科层的行政权力共同推进政策实施,以驱动改革的深化。整个过程中政策之所以能够驱动改革和行政权力的强制性密不可分。在官僚体制下,"官大一级压死人"。为了维护一统体制和中央政府的权威,对于上级部门的政策,下级部门理解要执行,不理解也要执行。向上负责、结果导向、一票否决、层层加码以及泛政治化等官场规则或潜规则使得地方政府,尤其是基层政府始终面临来自上一级政府的巨大压力。地方政府必须时刻准备着,且要全力以赴。当官僚系统的常规权力难以推进某项政策的实施时,中央政府还可以将改革任务或政策的实施定性为"政治任务"。以"政治任务"的名义,地方政府可以不惜代价推进中央政府政策的实施。以1999年的扩招为例,"扩招决策的做出距离当年的高考只有10多天时间,在教育部紧急召开的全国扩大招生计划工作会议上,教育部副部长张保庆做报告,按增加50万人这个规模,重新安排了招生计划,最后增加了51万人"①。由于扩招政策的突然性,地方政府以及高校并没有完全做好准备。事实上,中央政府本身也缺乏充分准备,尤其是在经费预算方面。中央政府对于高校大扩招更多的只能是给"政策"、下"命令",而不是增加拨款。为完成"扩招"这项"政治任务",1999年之后,地方政府和高校为了实现多渠道筹集办学经费,"学费快速增长""设置独立学院""大规模贷款"等原本不合法或不合规的做法均得到上级政府在"政策"层面上的默认、确认或鼓励。

高等教育改革实践中为了维护政策的权威性,官僚系统在推进政策实施时,行政权力很容易突破既有规章制度的约束,以强力的行政命令来推进政策实施成为一种常态。因此,在理性上虽然需要"把权力关进制度的笼子",但在实践中谈何容易。为了确保政策目标的完成、"改革"的深化,上级政府对于下级政府"冲出制度笼子的权力"有时也必须给予"宽容"("睁一只眼、闭一只眼")。若下级政府部门的权力完全被制度束缚了手脚,来自上级政府的政策目标很多时候将难以完成。为确保政策能驱动改革,强制性权力的使用一方面展示了中央政府的权威、可以取得预期的政绩,但另一方面也会疏离中央政府与地方政府、高校的关系。面对中央

---

① 李均.中国高等教育政策史(1949—2009)[M].广州:广东高等教育出版社,2014:304.

政府划一的政策安排和改革任务,尤其是为了完成那些可能根本无法完成的被作为"政治任务"的硬性指标,政府间在政策执行过程中的"变通"(既有积极意义上的政策变通和制度创新,也有消极意义上的应付和走形式①)和"共谋"等就成为公开的秘密,从而使高等教育改革的效果大打折扣,为改革而改革成为一种无奈的结局。

二、锦标赛体制

强制性权力只是确保政策驱动改革的一种策略,反复使用会诱发"上有政策,下有对策"的机会主义。为了避免机会主义,充分调动中央和地方的积极性,在强制性权力背后我国政府部门通常还有一套特殊的制度设计,即锦标赛体制。对于官僚系统而言,职务的升迁或人事权是上级部门约束下级部门的"终极武器"。以职务的晋升作为"锦标","政治锦标赛"成为处理中央与地方或上级政府与下级政府关系的重要治理机制。根据周黎安的定义,"政治锦标赛是指处于同一级别的政府官员为了获得政治晋升而相互竞争的博弈,也称为'晋升锦标赛'。在这种晋升竞争中,竞争优胜者将获得提拔,而竞赛优胜的标准则由上级政府决定,它可以是GDP(国内生产总值)增长率,也可以是其他可度量的指标,如财政收入增长率、招商引资的数量或排污的减少量"②。在我国受政治体制和文化传统等多种因素的共同影响,整个社会具有明显的"官本位"倾向。在一个"官本位"的社会里,不只是官场,很多国有企事业单位的运转都会带有明显的"政治锦标赛"烙印。在"锦标赛体制"下,上级部门为实现某种既定政策目标,必然倾向诱使下级部门相互竞争,以实现整体目标。比如,全国教育事业"十五"规划提出,到2005年高等教育毛入学率达到15%左右,2010年争取达到20%左右。但事实上,到2005年我国高等教育毛入学率就达到21%。究其原因,地方政府在各自教育事业"十五"规划中均提出了更高的目标,且超额完成,从而使得我国高等教育毛入学率一路"飙升"。截至2018年,我国高等教育毛入学率已达到48.1%,早已超过《国家中长期教育改

---

① 周黎安.转型中的地方政府:官员激励与治理(第二版)[M].上海:格致出版社,上海三联书店,上海人民出版社,2017:51.
② 周黎安.转型中的地方政府:官员激励与治理(第二版)[M].上海:格致出版社,上海三联书店,上海人民出版社,2017:162.

革和发展规划纲要(2010—2020年)》提出的2020年实现高等教育毛入学率40%的目标,距全国教育事业"十三五"规划提出的2020年高等教育毛入学率达到50%的目标也已是"咫尺"之遥。

改革开放40多年来,经济建设一直是国家和政府的中心工作。为了获得政治锦标赛中的"锦标"——职务晋升,经济发展或GDP的增速一直是地方政府各级官员最关心的政绩。"为此地方政府领导把吸引外资,增加GDP作为自己的主要任务,而某些财税大户的大企业,以及某些显示发展经济实力的高层大楼等,往往成为显示地方发展水平的地标。而如今,区域或地方的高等教育发展,尤其是地方重点大学的建设与发展,已经逐渐成为中国不同区域显示其改革发展新成果,体现经济社会发展新进步,科技文化发展新水平,以及人民群众生活质量新内涵的一个新'地标'。"[①]近年来,在"双一流"建设背景下,高校之间的"人才大战""排名竞争"越演越烈。以广东、江苏、浙江等为代表,全国很多省市都加入了建设高等教育强省的竞争中。此外,为匹配经济社会发展水平,以深圳、宁波、青岛等为代表,很多中心城市对于高等教育的投入也不断创新高。名城办名校或引入名校的分校正驱动着中国高等教育在强化内涵式发展的同时不断拓展外延。某种意义上,始于20世纪90年代的以土地使用权有偿转让和房地产开发为中心的"经营城市"运动有向以建设"世界一流大学"和"世界一流学科"为中心的"经营大学"转变的迹象。但需要指出的是,对于高等教育而言,这种锦标赛模式是有一定风险的。换言之,"现行的发展轨迹是不可持续的"[②]。一旦政府财政收入的增长速度无法跟上大学发展对于经费的需求,一旦实验室里的科学家无法获得足够的项目资助,那些新建立的大学将首先被置于十分危险的境地。

三、顺从的激励

"锦标赛"的吸引力与夺取锦标的可能性成正比。在锦标赛体制下,上级部门较容易通过晋升控制那些优秀的少数。但无论如何,那些有望获得锦标的总是少数,而注定无法获得锦标的一定是大多数。"对于晋升机会渺茫的人来说,锦标赛

[①] 谢维和.高等教育:区域发展的新地标[J].中国高教研究,2018(4):12.
[②] 保拉·斯蒂芬.经济如何塑造科学[M].刘细文,译.北京:北京大学出版社,2016:234.

体制将失去正向的激励效应。"①为了使那些无法获得锦标的大多数人不会对上级的政策或改革任务"敷衍了事",就需要在锦标赛体制的基础上增加其他必要的奖励或激励机制。"国家社会主义的政治逻辑意味着,奖赏政治忠诚以确保国家政策的有效执行。"②根据我国政治体制的制度设计,中央政府具有最高权威性,地方必须服从中央。但与此同时,在我国地方的差异性又非常明显。中央的权威需要"令行禁止",地方的特殊性需要因地制宜。因此,政策的划一性与执行的灵活性成为不可避免的矛盾。过于强调政策的划一性,忽视地方的特殊性会损害政策本身的有效性,而过于强调地方的特殊性而忽视政策的统一性又会损害中央政府的权威性。为了缓解中央与地方的矛盾,使下级部门根据地方实际情况愿意尽最大努力来执行来自上级部门的政策安排。政治忠诚和服从党的路线始终是中国官僚制度录用和晋升最重要的标准③。

实践中,由于政府和大学之间存在着信息不对称,加之高等教育改革中可以量化的指标不多,且对于改革的成效容易产生争议。政策驱动高等教育改革中,"政治锦标赛"的使用具有一定的局限性。因此,从政府的角度看,落实政策的态度积极与否往往成为检验政策是否驱动改革的重要依据。实践表明,对于上级政府,尤其是中央政府的政策,无论改革的最终效果如何,那些积极响应政府政策的高校和地方政府教育主管部门通常更容易得到中央政府或教育部的嘉奖。以当前正在开展的"深化创新创业教育改革"为例,2016 年 12 月 26 日,教育部公示全国首批深化创新创业教育改革示范高校名单;2017 年 6 月 29 日,教育部公示全国第二批深化创新创业教育改革示范高校名单。两批共计有 200 所高校入选。为实现政策驱动改革的目标,从 2016 年开始,教育部每年均会印发《关于公布××××年度全国创新创业典型经验高校名单的通知》,对落实政策好的 50 所高校进行公开表彰。但事实上,从研究的角度看,并没有充分的证据证明这些"全国创新创业典型经验高

---

① 周黎安.转型中的地方政府:官员激励与治理(第二版)[M].上海:格致出版社,上海三联书店,上海人民出版社,2017:181.
② 周雪光.国家与生活机遇——中国城市中的再分配与分层 1949—1994[M].郝大海,等,译.北京:中国人民大学出版社,2015:142.
③ 周雪光.国家与生活机遇——中国城市中的再分配与分层 1949—1994[M].郝大海,等,译.北京:中国人民大学出版社,2015:11.

校"的创新创业工作比那些没有被表彰的高校做得更好。

第三节　政策驱动改革常规化的后果

经过40多年来的反复运作,无论是体制的必然还是历史的偶然,政策驱动改革已经成为我国高等教育改革的路径依赖。不断出台的政策促进了我国高等教育的大改革、大发展、大提高①,但困扰我国高等教育体制的基本问题一直没有得到解决。"制度性变迁涉及多种过程,它们在某些领域产生制度变迁,在另一些领域却产生制度维续。"②40多年来,在我国经济领域市场正逐步取代计划在资源配置中起决定性作用,但在高等教育领域计划思维和计划行为依然盛行。实践中"计划教育"的危害不像计划经济的危害那么引人关注,原因就在于,计划教育一直被"政策驱动改革"的表象所掩盖。在改革的名义下,计划行为的不合时宜性被"隐藏"。长期以来,在政府的主导下,高等教育一直在不断地改革,却没有想到改革模式本身也需要改革。现有体制下,只要我们还坚持政策驱动改革,那么高等教育的计划性就不可避免。"当我们想到'政府'这个词的时候,自然而然地就联想到'计划'这个词。就像火腿和蛋一样,政府和计划紧密相连。事实上这是说政府的工作是由许多计划和方案组成的。"③因为政策本身就是政府"计划"的一部分,一旦政策驱动改革趋于常规化、制度化,那么,无论我们发动再多的改革都将无法诱致高等教育领域计划体制的变迁或创新,而只会维持计划体制的存在。其结果是高等教育改革的有效性极有可能会受到损害。

---

　　① 周远清.大改革　大发展　大提高——中国高等教育30年的回顾与展望[J].中国高教研究,2008(1):1.
　　② 周雪光.国家与生活机遇——中国城市中的再分配与分层1949—1994[M].郝大海,等,译.北京:中国人民大学出版社,2015:188.
　　③ 戴维·奥斯本,特德·盖布勒.改革政府:企业家精神如何改革着公共部门[M].周敦仁,等,译.上海:上海译文出版社,2006:214.

一、改革的顾此失彼

改革的难易和组织或系统的规模密切相关。组织或系统的规模越大,改革越难。中国是一个高等教育大国,高等教育规模世界第一。截至 2018 年,全国共有普通高校 2 663 所(含独立学院 265 所),比上年增加 32 所。其中,本科院校 1 245 所,比上年增加 2 所;高职(专科)院校 1 418 所,比上年增加 30 所。另有研究生培养单位 815 个。各种形式的高等教育在学总规模 3 833 万人。在我国,根据《高等教育法》,高等教育实行中央和省(直辖市、自治区)两级管理。但在一统体制下,中央政府"统一领导和管理全国高等教育事业"。因此,无论地方高校还是部属高校都要接受中央政府的统一领导和管理,都要执行中央政府和教育部的相关政策,积极落实由相关政策驱动的改革任务。

除规模之外,政策的范围与执行的方式也直接影响改革的难易。现行体制下,为了维护中央的权威、便于政策驱动改革,权力集中于顶层。地方政府习惯于听命中央。为了稳妥或政治正确,所有改革都要等上级政府的文件和命令。其结果是政府在高等教育改革中的治理经常面临"难以承受之重"。由于事无巨细、精力分散,政府的政策越来越多、越来越细,改革的广度越来越宽,深度的变革却很少出现。"具有讽刺意味的是,抵抗改革的人把由于他们的干预而产生的不利结果当作改革失败的证据来使用。"[1] 以高等教育体制改革为例,从 1985 年的《中共中央关于教育体制改革的决定》到 2017 年中办、国办印发《关于深化教育体制机制改革的意见》,政府一直努力深化高等教育体制机制改革,改革的目标也越来越多、越来越细,但客观来看,30 多年来我国高等教育体制的根本问题并没有得到很好的解决[2]。究其原因,体制创新从来都不是政府推动高等教育改革的唯一目标。很多时候改革的推进以及任务的选择只能根据形势变化进行取舍。高等教育体制改革总是一拖再拖、改一改停一停。但体制问题又是根本问题,不改不行,因此,每隔一段时间政府又会重提体制改革。

---

[1] 奥利弗·E.威廉姆森.治理机制[M].石烁,译.北京:机械工业出版社,2016:171.
[2] 周川.高等教育管理体制改革之反思[J].北京大学教育评论,2018(2):177.

二、高等教育系统的制度性区隔

由于政策与政治具有密切的关系。政策驱动改革为政治干预高等教育提供了方便之门。一方面政治可以转化为政策直接左右高等教育改革的走向,另一方面政治可以根据它自身的需要随时终止一项政策,并出台新的政策,从而对高等教育改革和发展产生显著的影响。与西方国家不同,在我国判断一所高校的好坏有时不是根据其教学科研水平的高低,而是看其在国家政策驱动的改革中所获得的政策性身份。毕竟,在我国现行体制下,决定一个组织社会地位的仍然主要是政治权威而非市场机制。长期以来,无论个人还是组织,其地位变迁对于国家政策都极其敏感。国家政策可以通过改变资源配置的份额、扩大或减少机会等方式对于所有社会群体、机构,甚至个人产生巨大影响。在高等教育领域,改革开放以来从"国家重点学科"建设、"211工程"建设、"985工程"建设,再到"双一流"建设,能否顺利入选相关名单,始终是决定高校和学科发展的最关键因素[1]。

改革开放40多年来,因为政策的原因,我国高等教育系统被制度性区隔,所谓的竞争是不公平的或扭曲的。有时不公平的政策或许可以终结,但由于政策所造成的身份等级难以消除。比如,现在"国家重点学科"政策虽然取消了,但很多高校仍然以曾拥有的"国家重点学科"来自我标榜,比如,"211工程"建设和"985工程"建设的相关政策文件虽然废止了,但"211高校"和"985大学"的身份依然是金字招牌。近年来,政府推出"双一流"建设,目的是要破除"211工程"和"985工程"建设中的身份固化、竞争缺失、重复交叉等问题。教育部、财政部、发改委相关负责人也特别指出:此次遴选认定所产生的是"建设"高校及"建设"学科,重点在"建设",是迈向世界一流的起点,而不是认定这些学校和学科就是世界一流大学和一流学科,能否成为世界一流大学和一流学科还要看最终的建设成效。但经验表明,"一个权力不受约束的强大政府通常难以给出一个可信的承诺"[2]。实践中,"双一流"高校和非"双一流"高校间的"制度鸿沟"正在形成。对各高校而言,"世界一

---

[1] 栗晓红.国家权力、符号资本与中国高等教育的等级性和同质性——以新中国成立后的三次重点高校政策为例[J].北京大学教育评论,2018(2):134-150,190-191.

[2] 周黎安.转型中的地方政府:官员激励与治理(第二版)[M].上海:格致出版社,上海三联书店,上海人民出版社,2017:126.

流大学"建设高校和"世界一流学科"建设高校正在成为一种新的政策性身份。中央政府相关文件关于"双一流"建设高校"实行总量控制、开放竞争、动态调整""建立建设高校及建设学科有进有出动态调整机制"的"可信承诺"仍然仅在理论上存在可能。

三、政策目标的替换

政策驱动改革就意味着政府掌控改革。改革目标的确立主要反映的是中央政府的意志,而改革目标的实现则取决于地方政府和基层政府的努力。就高等教育改革而言,政府可以出台政策提出改革的目标,但目标要落地,就需要地方政府和高校的配合。而地方政府和高校和中央政府会有不同的利益诉求,为了照顾不同地方和不同高校的特殊性,很多时候政策文本的内容只能是原则性的,以确保策略空间足够大。由此,政策的变形或目标替换不可避免。比如,"985工程"政策的目标是"建设若干所具有世界先进水平的一流大学"。第一批入选的高校只有北京大学和清华大学,以北京大学、清华大学的实力,配合中央政府的巨额资助,建设世界一流大学的政策目标应该可以实现;但由于种种原因,"985工程"的名单不断扩大,先是增加了7所,然后又陆续增加了30所。与北京大学、清华大学不同,后面入选"985工程"名单的高校,来自中央政府资助的额度已明显减少,有些学校甚至没有获得教育部的资助。由于名单不断扩大,入选高校的水平也不断降低。经过十几年的建设,大部分学校并没有成为"具有世界先进水平的一流大学"。某种意义上,"985工程"建设的最大成果不是建成了"若干所具有世界先进水平的一流大学",而是制度化地塑造了"985大学"这一中国特色的高校群体。

再以正在推进的"双一流"建设为例:从《总体方案》《实施办法(暂行)》到《指导意见》,总体目标和政策举措表面上看很清晰,但很多内容仍然是原则性的。政策目标表述中的"若干""一批""更多""行列""前列"等措辞都极富弹性。即便是硬约束的"世界一流大学"和"世界一流学科"对其标准也很难达成共识,更不用提"一流本科教育""基本建成高等教育强国"这种似是而非的提法。如阿特巴赫所言:"每个国家都想拥有世界一流大学,似乎没有它便难以前进。但问题是,没人知道世界一流大学究竟是什么,也没人了解如何建成世界一流大学。"①实践中为了使抽象的"双一流"建设政策文本可操作,最终量化和排名的原则被引入。从近年来我国高校对国家"双一流"建设政策的应对措施与建设成效来看,建设高校和学科正在收获各种排行榜上的好名次,"双一流"建设总体目标中"推动一批高水平大学和学科进入世界一流行列或前列"正在成为现实。但除了"推动一批高水平大学和学科进入世界一流行列或前列"之外,"双一流"建设的总体目标还包括"加快高等教育治理体系和治理能力现代化,提高高等学校人才培养、科学研究、社会服务和文化传承创新水平,使之成为知识发现和科技创新的重要力量、先进思想和优秀文化的重要源泉、培养各类高素质优秀人才的重要基地,在支撑国家创新驱动发展战略、服务经济社会发展、弘扬中华优秀传统文化、培育和践行社会主义核心价值观、促进高等教育内涵发展等方面发挥重大作用"。对于这些非常重要的改革目标,由于难以量化考核与相互比较,政策驱动往往显得无力,在那些一流大学建设高校和一流学科建设高校"目标替换"成为一种常态。

四、改革成果的拼凑应对

40多年来,随着经济社会的发展,政府的规模与支配力也在迅速增长。伴随"政策驱动改革,改革驱动发展"这种模式在越来越多的领域取得"成功",政府对"政策驱动改革"和"改革驱动发展"越来越热衷。随着政府政策的增多,改革也在不断增加,基层政府和高校对于改革产生了一种矛盾的心理,既期望新的政策驱动新的改革,又恐惧反反复复的改革。期望是因为没有上级的政策来驱动改革,很多问题解决不了,恐惧则是因为有时上级的政策目标很难完成。即便通过改革解决了一些问题又会引发其他的新问题,而要解决这些新问题可能又需要更多的新政策来驱动更多的新改革。林德布罗姆曾提出"拼凑应对"这一行为模型来描述政府官员在其抉择和行动中的行为特征。所谓"拼凑应对"(muddling through),在英文中有临时拼凑、摸索调整、应付完成的意思,与那种有条不紊、按部就班的理性规划下的行为模式形成鲜明对比。在这一过程中,注意力和寻找方案能力有限可能

---

① 刘念才,Jan Sadlak.世界一流大学:特征·排名·建设[M].上海:上海交通大学出版社,2007:49.

会导致他们对重要解决方案的忽视,而且他们的目标因不断变化的条件和新的信息而不断调整。这些行为特征与大家熟知的理性决策模式相去甚远。在理性决策模式中,决策者有明确的目标和充足信息,在此基础上采取连贯一致的、有预见性的、与目标一致的行动①。

在我国高等教育改革实践中,地方政府倾向于等待中央政府的政策。上面如果没有政策或政策意向,下面不会轻易启动改革。一旦中央政府的政策下来,为了配合中央政府的政策,地方政府和基层政府都会积极跟进出台相应措施,甚至为了政绩层层加码。而无论哪级政府的政策最终都要由高校来逐一落实。为了应对层出不穷的各种各样的政策和政策驱动的改革,高校有时只能以同样的成果通过不同的组合来应对各级政府的验收和检查。毕竟"大多数情况下直接测量特定政策的影响是不切实际的"②。近年来,伴随政府对高等教育投入的增加,政策驱动改革日益频繁,高校为了顺利完成由各级政府的政策所确定的各项改革任务和建设目标,"拼凑应对"已成为公开的秘密,也是重要的策略。

第四节 走出唯政策驱动高等教育改革的误区

在政策驱动改革这种模式下,政策对政策有依赖,改革对改革也有依赖。与西方国家政策仅指"政府实际所做的事"不同,在我国政府打算做或声称将要做的事,也都会以政策的形式下发③。不同的政府,不同的政策,不同的改革,由不同的政策驱动的不同的改革盘根错节、相互纠缠。实践中,经常是一个"通知"不能引起重视,就下发另一个"通知",一个"决定"不能解决问题,就出台另一个"决定",一个"纲要"不能起作用,就发布另一个"纲要",一个"意见"和"办法"不能指导实践,就发布"若干意见"和"若干办法"。其结果是政策过剩不可避免。与此同时,

---

① 周雪光.中国国家治理的制度逻辑:一个组织学研究[M].北京:生活·读书·新知三联书店,2017:239.
② 周雪光.国家与生活机遇——中国城市中的再分配与分层1949—1994[M].郝大海,等,译.北京:中国人民大学出版社,2015:54.
③ 李均.中国高等教育政策史(1949—2009)[M].广州:广东高等教育出版社,2014:1.

由于政策总是围绕热点问题,且经常带有应急的性质,其前瞻性往往不够,真正有质量或高质量的政策又相对匮乏。对于高等教育改革而言,因应式(reactive)的政策越多,政府的精力和注意力就越分散,真正有价值的政策反倒很难出台,有力度的改革很难推进,对政策的怀疑也就越来越多。

40多年来,我国高等教育改革和发展取得了巨大成绩,国家政策在其中无疑扮演了非常重要的角色。没有政策就没有改革,没有改革就没有发展。正是国家政策驱动了改革,改革驱动了高等教育不断向前发展。但同样需要注意的是,政府过度干预也是当前我国高等教育改革和发展所面临的几乎所有问题的重要根源。"官僚作风最阴险之处在于其总有一个良好的愿望,比如能够解决早期的一些小问题,确保将来一切按部就班,或确保对所有员工一视同仁等。"[1]不幸的是,这些"良好的愿望"和"好心的实践"一旦以"很好的理由"逐一落实之后,大学就变得不再是大学,而更像是政府的下属部门。当前,在我国随着政策驱动改革趋向常规化,官僚系统的自利性和利益集团的相互纠葛开始阻碍高等教育综合改革走向深入。政策与改革之间的悖论正在形成。具体而言,一方面高校真正需要改革的地方往往没有好的政策给予有力支持,另一方面来自上级部门的各种各样的以改革名义下发的政策多如牛毛,束缚着高校的手脚,蚕食着高校的办学自主权。"我们接受规章和繁文缛节以防止发生坏事。但是同样这些规章会妨碍出现好事。它们会使政府的办事效率慢得像蜗牛爬行。它们对正在迅速变化中的环境不可能作出反应。它们使得时间和精力的浪费成为组织结构的固有组成部分。"[2]为了走出高等教育改革中政策贫乏和过剩共存的困境,避免"无效的政策"肆意泛滥,政策驱动改革这种模式本身必须转型升级。

一、扩大高校改革自主权

40多年来,基于政府主导、政策驱动,改革始终是单中心,大学自身的积极性难以发挥。在实现高等教育治理能力和治理体系现代化的背景下,多中心改革将

---

[1] 拉里·法雷尔.创业新时代:个人、企业与国家的企业家精神[M].沈漪文,杨瑛,等,译.北京:机械工业出版社,2014:220.
[2] 戴维·奥斯本,特德·盖布勒.改革政府:企业家精神如何改革着公共部门[M].周敦仁,等,译.上海:上海译文出版社,2006:72.

是大势所趋。由于政治体制的原因,在我国高等教育领域内由政策驱动改革的局面在短期内仍然难以改变。但政府主导高等教育改革、政策驱动高等教育改革并不意味着大学本身作为重要利益相关方在改革中无足轻重。相反,作为高等教育改革的重要利益相关方,大学自身的改革需求必须被重视,并允许大学进行自主改革。毕竟,"从创新的定义上说,它必须分权,必须有自主权,必须具体而且要进行微观经济分析……创新机遇不会出现在规划者必须处理的大量事务性工作之中"[1]。教育部、财政部、国家发展改革委2018年8月8日印发了《关于高等学校加快"双一流"建设的指导意见》,其中第二十一条"增强高校改革创新自觉性"也明确提出,"改革创新是高校持续发展的不竭动力。建设高校要积极主动深化改革,发挥教育改革排头兵的引领示范作用,以改革增添动力,以创新彰显特色。全面深化高校综合改革,着力加大思想政治教育、人才培养模式、人事制度、科研体制机制、资源募集调配机制等关键领域环节的改革力度,重点突破,探索形成符合教育规律、可复制可推广的经验做法。增强高校外部体制机制改革协同与政策协调,加快形成高校改革创新成效评价机制,完善社会参与改革、支持改革的合作机制,促进优质资源共享,为高校创新驱动发展营造良好的外部环境"。

事实上,改革开放40多年来,在我国虽然政策驱动高等教育改革一直是主流,但同样不能忽视的是,高校自身从来没有停止过探索。从改革开放之初上海四位高校领导人(复旦大学校长苏步青、同济大学校长李国豪、上海师范大学校长刘佛年、上海交通大学党委书记邓旭初)"给高等学校一点自主权"的呼吁到《国家中长期教育改革和发展规划纲要(2010—2020年)》明确写入"尊重学术自由"。从20世纪80年代刘道玉校长在武汉大学推行的教学改革到近年来朱清时校长参与创办南方科技大学,再到2018年民办的西湖大学正式开始招收博士研究生,所有这些改革最终能够付诸实践,并取得不错的反响都反映了中国大学人以其独特的方式,对于中央政府的高等教育政策以及由政策驱动的高等教育改革产生了不可低估的影响。换言之,40多年来,在政策驱动改革之外,中国大学也开创了知识驱动改革、市场驱动改革的新路径。从长远来看,可能正是那些具有创新和创业精神的

---

[1] 彼得·德鲁克.创新与企业家精神[M].蔡文燕,译.北京:机械工业出版社,2019:296.

高校知识分子,兼具教育思想家和制度企业家的双重角色,将会逐渐改变我们的高等教育体制机制以及政策驱动高等教育改革的固定模式。

二、重构政治权力与行政权力关系

现行体制下,政策驱动改革符合官僚系统的利益。由于官僚系统控制着政策的发布、实施、检查与验收,始终是改革进程的实际控制者和既得利益者。"在这一过程中,官僚体制的权力、意志、绩效互为推动,官僚机制随之蔓延和渗入经济、社会的各个层面角落。"①通过政府间的"讨价还价",相关部门以改革的名义经常可以拥有远超法律或规章所授予的权力。地方政府和基层政府为了完成某些被作为"政治任务"的改革,会突破权力的边界。而为了顾全改革的大局,不影响基层政府落实政策的积极性,上级政府对于下级政府的违规往往视而不见,从而导致各级政府在政策驱动改革过程中的"串通"或"共谋"成为公开的秘密。

就像战争的意义太重大,不能完全交给将军们决定一样②。高等教育改革事关国家最高利益,也绝不能完全交给官僚系统。无论哪个国家,也无论任何时候,重大的高等教育改革必须从国家战略层面的高度做出。以 1999 年的扩招为例,当年 6 月上旬,时任总理朱镕基在国务院办公会议上做了大幅度扩大高校招生规模的决策,才终止了国家教委、国家计委长期维持的"严格控制高等教育发展规模"③"以条件定发展规模"的政策(1998 年 12 月 24 日教育部发布的《面向 21 世纪教育振兴行动计划》提出到 2010 年高等教育入学率接近 15%)。1977 年的高考改革同样如此。若非邓小平同志以最高政治权力介入,以教育部为代表的官僚系统也不可能如此高效率地恢复高考④。

当然,最高政治权力的介入并不总是好的,悲剧的例子也不鲜见。相关案例只是表明,改革过程中代表国家利益的政治权力与官僚系统所掌控的行政权力不可

---

① 周雪光.中国国家治理的制度逻辑:一个组织学研究[M].北京:生活·读书·新知三联书店,2017:435.
② 约翰·布鲁贝克.高等教育哲学[M].王承绪,等,译.杭州:浙江教育出版社,2002:32.
③ 王建华,邬大光.论争与反思——对我国高等教育"前大众化"阶段的思考[J].现代大学教育,2003(1):49.
④ 李均.中国高等教育政策史(1949—2009)[M].广州:广东高等教育出版社,2014:165-167.

避免地会存在冲突。作为国家意志的重大政策一旦进入官僚系统,经常会被部门利益左右,从而影响国家政策的实施。"处长治国论""司长策国论"绝非空穴来风。"作为'组织的武器'的官僚体系和作为一个阶级的官僚集团之间存在固有困境。稳定的官僚制度培育了以制度为基础的官僚利益、官僚谈判模式和政治进程中的派系冲突。这些利益削弱了最高领导者们的权威并威胁着国家政策实施的效率。"①鉴于国家权力与官僚权力的冲突,在政策驱动高等教育改革过程中,既要避免行政权力的政治化(政治权力随意介入高等教育改革常态化、运动式治理常规化),又要警惕官僚权力的体制化(官僚系统成为自成一体的经济主体、部门利益和既得利益者阻碍高等教育改革深入推进)。具体而言,以高等教育治理能力和治理体系的现代化为目标,当前在政府治理从"放手做事"向"束手做事"过渡的过程中,如何在官员的激励与约束之间实现平衡,保持责任、权力与物质报酬的合理统一②,充分发挥地方政府和官员改革和发展高等教育的积极性、灵活性与创新性至关重要。

三、改革的法治化

在纪念改革开放30周年大会上,时任总书记胡锦涛第一次提出了"不折腾";在2011年的"七一"讲话上胡锦涛再次提到"不折腾";2012年的十八大报告中胡锦涛第三次强调"不折腾"。"不折腾"之所以引起最高领导人的重视,肯定是因为实践中我们有很多改革实际上是在"折腾",不符合科学发展观的要求。改革之所以容易变形为"折腾"和"政策驱动"有很大的关系。长期以来,政府热衷于出台政策,很少废止政策(2016年教育部、国务院学位委员会、国家语委《关于宣布失效一批规范性文件的通知》宣布382份文件失效。失效文件最早可追溯到1978年,最近的发布于2014年)。实践中,由于前一项政策的废止与后一项政策的出台缺乏有效衔接,加之领导个人意志的介入,改革有时会充满不确定性或偶然性。比如,2010年发布的《国家中长期教育改革和发展规划纲要(2010—2020年)》明确指

---

① 周雪光.国家与生活机遇——中国城市中的再分配与分层1949—1994[M].郝大海,等,译.北京:中国人民大学出版社,2015:145.

② 周黎安.转型中的地方政府:官员激励与治理(第二版)[M].上海:格致出版社,上海三联书店,上海人民出版社,2017:391.

出:"以重点学科建设为基础,继续实施'985 工程'和优势学科创新平台建设,继续实施'211 工程'和启动特色重点学科项目。"2013 年教育部、财政部还下发了新修订的《"985 工程"建设管理办法》。但 2015 年 11 月国务院印发了《统筹推进世界一流大学和一流学科建设总体方案》,2016 年 6 月教育部才宣布废止与"985 工程"和"211 工程"相关的 8 份文件。

当前我国正处在建设法治国家的进程中,十九大报告 55 次提及"法治",并成立了中央全面依法治国领导小组,以加强对法治中国建设的统一领导。《中国共产党章程》也明确:"党必须在宪法和法律的范围内活动。"要避免改革异化为"折腾",法治化是最好的选择。"为了实现高等教育全面深化改革的目标,必须将高等教育改革纳入法治化轨道。要通过制定《高等教育改革法》来界定政府的高等教育改革权力和规范高等教育改革行为,形成高等教育改革的法律问责机制。同时要真正确立高校是面向社会依法自主办学的法人实体的法律地位。"[①]在法治国家框架内,高等教育改革或不改革不取决于某个领导的意志或政府的文件,而应由法律来规范。政府主导的改革或政策驱动的改革也要"从权力的行政性安排走向依法行政和法治化"[②]。法律的强制介入一方面可以提高政策驱动改革的门槛,使高等教育改革和发展尽量少受不良政策以及领导个人意志的干扰,另一方面也有利于政府部门提高高等教育政策的质量,增强高等教育改革的严肃性。在改革法治化框架下,政府如果要发起一项高等教育改革必须是深思熟虑的结果,必须符合法定程序,而不能是"头脑发热"。实践证明,对于高等教育而言,改革本身并不是最难的部分。"比实行改革更难的是:确定什么是有效的,了解为什么它们是有效的,要知道什么时候改革,以及什么时候不进行改革。"[③]

总之,对于高等教育,我们不是不需要政策,也不是不需要改革,更不是不需要政策驱动高等教育改革。我们需要的是,当政策驱动高等教育改革时,追问一下,我们需要什么样的政策,什么样的改革,需要政策如何来驱动高等教育改革。"面

---

① 张应强.关于将高等教育改革纳入法治化轨道的思考[J].江苏高教,2015(6):1.
② 周黎安.转型中的地方政府:官员激励与治理(第二版)[M].上海:格致出版社,上海三联书店,上海人民出版社,2017:145.
③ 吉姆·柯林斯,莫滕·T.汉森.选择卓越[M].陈召强,译.北京:中信出版社,2012:179.

对迅速扩大的改革范围,政府必须意识到以政策驱动改革的局限性。"①面向未来,为走出改革过程中政策贫乏与过剩的悖论,应以治理能力和治理体系的现代化和改革的法治化为契机,在坚持政策驱动改革的同时,给予高校知识驱动改革和市场驱动改革更大的制度空间,赋予高校更多的改革自主权,直面社会的真实需要,通过重构政治(国家权力)与行政(官僚权力)的关系,以高质量的政策和创新的知识驱动高质量的改革,并以高质量的改革为高质量的发展服务。

---

① 王建华.政策驱动改革及其局限——兼议"双一流"建设[J].江苏高教,2018(6):11.

主要参考文献

[1] 凡勃伦.有闲阶级论[M].蔡受百,译.北京:商务印书馆,1964.

[2] 德拉高尔朱布·纳伊曼.世界高等教育的探讨[M].令华,严南德,译.北京:教育科学出版社,1982.

[3] 阿什比.科技发达时代的大学教育[M].滕大春,滕大生,译.北京:人民教育出版社,1983.

[4] T.帕森斯.现代社会的结构与过程[M].梁向阳,译.北京:光明日报出版社,1988.

[5] 雅斯贝尔斯.什么是教育[M].邹进,译.北京:生活·读书·新知三联书店,1991.

[6] 卢增绪.高等教育问题初探[M].台北:南宏图书有限公司,1992.

[7] 赵曙明.美国高等教育管理研究[M].武汉:湖北教育出版社,1992.

[8] 伯顿·R.克拉克.高等教育系统——学术组织的跨国研究[M].王承绪,徐辉,殷企平,等,译.杭州:杭州大学出版社,1994.

[9] 亨利·罗索夫斯基.美国校园文化——学生·教授·管理[M].谢宗仙,周灵芝,马宝兰,译.济南:山东人民出版社,1996.

[10] 让-弗朗索瓦·利奥塔尔.后现代状态:关于知识的报告[M].车槿山,译.北京:生活·读书·新知三联书店,1997.

[11] 华勒斯坦,等.开放社会科学:重建社会科学报告书[M].刘锋,译.北京:生活·读书·新知三联书店,1997.

[12] 华勒斯坦,等.学科·知识·权力[M].刘健芝,等,编译.北京:生活·读书·新知三联书店,1999.

[13] 亨利·埃兹科维茨,劳伊特·雷德斯多夫.大学与全球知识经济[M].夏道源,等,译.南昌:江西教育出版社,1999.

[14] 托马斯·彼得斯,罗伯特·沃特曼.追求卓越:美国优秀企业的管理圣经[M].戴春平,等,译.北京:中央编译出版社,2000.

[15] 许美德.中国大学1895—1995:一个文化冲突的世纪[M].许洁英,主译.北京:教育科学出版社,2000.

[16] 特里萨·M.阿马布勒,等.突破惯性思维[M].李维安,等,译.北京:中国人民大学出版社,2001.

[17] 金耀基.大学之理念[M].北京:生活·读书·新知三联书店,2001.

[18] 约翰·亨利·纽曼.大学的理想(节本)[M].徐辉,顾建新,何曙荣,译.杭州:浙江教育出版社,2001.

[19] 伯顿·克拉克.高等教育新论——多学科的研究[M].王承绪,徐辉,等,译.2版.杭州:浙江教育出版社,2001.

[20] 德里克·博克.走出象牙塔——现代大学的社会责任[M].徐小洲,陈军,译.杭州:浙江教育出版社,2001.

[21] 克雷顿·克里斯滕森.创新者的窘境[M].吴潜龙,译.南京:江苏人民出版社,2001.

[22] 唐纳德·肯尼迪.学术责任[M].阎凤桥,等,译.北京:新华出版社,2002.

[23] 邓正来.市民社会理论的研究[M].北京:中国政法大学出版社,2002.

[24] 彼得·F.德鲁克.创新与创业精神[M].张炜,译.上海:上海人民出版社,2002.

[25] 约翰·布鲁贝克.高等教育哲学[M].王承绪,等,译.杭州:浙江教育出版社,2002.

[26] 詹姆斯·C.柯林斯,杰里·I.波拉斯.基业长青[M].真如,译.北京:中信出版社,2002.

[27] 吉姆·柯林斯.从优秀到卓越[M].俞利军,译.北京:中信出版社,2002.

[28] 亚历山大·米克尔约翰.表达自由的法律限度[M].侯健,译.贵阳:贵州人民出版社,2003.

[29] 程星,周川.院校研究与美国高校管理[M].长沙:湖南人民出版社,2003.

[30] 爱弥尔·涂尔干.教育思想的演进[M].李康,译.上海:上海人民出版

社,2003.

[31] 伯顿·克拉克.建立创业型大学:组织上转型的途径[M].王承绪,译.北京:人民教育出版社,2003.

[32] 理查德·H.霍尔.组织:结构、过程及结果(第8版)[M].张友星,刘五一,沈勇,译.上海:上海财经大学出版社,2003.

[33] R.K.默顿.科学社会学——理论与经验研究(上册)[M].鲁旭东,林聚任,译.北京:商务印书馆,2003.

[34] 柏拉图.柏拉图对话集[M].王太庆,译.北京:商务印书馆,2004.

[35] 孔宪铎.我的科大十年(增订版)[M].北京:北京大学出版社,2004.

[36] 莱文.教育改革——从启动到成果[M].项贤明,洪成文,译.北京:教育科学出版社,2004.

[37] 伊曼努尔·康德.论教育学[M].赵鹏,何兆武,译.上海:上海人民出版社,2005.

[38] 詹姆斯·杜德斯达.21世纪的大学[M].刘彤,屈书杰,刘向荣,译.北京:北京大学出版社,2005.

[39] 乔治·凯勒.大学战略与规划:美国高等教育管理革命[M].别敦荣,主译.青岛:中国海洋大学出版社,2005.

[40] 阿克塞尔·霍耐特.为承认而斗争[M].胡继华,译.上海:上海人民出版社,2005.

[41] 雷蒙·威廉斯.关键词:文化与社会的词汇[M].刘建基,译.北京:生活·读书·新知三联书店,2005.

[42] 曼纽尔·卡斯特.网络社会的崛起[M].夏铸九,王志弘,等,译.3版.北京:社会科学文献出版社,2006.

[43] 弗雷德里克·博德斯顿.管理今日大学:为了活力、变革与卓越之战略[M].王春春,赵炬明,译.桂林:广西师范大学出版社,2006.

[44] 冈尼拉·达尔伯格,等.超越早期教育保育质量——后现代视角[M].朱家雄,译.上海:华东师范大学出版社,2006.

[45] 戴维·奥斯本,特德·盖布勒.改革政府:企业家精神如何改革着公共部

门[M].周敦仁,等,译.上海:上海译文出版社,2006.

[46] 野中郁次郎,竹内弘高.创造知识的企业:日美企业持续创新的动力[M].李萌,高飞,译.北京:知识产权出版社,2006.

[47] 奥利弗·E.威廉姆森,西德尼·G.温特.企业的性质——起源、演变和发展[M].姚海鑫,邢源源,译.北京:商务印书馆,2007.

[48] 希尔德·德·里德-西蒙斯.欧洲大学史(第一卷 中世纪大学)[M].张斌贤,等,译.保定:河北大学出版社,2007.

[49] 亨利·埃兹科维茨.麻省理工学院与创业科学的兴起[M].王孙禺,袁本涛,等,译.北京:清华大学出版社,2007.

[50] Thomas S.Popkewitz.教育改革的政治社会学:教学、师资培育及研究的权力/知识[M].薛晓华,译.台北:巨流图书股份有限公司,2007.

[51] 刘念才,Jan Sadlak.世界一流大学:特征·排名·建设[M].上海:上海交通大学出版社,2007.

[52] 雅克·韦尔热.中世纪大学[M].王晓辉,译.上海:上海人民出版社,2007.

[53] 尼尔·波斯曼.技术垄断:文化向技术投降[M].何道宽,译.北京:北京大学出版社,2007.

[54] 哈里·法兰克福.论扯淡[M].南方朔,译.南京:译林出版社,2008.

[55] 大卫·科伯.高等教育市场化的底线[M].晓征,译.北京:北京大学出版社,2008.

[56] 菲利普·阿特巴赫,乔治·巴兰.世界一流大学:亚洲和拉美国家的实践[M].吴燕,宋吉缮,等,译校.上海:上海交通大学出版社,2008.

[57] 伯顿·克拉克.大学的持续变革——创业型大学新案例和新概念[M].王承绪,译.北京:人民教育出版社,2008.

[58] 王建华.高等教育学的建构[M].广州:广东高等教育出版社,2009.

[59] 刘易斯·芒福德.技术与文明[M].陈允明,王克仁,李华山,译.北京:中国建筑工业出版社,2009.

[60] 刘念才,Jan Sadlak.世界一流大学:战略·创新·改革[M].上海:上海交通大学出版社,2009.

[61] Jamil Salmi.世界一流大学:挑战与途径[M].孙薇,王琪,译校.上海:上海交通大学出版社,2009.

[62] 杨东平.大学二十讲[M].天津:天津人民出版社,2009.

[63] 王建华.多视角的高等教育质量管理[M].广州:广东高等教育出版社,2010.

[64] 张五常.经济解释(卷一:科学说需求)[M].北京:中信出版社,2010.

[65] 安东尼·史密斯,弗兰克·韦伯斯特.后现代大学来临?[M].侯定凯,赵叶珠,译.北京:北京大学出版社,2010.

[66] 罗纳德·埃伦伯格.美国的大学治理[M].沈文钦,等,译.北京:北京大学出版社,2010.

[67] 威廉·鲍莫尔.企业家精神[M].孙智君,等,译.武汉:武汉大学出版社,2010.

[68] 沟口雄三.作为方法的中国[M].孙军悦,译.北京:生活·读书·新知三联书店,2011.

[69] 杰罗姆·凯根.三种文化:21世纪的自然科学、社会科学和人文学科[M].王加丰,宋严萍,译.上海:格致出版社,上海人民出版社,2011.

[70] 谢桂华.高等学校学科建设论[M].北京:高等教育出版社,2011.

[71] 王琪,程莹,刘念才.世界一流大学:国家战略与大学实践[M].上海:上海交通大学出版社,2011.

[72] 怀特海.教育的目的[M].庄莲平,王立中,译.上海:文汇出版社,2012.

[73] 吉姆·柯林斯,莫滕·T.汉森.选择卓越[M].陈召强,译.北京:中信出版社,2012.

[74] 弗兰克·富里迪.知识分子都到哪里去了——对抗21世纪的庸人主义[M].戴从容,译.南京:江苏人民出版社,2012.

[75] 罗纳德·巴尼特.高等教育理念[M].蓝劲松,译.北京:北京大学出版社,2012.

[76] 竹内弘高,野中郁次郎.知识创造的螺旋:知识管理理论与案例研究[M].李萌,译.北京:知识产权出版社,2012.

[77] 王琪,程莹,刘念才.世界一流大学:共同的目标[M].上海:上海交通大学出版社,2013.

[78] 夏清华.学术创业:中国研究型大学"第三使命"的认知与实现机制[M].武汉:武汉大学出版社,2013.

[79] 威廉·克拉克.象牙塔的变迁:学术卡里斯玛与研究性大学的起源[M].徐震宇,译.北京:商务印书馆,2013.

[80] 教育学名词审定委员会.教育学名词:2013[Z].北京:高等教育出版社,2013.

[81] 阿兰·柯林斯,理查德·哈尔弗森.技术时代重新思考教育:数字革命与美国的学校教育[M].陈家刚,程佳铭,译.上海:华东师范大学出版社,2013.

[82] 刘复兴.国外教育政策研究基本文献讲读[M].北京:北京大学出版社,2013.

[83] 张五常.经济解释(卷四:制度的选择)[M].北京:中信出版社,2014.

[84] 罗伯特·波斯特.民主、专业知识与学术——现代国家的第一修正案理论[M].左亦鲁,译.北京:中国政法大学出版社,2014.

[85] 菲利普·阿特巴赫,等.高校教师的薪酬:基于收入与合同的全球比较[M].徐卉,王琪,译校.上海:上海交通大学出版社,2014.

[86] 威廉·G.鲍恩.数字时代的大学[M].欧阳淑铭,石雨晴,译.北京:中信出版社,2014.

[87] 安德鲁·德尔班科.大学:过去,现在与未来[M].范伟,译.北京:中信出版社,2014.

[88] 张学文,陈劲.面向创新型国家的产学研协同创新:知识边界与路径研究[M].北京:经济科学出版社,2014.

[89] 马歇尔·麦克卢汉.谷登堡星汉璀璨——印刷文明的诞生[M].杨晨光,译.北京:北京理工大学出版社,2014.

[90] 李均.中国高等教育政策史(1949—2009)[M].广州:广东高等教育出版社,2014.

[91] 拉里·法雷尔.创业新时代:个人、企业与国家的企业家精神[M].沈漪

文,杨瑛,等,译.北京:机械工业出版社,2014.

[92] 王建华.学科的境况与大学的遭遇[M].北京:教育科学出版社,2014.

[93] 陆建德.自我的风景[M].广州:花城出版社,2015.

[94] 斯泰宾.有效思维[M].吕叔湘,李广荣,译.北京:商务印书馆,2015.

[95] 刘进.大学教师流动与学术劳动力市场[M].北京:商务印书馆,2015.

[96] 彼得·蒂尔,布莱克·马斯特斯.从0到1:开启商业与未来的秘密[M].高玉芳,译.北京:中信出版社,2015.

[97] 美国科学院研究理事会.会聚观:推动跨学科融合——生命科学与物质科学和工程学等学科的跨界[M].王小理,熊燕,于建荣,译.北京:科学出版社,2015.

[98] 克莱顿·克里斯坦森,迈克尔·霍恩,柯蒂斯·约翰逊.创新者的课堂:颠覆式创新如何改变教育[M].李慧中,译.北京:中国人民大学出版社,2015.

[99] 吉川弘之,内藤耕.产业科学技术哲学[M].王秋菊,陈凡,译.沈阳:辽宁人民出版社,2015.

[100] 程莹,王琪,刘念才.世界一流大学:对全球高等教育的影响[M].上海:上海交通大学出版社,2015.

[101] 周雪光.国家与生活机遇——中国城市中的再分配与分层1949—1994[M].郝大海,等,译.北京:中国人民大学出版社,2015.

[102] 周濂.正义的可能[M].北京:中国文史出版社,2015.

[103] 潘奇.知识世界的漫游者:西方大学教师国际流动的历史[M].北京:高等教育出版社,2016.

[104] 美国商务部创新创业办公室.创建创新创业型大学——来自美国商务部的报告[M].赵中建,卓泽林,译.上海:上海科技教育出版社,2016.

[105] 叶赋桂,陈超群,吴剑平,等.大学的兴衰[M].北京:清华大学出版社,2016.

[106] 奥利弗·E.威廉姆森.治理机制[M].石烁,译.北京:机械工业出版社,2016.

[107] 保拉·斯蒂芬.经济如何塑造科学[M].刘细文,译.北京:北京大学出版

社,2016.

[108] 罗伯特·W.里克罗夫特,董开石.复杂性挑战:21世纪的技术创新[M].李宁,译.北京:北京大学出版社,2016.

[109] 吴军.智能时代:大数据与智能革命重新定义未来[M].北京:中信出版社,2016.

[110] 德里克·博克.大学的未来:美国高等教育启示录[M].曲强,译.北京:中国人民大学出版社,2017.

[111] 凯文·凯里.大学的终结:泛在大学与高等教育革命[M].朱志勇,韩倩,等,译.北京:人民邮电出版社,2017.

[112] 伊丽莎白·波普·贝尔曼.创办市场型大学——学术研究如何成为经济引擎[M].温建平,译.上海:上海科学技术出版社,2017.

[113] 苏力.大国宪制:历史中国的制度构成[M].北京:北京大学出版社,2017.

[114] 克莱顿·M.克里斯坦森,亨利·J.艾林.创新型大学:改变高等教育的基因[M].陈劲,盛伟忠,译.北京:清华大学出版社,2017.

[115] 周雪光.中国国家治理的制度逻辑:一个组织学研究[M].北京:生活·读书·新知三联书店,2017.

[116] 周黎安.转型中的地方政府:官员激励与治理(第二版)[M].上海:格致出版社,上海三联书店,上海人民出版社,2017.

[117] 尤瓦尔·赫拉利.未来简史:从智人到神人[M].林俊宏,译.北京:中信出版社,2017.

[118] 刘念才,程莹,王琪.从声誉到绩效:世界一流大学的挑战[M].江小华,译.上海:上海交通大学出版社,2017.

[119] 理查德·埃尔莫尔.二十位教育先行者对教育改革的反思[M].张建惠,译.北京:商务印书馆,2017.

[120] 史蒂夫·C.柯拉尔,等.有组织的创新:美国繁荣复兴之蓝图[M].陈劲,尹西明,译.北京:清华大学出版社,2017.

[121] 傅晓岚.中国创新之路[M].李纪珍,译.北京:清华大学出版社,2017.

[122] 克利夫顿·康拉德,劳拉·达内克.培养探究驱动型学习者:21世纪的大学教育[M].卓泽林,译.上海:上海科技教育出版社,2017.

[123] 思拉恩·埃格特森.并非完美的制度:改革的可能性与局限性[M].陈宇峰,译.北京:中国人民大学出版社,2017.

[124] 李锺文,等.创新之源:硅谷的企业家精神与新技术革命[M].陈禹,等,译.北京:人民邮电出版社,2017.

[125] 尤瓦尔·赫拉利.今日简史:人类命运大议题[M].林俊宏,译.北京:中信出版社,2018.

[126] 郑俊新,罗伯特·K.陶克新,乌尔里希·泰希勒.大学排名:理论、方法及其对全球高等教育的影响[M].涂阳军,译.长沙:湖南大学出版社,2018.

[127] 孙歌.历史与人:重新思考普遍性问题[M].北京:生活·读书·新知三联书店,2018.

[128] 霍尔登·索普,巴克·戈尔茨坦.创新引擎——21世纪的创业型大学[M].赵中建,等,译.上海:上海科技教育出版社,2018.

[129] 艾伯特·N.林克,唐纳德·S.西格尔,迈克·赖特.大学的技术转移与学术创业——芝加哥手册[M].赵中建,等,译.上海:上海科技教育出版社,2018.

[130] 约瑟夫·E.奥恩.教育的未来:人工智能时代的教育变革[M].李海燕,王秦辉,译.北京:机械工业出版社,2019.

[131] 彼得·德鲁克.21世纪的管理挑战[M].朱雁斌,译.北京:机械工业出版社,2019.

[132] 彼得·德鲁克.创新与企业家精神[M].蔡文燕,译.北京:机械工业出版社,2019.

后　　记

　　我们无法左右变革。我们只能走在变革前面。……我们现在所处的时期,变革是司空见惯的事情。……除非组织以引导变革为己任,否则任何组织(企业、大学或医院等)都不能幸免于难。在一日千里的结构性调整浪潮中,唯一能够幸免的只有变革的引导者。[①]

　　这又是一本基于已经发表的论文编辑而成的著作。之所以说"又"是因为自己之前出版的几本书也都是这样编辑而成的,而非为了写一本书而专门写就的。既然书中各章主要内容均曾以论文的形式公开发表过,那么为何还要编辑成书呢?除了有出版的"机缘"和个人的"偏好"之外,粗略想来,出书的主要原因抑或理由大致有三:一是经由著作的出版可以有机会对已发表过的论文进行必要的修改、补充和完善,这样或许可以弥补发表时可能存在的种种不足;二是将相同或相近主题的论文进行汇编,相对集中的论述有时可以起到单篇论文难以起到的效果;三是对于人文社会科学研究而言,著作相较于论文更便于知识的积累和学术的传播。

　　从学术研究的连续性上看,本书可以看作《重估高等教育改革》(南京师范大学出版社,2018年版)的续编。《重估高等教育改革》一书偏重于理论的反思,对于当前高等教育改革的诸多理论与实践问题提出了不同的看法,甚至是激烈的批评,理想主义的色彩会多一些。相比之下,本书的建设性可能要稍多于批判性。至少在主观层面上,各章的相关论述尽可能朝向一种"可更进性"或"可更进的"(remediable:对于某种状况,如果能够描述出一种更优的可行备择方案,并且这种方案的执行可以获得净收入,那么这种状况就是可更进的[②]),而非某种假设的理想模式。毕竟,在实践中高等教育改革的成败,不只看目的,更取决于手段。具体而言,本书

[①] 彼得·德鲁克.21世纪的管理挑战[M].朱雁斌,译.北京:机械工业出版社,2019:80-81.
[②] 奥利弗·E.威廉姆森.治理机制[M].石烁,译.北京:机械工业出版社,2016:378.

主要从当前高等教育改革和发展的实际出发，在考虑制度环境和技术环境变化的前提下，对于我们时代的高等教育改革与发展的方向和路径，从理论的层面上进行"谋划"。当然，这些"谋划"，其"重点并不在于提供解答，而在于提出一些适切的问题"①。现实中每所大学都有其特殊性，即便面对同样的问题，不同大学的办学者也必须自行寻找不同的解答方法和答案。

在上一本书"重估"高等教育改革之后，之所以选择"高等教育的持续变革"作为本书的主题，主要是为了进一步揭示我们时代的高等教育改革的两个重要特征，一个是"持续性"，另一个是"变化性"。所谓"持续性"，意味着在我们时代已不存在毕其功于一役的改革，无论多么重大的改革都只能是整个高等教育系统持续变革的一个环节、细节，抑或一段插曲，必然会被接下来的新的改革所替代或覆盖。换言之，变革已经成为高等教育的常态，"一切稳固的东西都将烟消云散"。究其原因，我们时代的高等教育问题超级复杂，这就决定了我们不可能了解改革的所有细节，甚至是必要细节。由于改革过程中知识的不完善和社会制度的不完美（阻碍增长的制度的稳定性和促进增长的制度的脆弱性②）无法避免，因此无论成败，高等教育政策（改革）的调整都只能是一个不断"试错"的过程。

所谓"变化性"，意味着在我们时代唯一不变的就是"变化"本身。在相当长的时期内，由于技术本身以及因为技术的进步而带来的社会体制持续不断的变革，我们始终无法坐下来享受高等教育改革的成果，而会一直处在改革的过程中，时刻感受并经历着改革所带来的焦虑和压力。究其原因，与过去相对稳态的社会环境相比，在以信息技术为基础的新型社会里，技术与社会变化的速度正越来越快，并不断地加速。相较而言，如果说在过去的农业社会和工业社会，技术变迁的速率通常会低于社会变迁，抑或技术变迁与社会变迁基本同步，那么我们时代的技术变迁的速度已经远远超过社会变迁。"任何想要将网络中的位置凝结为特定时间及空间之文化符码的企图，都会造成网络的废弃过时，因为它会变得过于僵化，无法适应信息主义之多变几何形势的要求。信息主义的精神是'创造性破坏'（creative de-

---

① 曼纽尔·卡斯特.网络社会的崛起[M].夏铸九，王志弘，等，译.3版.北京：社会科学文献出版社，2006：4.
② 思拉恩·埃格特森.并非完美的制度：改革的可能性与局限性[M].陈宇峰，译.北京：中国人民大学出版社，2017：48.

struction)的文化,而此创造性破坏的速度已达到处理光电信号反馈的速度。"①某种意义上,我们时代的人类对于技术的适应能力已经跟不上技术的进步。"现代的创新过程已经造成了技术和社会两个领域的长期不均衡现象。"②因此,在信息技术加速进步的时代里,高等教育唯有"持续变革"才能顺利实现转型,并葆有发展的"可持续性"。

围绕"高等教育的持续变革",除"序章"和"终章"之外,本书主要由四个部分构成。"序章"从宏观的视角呈现我们时代的技术环境,围绕着"大学落后于时代了吗"这个经典命题,从技术变迁与进步的角度,引出我们时代的高等教育持续变革的迫切性、必要性与必然性。第一编:创新创业。所收录的四篇论文从创新创业的角度切入,主要是为了回应我们时代的创新驱动发展对于大学的挑战,并尝试从理论上提炼出了大学转型发展的新范式,即"创新创业"。第二编:"双一流"建设。所收录的四篇论文主要是为了回应当前我国高等教育改革与发展的重大现实需求,围绕办学理念、人才政策、资源配置的相关论述,希望能够对于推进"双一流"建设有所裨益。第三编:治理的改进。所收录的三篇论文主要从微观的视角和若干细节切入,对于高等教育持续变革中大学内部治理的改进进行深入剖析,尝试从某些具体的"点"上,寻求高等教育理论与实践的突破。第四编:话语的转向。所收录的三篇论文尝试转换研究的视角,有选择地对我们时代的高等教育持续变革中的话语实践进行一种"反向"的探索,力争能够跳出我国高等教育理论研究中所存在的某种"罐头思维"。"终章"落脚于当代中国高等教育改革的实践,尝试从"原理"的层面上,对中华人民共和国建立70年来,尤其是改革开放40多年来,我国高等教育领域盛行的"政策驱动改革"范式进行深入的剖析,希望为我国高等教育发展走出"唯政策"驱动改革的窠臼提供理论的参考。

作为近年来自己相关研究工作的又一个"小结",本书在成稿过程中对于那些已发表过的和正在发表的论文进行了认真的修改和完善,并基于对"高等教育持续

---

① 曼纽尔·卡斯特.网络社会的崛起[M].夏铸九,王志弘,等,译.3版.北京:社会科学文献出版社,2006:190.
② 罗伯特·W.里克罗夫特,董开石.复杂性挑战:21世纪的技术创新[M].李宁,译.北京:北京大学出版社,2016:44.

变革"的认知框架重新进行了编排与梳理,努力使它们放在一起更像一个整体,更像一本书。但就像俗语讲的,"砍的不如旋的圆"。毕竟,那些论文原本不是为了要出版一本名为《高等教育的持续变革》的书而写,而是在论文基本完成之后,根据成书的需要把它们编辑在一起,因此,无论修改和编辑的过程中如何努力,也只能使之更像一本书而已。好在无论事前有意写成还是事后相机编成,书的好坏绝不在于它看起来是否像一本书或更像一本书,而在于它所承载的知识和思想是否具有足够的活性和前瞻性,能否给读者以智识上的冲击。当然,这样讲丝毫不意味着本书有什么高深的思想,一定能够给读者以智识上的启发。坦率地讲,"卑之无甚高论"。借用约瑟夫·布罗茨基在《我坐在窗前》那首诗中的名句:"我忠诚于这二流的年代,并骄傲地承认,我最好的想法也属于二流。"

最后,感谢南京师范大学出版社的姜爱萍老师和本书的责任编辑翟桂叶在本书出版过程中给予的关心和支持。同时,也感谢"江苏高校协同创新计划南京师范大学立德树人协同创新中心"为本书出版提供的资助。

王建华

2019 年 5 月 8 日